金融集聚、要素流动与区域经济增长空间效应分析
——基于生态效率的视角

何宜庆　李政通　著

国家自然科学基金项目（编号：71263039）资助出版

科学出版社
北　京

内 容 简 介

本书立足于我国推进生态文明建设的背景，深入剖析金融集聚、要素流动与区域经济空间效应的关系，主要分为三个部分：第一，论述当前中国经济的发展现状，对中国经济发展的生态效率进行测度；第二，阐述金融集聚的发展内涵，研究金融集聚的辐射效应，同时分别研究金融集聚与要素流动、金融集聚与经济增长的交互关系；第三，基于生态效率的视角研究金融集聚与要素流动对区域经济发展的影响，建立 SD 仿真模型，分析中国区域经济发展的协同效应和趋同演变规律。全书采用理论与实证相结合的方法，结构完整，内容丰富，可为读者从事相关研究起到抛砖引玉的作用。

本书适合从事经济管理相关专业的专家学者、所属相关专业的教师和研究生阅读，亦可供相关领域的企业和政府决策管理人员参考。

图书在版编目（CIP）数据

金融集聚、要素流动与区域经济增长空间效应分析：基于生态效率的视角/何宜庆，李政通著. —北京：科学出版社，2019.3

ISBN 978-7-03-059803-5

Ⅰ. ①金… Ⅱ. ①何… ②李… Ⅲ. ①区域经济–经济增长–研究–中国 Ⅳ. ①F127

中国版本图书馆 CIP 数据核字（2018）第 272090 号

责任编辑：马　跃　李　嘉 / 责任校对：王丹妮
责任印制：张　伟 / 封面设计：无极书装

科 学 出 版 社 出版
北京东黄城根北街 16 号
邮政编码：100717
http://www.sciencep.com

北京虎彩文化传播有限公司 印刷

科学出版社发行　各地新华书店经销

*

2019 年 3 月第　一　版　开本：720×1000　B5
2019 年10月第二次印刷　印张：11 3/4
字数：226 000

定价：96.00 元

（如有印装质量问题，我社负责调换）

作 者 简 介

何宜庆，男，1961 年 10 月生，江西进贤人，博士，教授，博士生导师，江西省中青年学科带头人。现为南昌大学金融证券研究所所长、中国现场统计研究会理事、中国软科学研究会理事、江西省系统工程学会常务理事、江西省能源学会理事，主要从事金融投资、企业运作与生态经济研究。近年来，主持国家自然科学基金项目 2 项，省部级项目 7 项，在《中国软科学》《系统工程理论与实践》《系统工程学报》《资源科学》、*Journal of Resources and Ecology* 等重要期刊发表学术论文 80 多篇，出版学术专著 2 部，获省部级以上奖励 3 次。

李政通，男，1993 年 12 月生，湖北咸宁人，上海交通大学安泰经济与管理学院博士研究生，南昌大学计量经济研究会党支部书记。主要从事区域经济、计量经济、农业资源经济领域的相关研究。近年来，在《地理研究》《中国人口·资源与环境》《中国软科学》《农业工程学报》《资源科学》和《经济地理》等重要学术期刊发表学术论文 20 余篇，主编或参编教材 3 部，多次获得南昌大学研究生国家奖学金，获南昌大学十大学生魅力人物、优秀毕业生等荣誉称号。

前　　言

党的十九大提出，我国社会主要矛盾已经转化为人民日益增长的美好生活需要和不平衡不充分的发展之间的矛盾。为了解决该基本矛盾，我国需要进一步推进美丽中国建设，推动区域经济协同发展。2018 年是改革开放的第 40 个年头，40 年来，全国人民在中国共产党的领导下奋勇前进，实现了经济的大发展、大跨越。目前，中国进入了社会主义发展新时代，正全力为全面建成小康社会，实现第一个百年目标而奋斗。

金融在我国经济发展中的地位越来越突出，金融集聚的现象也更加凸显，上海、深圳、香港均是我国重要的金融集聚中心，拥有大量的金融人才与金融资本。不仅如此，我国经济增长要素还表现出加速流动的特征。伴随着新型城镇化和产业转移的推进，大量劳动力从我国东南沿海地区回流至中西部地区，进一步塑造了我国产业发展的空间格局。从宏观经济层面来看，中国经济增长进入新常态，经济结构不断优化，区域经济发展差异明显。那么，金融集聚、要素流动与区域经济增长之间具有何种关系呢？对此进行研究有助于破解当前中国经济发展区域不平衡的困境。

本书立足于我国推进生态文明建设以及经济增长进入新常态的大背景，重点研究金融集聚与要素流动对区域经济协同发展的驱动作用。本书的研究可以分为三个部分：第一部分，中国经济增长及其生态效率评价；第二部分，研究中国金融集聚发展现状及其对要素流动和经济增长的影响；第三部分，基于生态经济的发展理念，采用 SD 仿真模型研究金融集聚与要素流动对区域经济发展的影响，并由此分析中国区域经济发展的协同效应。

本书采用理论分析与实证分析相结合的方法，深入探究金融集聚、要素流动与区域经济发展的作用机理，搜集大量的数据进行实证分析，具有一定的理论创新与方法创新。本书结构完整，内容丰富，可以为政府部门制定相应的金融发展政策、人才引进政策和经济增长政策提供一定的参考。

最后，衷心希望本书能够给广大读者带来启发。同时，因作者水平有限，本书难免有不足之处，热忱欢迎读者与我们交流讨论，以促进本书的进一步完善。

何宜庆

2019 年 1 月

目　录

第一章 绪　论

第一节 研究背景

一、生态经济成为中国经济发展新常态的重要共识

当今世界经济发展和资源环境的矛盾日益突出，为了实现人类的可持续发展，人们不再像以前那样专注于追求劳动和资本生产率的提高，而是越来越重视生态效率的提升。1990年德国学者Schaltegger等最早提出了生态效率的概念，认为“生态效率”能更多地考虑经济活动对环境的影响。

党的十八大之后，中国经济的增长速度高位下调，由高速增长软着陆至中高速增长，经济增长进入新常态并更加注重生态效率的提升。在2012年召开的党的十八大中，中国共产党首次将“生态文明建设”纳入“五位一体”总体布局之中，提出我国要推进建设“美丽中国”的新要求。2015年，中共中央、国务院印发《生态文明体制改革总体方案》，以文件的方式提出了一系列生态经济发展理念，如“绿水青山就是金山银山”等。党的十八大以来，我国在生态立法、生态建设与生态宣传方面取得了显著的成就，如《中华人民共和国环境保护法》正式实施、单位国内生产总值（GDP）能耗比逐年下降、生态观念不断深入等。2017年，党的十九大报告提出我国社会主义初级阶段的主要矛盾已经发生转化，美丽的生态环境也是人民对美好生活的向往。由此可以看出，生态经济的发展理念已经成为我国经济发展新时代下的新共识。

二、金融产业集聚程度不断加深且表现出显著区域差异

当今世界，信息技术的迅猛发展推动经济全球化时代的到来，经济全球化有利于各种经济资源在全世界范围内自由流动。现代经济的核心就是金融，由于其自身具有高流动性的特征，更容易逐渐摆脱市场的局限，日益凸显向某一特定区域集中的趋势，直至实现一定规模的金融集聚。作为国民经济中的关键性产业，

金融产业在推动经济增长的同时，其发展水平还关系到各类经济资源尤其是资本的产生和分配效率。

中国自改革开放以来，经济社会发展突飞猛进，随着国内城镇化的推进以及金融资源市场配置机制日趋完善，金融产业区域集聚的趋势在我国日益明显。上海陆家嘴金融城、北京金融街、深圳世界金融中心等都是现在已经形成的现代区域金融中心。区域金融中心依托区域核心城市聚集了大量的金融机构、金融产品、金融人才、金融信息，对周边地区产生着日趋明显的辐射力。

然而，由于我国幅员辽阔，经济发展极不均衡，资源环境以及一定时期内实施的政策导致经济体制存在差异等状况，我国区域金融集聚呈现空间多样性与差异性的特点。20 世纪 90 年代，市场化与城镇化进程的推进使资本要素、劳动要素的跨地区流动愈加频繁，国家向东部沿海地区倾斜的优惠政策以及东部有利的区位地理条件相互作用，东、中、西部地区之间的经济差异在市场机制作用下呈现不断扩大的趋势，我国的区域发展不均衡问题在一定程度上被扩大了。地区金融集聚的显著差异进一步导致了地区经济发展的差异，且表现出越演越烈的趋势。这种区域经济和社会发展的不均衡，对中国的长期稳定发展必将造成不利影响。十九大报告提出，我国要推动经济平衡和充分发展，这就要求平衡区域经济发展差距，促进区域经济协同发展。

三、经济增长要素呈现加速流转的态势

根据经济增长理论，资本和劳动是促进经济增长的重要的要素。近年来，我国资本和劳动要素也表现出加速流动的趋势。改革开放初期，我国资本和劳动表现出一种显著的“孔雀东南飞”现象，大量流向我国东南沿海省份。经过改革开放 40 年的发展，我国正面临新一轮的产业结构调整。东部沿海地区的产业发展模式已经逐步由传统制造型转变为高新技术产业，从而带动了科技资本、高新技术人才向东部沿海地区集中。而对于我国中西部地区而言，大量的传统制造业向内部转移，推动了大量的制造业资本和劳动力向内地流转，从而表现为大量的农民工回流。

从产业转移的角度来看，我国目前正表现出三种层面的要素流动。在宏观层面，如前文所述，资本和劳动要素伴随着产业由我国东部沿海地区转移至中西部地区，承接产业转移的对象多是我国中西部地区的重要城市，如武汉、成都、长沙等。在中观层面，资本和劳动要素逐步开始由中西部重点城市向其他城市转移，尤其是劳动、资源和资金密集型产业正加速转移至三四线城市。在微观层面，在就地城镇化和产城融合的驱动下，大量的资本和劳动要素逐步由城市中心区向中小城镇转移，如许多县都有工业园区。

四、中国社会主义初级阶段的主要矛盾出现转变

在2017年10月召开的中国共产党第十九次全国代表大会中，习近平总书记指出，“我国社会主要矛盾已经转化为人民日益增长的美好生活需要和不平衡不充分的发展之间的矛盾”①。这是关于我国当前社会发展所面临的矛盾的重要论断，是基于中国改革开放近40年以来取得的伟大成就的科学判断。

中国的改革开放在披荆斩棘40年后，取得了举世瞩目的成就，成为世界经济总量第二的大国，中国人民的生活水平不断提高，对美好生活的追求不断凸显。而在目前的情况下，中国经济发展还面临不平衡不充分的矛盾。中国当前经济发展的不平衡主要表现在结构不平衡与区域不平衡。从产业角度来看，中国虽然在智能制造、互联网等产业成为世界的领头羊，但在农业等方面表现出不足，且仍然呈现显著的区域发展差距。不充分则表现在人民的需要得到显著提升，但当前的发展水平仍然难以充分满足。为此，中国提出了“创新、协调、绿色、开放、共享”的五大发展理念、“以人民为中心”的发展思想和“全面建成小康社会、全面深化改革、全面依法治国、全面从严治党”的四个全面战略布局，推进供给侧结构性改革的战略方针。

社会发展主要矛盾的转变意味着中国的经济发展进入新时代。区域经济发展不均衡是当前我国经济发展的重要问题，也成为制约我国全面建成小康社会的重要因素。从当前我国经济发展的实际情况来看，区域不均衡主要表现在东部地区经济发展水平显著高于中西部地区，且发展差距呈现出扩大的趋势。为此，需要在我国未来的经济发展过程中，推进区域经济均衡发展，实现区域经济趋同演变。由于地区禀赋、人口等要素的差异，实现区域经济的绝对趋同是不太符合实际的，但在全面建成小康社会的要求下，需要实现区域经济发展的相对趋同演变，从而实现共同富裕。

第二节 研究内容

一、中国经济增长状况及其生态效率评价

党的十八大以来，中国经济增长进入新常态，经济增长转档换速；党的十九大提出“我国社会主要矛盾已经转化为人民日益增长的美好生活需要和不平衡不

① 习近平. 决胜全面建成小康社会 夺取新时代中国特色社会主义伟大胜利——在中国共产党第十九次全国代表大会上的报告[EB/OL]. http://www.gov.cn/zhuanti/2017-10/27/content_5234876.htm，2017-10-27.

充分的发展之间的矛盾”①。在此情况下，生态经济发展成为我国经济发展的新共识。那么，当前中国经济增长表现出怎样的特征？生态经济发展的状况如何？

从这个思路出发，本书首先从经济增速变化、产业结构变化和区域经济发展差距的角度阐述中国经济的发展现状。在此基础上，进一步对我国的经济生态效率进行测度。从全国发展的角度来看，生态效率首先表现为区域经济发展能否与良好的生态环境共生，故本书首先对我国省际的生态效率进行测度，分析其省际差异。除此之外，生态效率还表现在产业发展和区域层面。由于工业是污染排放最主要的来源，本书还对我国近年来工业生态效率进行了测度。最后，本书对我国中部六省的生态效率进行了测度。通过这部分的研究，可以从宏观层面把握我国经济增长的现状，了解当前我国区域、产业的生态效率状况，为下文的研究打下扎实的基础。

二、区域金融集聚的发展状况及其辐射效应

从现代区域金融中心的形成和发展来看，金融集聚正逐渐成为提高区域经济竞争力的关键因素，能够有效增强区域的竞争优势，持续推动区域经济的发展。区域金融集聚所聚集的金融机构、金融产品、金融人才、金融信息能为区域内城市带来巨额的经济效益。区域核心城市对金融资源的集聚力，对区域经济发展的规模和快慢有很大影响，其区域金融中心地位的确立为周边地区产生愈加明显的辐射力。由金融集聚带来的规模经济和辐射效应对区域经济增长起着至关重要的作用。

本部分首先研究了金融集聚的内涵与动因，从内在因素和外在因素两个方面探究区域金融集聚的驱动因子。在此基础上，进一步分别从城市群和中部六省两个角度进行分析。在对城市群的金融辐射能力研究中，首先测度了珠三角、长三角、京津冀、辽中南、山东半岛、海峡西岸、长江中游、中原 8 个城市群的金融集聚发展状况，然后基于断裂点模型研究 8 大城市群之间的金融辐射状况，最后对我国中部地区核心城市的金融辐射能力进行研究。与上述城市群的研究不同的是，对中部六省的核心城市金融辐射能力的研究主要在于测度其辐射半径。

三、要素投入与区域经济增长

根据 1979~2015 年《中国统计年鉴》的数据，1978~2014 年，我国实际国民

---

① 习近平. 决胜全面建成小康社会 夺取新时代中国特色社会主义伟大胜利——在中国共产党第十九次全国代表大会上的报告[EB/OL]. http://www.gov.cn/zhuanti/2017-10/27/content_5234876.htm，2017-10-27.

生产总值由 3 293.38 亿元上升至 20 400.60 亿元（以 1978 年为基期采用 GDP 折算价格指数进行平减），年实际平均增长率为 5.17%。可见，改革开放以来，中国经济持续高速增长已是不争的事实。那么，40 年来，中国经济增长动力源自何处？

第五章主要关注了要素投入对经济增长的影响，可以划分为三个部分：其一，从理论层面研究要素投入对经济增长的影响，主要是从动态规划的角度研究资本、劳动、技术和建设用地要素的作用；其二，从实证角度研究要素对经济增长的贡献及其冲击效应；其三，更加详细地研究制度（政府干预）、技术（研发投入）对经济增长的门槛效应，以及以长三角地区为例研究建设用地集约利用同经济发展的协调性。该章的研究可以使我们更好地了解当前我国经济增长情况，了解用于经济增长的各要素在经济增长中发挥的作用，从而更好地了解中国经济增长的阶段特征、动力因子以及区域差异的成因。

四、区域金融集聚与经济增长的协调性研究

从发展经济学的视角来看，经济活动的本质目的是促进经济增长。现有文献从多个角度研究了经济增长的影响要素，但较少研究金融集聚对经济增长的影响。金融集聚对经济增长的影响表现在多个层面：第一，地区的金融集聚与经济发展是否具有耦合关系；第二，金融集聚对产业结构升级的影响；第三，金融集聚是否加剧了地区经济发展不平衡；第四，金融集聚是否导致地区的城乡收入差距拉大，加大了收入分配不平衡问题。从事实来看，金融集聚是我国经济发展水平不断提高的必然趋势，然而金融集聚具体对经济增长具有怎样的影响呢？我们在第六章对此进行了研究。

在第六章的研究中，主要从金融集聚与区域经济的共生耦合、金融集聚与产业结构、金融集聚与区域发展差异、金融集聚与城乡差距、金融集聚与生态经济发展这 5 个方面进行研究，最后落脚点为金融集聚、经济增长与生态效率。这部分的研究主要解决如下问题：一是金融集聚与经济增长的关系，主要是从宏观高度把握；二是金融集聚对产业结构和经济发展差异（主要是区域差异和城乡差异，城乡差异也是一种微观的区域差异）的影响；三是与生态经济发展理念结合，研究金融集聚同生态经济和经济增长的关系。

五、基于生态视角的金融集聚、要素流动与区域经济增长空间效应研究

随着改革开放的不断深入，尤其是随着 20 世纪 90 年代市场化与城市化进程

的推进，资本要素、劳动要素的跨地区流动愈加频繁，国家向东部沿海地区倾斜的优惠政策以及东部有利的区位地理条件相互作用，东、中、西部地区之间的经济差异在市场机制作用下呈现不断扩大的趋势，我国的区域发展不均衡问题在一定程度上被激化扩大。而区域经济增长趋同是衡量区域经济协调发展的重要指标。十八大报告提出了五位一体总体布局的发展模式，更加注重推进生态文明建设。在此背景下，政府在生态经济理念下，可以通过积极创造有利于趋同发生的条件来缩小区域经济差异，统筹区域经济协调发展。

第七章的研究则是在前述 5 个部分的研究基础上，从经济生态发展视角，综合探究金融集聚、要素流动与区域经济增长的空间效应。这部分的研究主要可以分为三个部分。首先，从时空差异的角度研究金融集聚、要素流动与经济增长的时空演变特征；其次，分别基于计量经济学分析方法和系统动力学（system dynamics，SD）仿真方法研究金融集聚与要素流动对空间经济发展差异的作用；最后，从生态发展的角度分析我国区域经济的协同演变特征。这部分的研究是对前文 5 个部分研究的总结和升华。

第三节 研究意义

本书主要从生态经济的角度出发，综合研究金融集聚、要素流动与经济增长之间的作用关系。在本书的研究中，分别探讨了中国当前的经济增长状况以及生态经济发展现状，还研究了金融集聚、要素流动、经济增长的交互作用机制，最后的落脚点在基于生态视角促进区域经济协调发展。为此，本书的研究具有一定的理论价值和应用价值，对后续的相关研究和国家政策的制定具有一定的启发意义。

在理论层面，本书主要阐述了生态经济视角下金融集聚、要素流动与经济增长的作用关系，解释各个系统之间的交互作用机制，剖析其内在机理。在应用层面，本书对大量的实证数据进行了分析，结构完整，内容丰富，可以为政府部门制定相应的金融发展政策、人才引进政策和经济增长政策提供一定的参考。

第二章　文献述评

第一节　生态效率相关研究

“生态效率”一词源于生态学，是指生态系统中能量从一个营养级流转到另一个营养级时各能量参数的比值。最著名的林德曼效率（或称生态效率）就是指 n+1 营养级所获得的能量与 n 营养级获得的能量之比，它相当于生长效率、消费效率和同化效率的乘积。随着经济发展和资源环境之间的矛盾日益突出，为了实现人类的可持续发展，人们不再像以前那样专注于追求劳动和资本生产率的提高，而是越来越重视生态效率的提高。

生态效率是区域可持续发展的重要测度指标，反映了区域经济发展有效利用资源以减轻环境压力的效率。德国学者 Schaltegger 和 Sturm（1990）最早提出了生态效率的概念，认为“生态效率”能更多地考虑经济活动对环境的影响。1996 年，世界可持续发展工商理事会（World Business Council for Sustainable Development，WBCSD）正式提出生态效率概念，认为“生态效率是通过提供能满足人类需要和提高生活质量的竞争性定价商品和服务，同时使整个寿命周期的生态影响与资源强度逐渐降低到一个至少与地球的估计承载能力一致的水平来实现的”。WBCSD（1996）提出“生态效率=产品或服务的价值／环境影响”的生态效率计算公式，其中环境影响指资源、原材料、能源的使用和废物的排放。

现有对生态效率的研究多集中在生态效率测度与评价方面。从评价方法来看，主要有因子分析法、数据包络分析法（data envelopment analysis，DEA）和物质流方法等。例如，李惠娟等（2010）运用因子分析法分析全国 16 个资源型城市 2007 年的生态效率，发现通常意义上发展较好的资源型城市也正是生态效率较低的城市，其循环经济的发展任重而道远；王恩旭和武春友（2011）运用超效率 DEA 模型对 1995~2007 年中国 30 个地区的生态效率进行了测度，结果显示，中国的生态效率存在明显的区域差异，效率均值的高低排序依次为东部、中部、东北部、西部；张炳等（2009）、吴小庆等（2009）用物质流方法评价了江苏省的生态效率。

作为区域生态效率的计算代表案例，芬兰Kymenlaakso地区的ECOREG项目进行了这方面探索。项目执行者认为环境与经济因子的比值无法全面代表生态效率表征区域发展的可持续性，因此，项目组尝试加入经济指标、社会发展指标与环境指标对区域生态效率进行综合评价（WBCSD，2000）。Seppälaa等（2005）着重分析了该项目经济指标体系与环境指标。该体系中，经济指标指GDP、增加值与该地区主要经济部门的产出，环境指标基于生命周期分析方法，分为压力指标、影响类型指标和总影响指标（通过调查方法对各类环境影响赋权加和所得）。Mickwitz等（2006）详细分析了项目中的社会指标的建立过程，建立了八类社会发展指标，包括教育、人口、安全变化等。但社会发展指标仅作为参考，不参与经济指标、环境指标的综合。

第二节　金融集聚的研究综述

现如今，经济高速发展，产业结构在不断地优化和升级，而金融业也逐渐成为国民经济中的核心产业。20世纪70年代，金融产业开始采取集群的方式，不同种类金融机构在空间上集聚，并采用合作交流的方式进行金融机构间的生产交易往来。随着改革开放政策的实施，我国经济始终保持快速发展，对全球经济增长的贡献不断提高，金融业也呈现着良好发展的势头。随着全球经济一体化的形成，信息技术的优化程度越来越高，金融服务和金融产品在不断创造和更新，并渐渐打破区域的局限性，逐步集中于特定地域，形成了一定规模的金融集聚。

由于金融集聚的内在含义具有多样化，国外学者在金融集聚这方面的钻研主要体现在对内在意义和形成机制的研究，对主要影响机制的研究较少。Che等（2014）通过建立金融服务的多区模型讨论了金融集聚的形成机制，认为信息的不对称性会影响金融机构区位的选择，最终在信息高度集中地区形成高度金融集聚。Pandit和Cook（2003）发现在供给层面上，金融集聚是以获取专业劳动力为主要目的，金融集聚区可以给出会计、精算、计算机等多种配套金融服务，并且因为交易地区靠近资本流通区域而得到更多的灵活性；在需求方面，金融集聚是为了得到因处于金融中心而带来的名望声誉，并且缩小因金融服务机构与被服务者之间信息不完善而造成的风险和双向选择的水平。Commendatore等（2013）通过对区域金融发展程度如何影响企业区位的选择进行分析，发现企业更倾向于选择银行业发展较快的区域。Kindleberger（1973）在功能层面上定义了金融聚集区，指出金融聚集区不仅能够均衡个人及企业的储蓄资金、投资融资和金融资源在存入者与投出者之间的转移，而且能够影响支付与存款在区域之间的转移。

在国内研究方面，刑芳等（2016）总结了金融集聚的内涵、成因与测度方法，认为金融集聚是在经济规模、信息、政府三者共同作用下形成的，对金融产品创新、加强区域金融发展有巨大影响。茹乐峰等（2014）采用GIS空间测量方法对我国核心城市金融集聚的空间格局进行研究，结果表明：我国长三角地区、京津冀地区和珠三角地区金融集聚程度高，上海、北京、天津、广州、深圳等是全国范围的金融集聚服务核心城市，并且城市规模会影响金融集聚程度，规模较大城市是金融业的主要聚集地，通常来说由各省会城市和次中心城市构成各省区的金融集聚区。何宜庆和吕弦（2015）研究得出我国东部的各城市群金融集聚水平相比中部的城市群要更高，金融集聚的辐射效应在东部更强；珠江三角洲、长江三角洲、京津冀的金融集聚程度最强，以这三大城市聚集区为核心的金融聚集格局已经逐渐形成。

第三节 金融集聚与要素流动

金融地理学是近年兴起的一门交叉学科，其最大贡献是为研究区域金融问题提供了全新的视角与方法论。与传统的“地理已死”观点不同，金融地理学在承认经济因素对金融发展作用的同时，突出了非经济因素特别是地理区位、非标准信息等对金融稳定的作用，并认为现代社会是一个因素众多、目标多样、情况复杂、彼此紧密相关的复杂巨系统（金雪军和田霖，2004）。一方面，金融地理学观点认为金融中心的形成和发展，将大大提高金融资源跨区域的配置效率和跨区域的支付清算效率。区域金融中心是在区域经济的基础之上，逐渐形成的金融资本流转的枢纽，也是货币金融业务的集散地。另一方面，要素资源如何通过其特殊的流动性质影响区域经济金融的发展问题也一直受到学者的关注。

20 世纪 70 年代，Kindleberger（1973）最早指出金融市场组织中存在着规模经济，形成了金融市场的集聚力量，同时金融分割造成的信息不对称成本也是金融集聚产生的原因之一。Kindleberger 指出金融中心一方面使区域内个人与公司的储蓄、投资得到平衡，另一方面也影响了区域间的资本转移。接着，中心-外围理论将区域分成中心与外围两个部分，中心区域社会经济较为发达，人口、资源和技术密集程度较高，因此发展速度也较快。中心区周围的外围区可以细分为接近并受益于中心区的上过渡区和中心区辐射程度有限、以位置偏远的农村和资源枯竭的老工业区等为代表的下过渡区。这两个区域之间相互作用，中心区从外围区吸取资源进行生产和创新，并将运用这些成果反哺周边地区的经济金融发展。

在此基础上，Krugman（1991）沿用并发展了“中心-外围”模型，他以迪克希特·斯蒂格利茨的垄断竞争模型和规模报酬递增理论为基础，描述了区域经济集聚的形成发展机制。他认为，如果假定劳动力可以自由流动，那么起初由于运输成本的存在，地区间的经济联系很少。随着运输成本逐渐下降，一些工人开始向成本较低的地区转移，引起市场规模扩大。劳动力的集中进而造成其他地区的企业向成本较低地区转移，出现本地市场效应，进一步吸引劳动力向这个地区转移，这种过程最终形成中心是工业区、外围是农业区的中心–外围结构。Clark（2000）指出，金融中心城市或地区的兴起与衰落，在一定程度上与这些地方作为主要商贸中心、交通枢纽、首都和中央银行总部所在地的地位变迁以及战争的影响有关。第二次世界大战以后，伦敦、纽约、东京、香港、新加坡等国际和地区性金融中心地位的变化，全部或大部分都反映了上述特征。

现有研究认为，地理区位对金融体系具有重要的影响力。首先，从自然区位角度来看，地理位置处在交通发达的区域，外界联系比较方便，当然就导致该地区经济发展的潜在机会更多。而不利的地理位置交通环境恶劣，与外界交往的成本很大，因此其经济金融发展的先天条件就不好。其次，从经济环境角度来看，一个地区的经济影响力更大，口碑效应吸引了资金和人员向该地区转移，该地的金融当然也就更容易发展起来。另外，信息向外传递的过程是通过金融信息向腹地传递来体现的，在信息向外传递过程中由于解译偏差而出现信息衰减或误传，这就导致了离信息中心越近的区域所获取的信息就越多越准确，而离信息中心越远的区域获得的信息越少、误差越大，金融集聚分别呈现出良性和恶性循环。Martin 和 Ottaviano（1999）以及 Gehrig（2000）对要素流动性与区域经济均衡问题进行过相关研究，他们持有新古典经济学的均衡观点，认为市场经济环境中要素的完全流动能够促使区域间经济增长水平最终实现均衡；Greig（2002）则持有相反的观点，认为市场力量促使要素的区域集中，从而导致区域经济不均衡状况的加剧，需要国家的干预以实现区域经济均衡。

中国对金融地理学的接触在 20 世纪初才开始，一些学者结合中国实际，运用金融地理学的理论对金融集聚进行了一些探讨。冯德连和葛文静（2004）构建了“轮式模型”来解释国际金融中心成长机制，“国际金融中心成长的动力主要有科学技术和经济发展两种拉力，供给因素、历史因素和城市因素三种推力，以及地方政府公共政策的作用力”。此外，解释金融集聚形成动因的理论还包括规模经济理论、信息外在性和不对称信息理论、自组织理论等。这些理论表明，金融集聚通常是多种动因交织的产物，具有复合性特征。

潘英丽（2013）在探讨金融产业积聚产生的微观动因及效应的基础上，重点分析了地方政府在引导金融机构空间聚集过程中的作用。她指出，金融机构空间聚集可能有负的聚集效应，该种效应带来的不经济主要反映在四个方面，分别是信息成本的增加、时区的差别、办公楼租金昂贵及市场供给能力过剩导致金融业的过度竞争和平均利润率的下降。

第四节 要素投入与区域经济增长

新古典增长理论认为，要素初始价格不同导致要素的跨区域流动，当不同区域的要素价格趋于相同时，要素流动就会消失。而现实社会中，特别是在经济已经全球化的背景下，要素流动仍然方兴未艾。学者们分别就劳动力、资本、技术等生产要素的空间流动对区域经济增长的影响做了大量研究。

（一）劳动力流动和区域经济增长研究现状

新古典学派认为落后地区通过加快劳动力的流出能够促进经济增长，而现实情况是有些国家通过劳动力流动促进了经济增长，而有些则相反，这就是著名的“劳动力迁移之谜”。Solow（1956）、Papapetrou（2006）等试图从不同角度去考证劳动力流动对经济增长的影响，仍没有得出有效的结论。国内学者分别从理论和实证角度对这个问题做了大量研究。胡荣才等（2011）的研究认为中国劳动力从中西部地区向东部地区流动，从短期来看拉大了区域经济差异，但是从长远来看，随着工业化水平的提高，区域经济差异会逐渐缩小。毕先萍（2009）认为劳动力流动对区域经济增长的促进作用存在滞后性，即当期对经济增长存在负效应，下一期对经济增长有明显的正效应。樊士德和姜德波（2011）指出中国劳动力从中西部向东部流动，加速了东部地区经济增长趋同，阻碍了中西部地区经济增长趋同。

（二）资本流动和区域经济增长研究现状

有关资本流动和经济增长之间的关系，众多国内外学者已经对其进行了长期的深入研究。不过通过梳理文献可以发现，对人力资本的要素种类划分存在争议，本书将资本要素流动局限为物质资本要素流动，而将人力资本划归为劳动力资本的范畴。

Romer（1990）将资本流动引入经济增长模型之后，西方学者从不同侧面分析了资本要素对经济增长的影响过程。其中，Hussain 等（1994）指出，虽然要素流动可以缩小要素价格差异，但要素价格差异不会随着要素的自由流动消失。Henderson（1997）认为要素的自由流动能够促进经济结构优化，从而促进经济增长。Gao（2004）则深入地分析了不同区域经济增长阶段中外生性资本流动的机制，发现实物资本和金融资本相融合后在区域间的自由流动，能够加速区域经济增长向其稳态趋同。麦勇和徐晓莉（2007）认为，在中国西部投资开发的过程中，不能只注重物质资本的引进，更要重视人力资本和技术的跟进，这样区域经济才能实现可持续的增长。张林（2012）以西部地区为例，研究发现物质资源对促进西部地区的经济增长起主要支撑作用，人力资本发展相对落后。金丹（2012）认为社会资本对区域经济增长有促进作用，但不同纬度的社会资本对区域经济增长的促进程度存在差异。王静（2015）基于 MRW 模型分析发现，物质资本仍然是区域经济增长的主要驱动力，而且对中西部欠发达地区的驱动力更为明显。

（三）技术要素扩散和区域经济增长研究现状

Martinuzzi（2002）认为技术扩散的强度决定着经济落后地区能否赶超经济发达地区，并且技术扩散的强度会随着空间距离的增加而减弱。国内学者就技术扩散与区域经济增长间关系的问题基本达成一致共识，即技术的扩散能够显著影响区域经济增长及趋同。夏万军和纪宏（2007）通过实证研究发现技术扩散虽然对区域经济增长趋同有促进作用，但是在不同的经济结构下的作用力度不同。黄晖和金凤君（2011）认为，技术要素集聚程度与经济发展水平和区域经济增长速度呈正相关。张强和卢荻（2011）认为，不仅技术创新可以促进经济增长，技术在空间上的扩散也对经济增长有促进作用。许治等（2013）以北京、上海为研究对象，研究发现技术扩散对区域经济增长有明显的促进作用，但是这种促进作用随着空间距离的增加而减弱，这与 Keller 的研究结果一致。

第五节　金融集聚与经济增长

国外学者 Tadesse（2002）认为金融是通过资本的积累和资本效率的提高来促进经济增长的。Clake 等（2006）研究表明，金融发展越好使得收入差异越小，经济发展也就更好。国内学者颜洪平和陈平（2016）通过建立我国中部六个省的耦合模型研究得出：在我国中部地区，各个省域经济增长与金融集聚之间相互协调程度不同，江西、湖南金融集聚程度不高。张秀娟（2015）分析面板数据表明经济发展在不同时期、不同地区对金融集聚的影响都不同，随着经济的发展，金融集聚呈现“W”形的发展趋势，东部经济发达，金融集聚明显发展较好。张晓芳和钟梅（2016）通过运用省级面板数据分析了区域经济发展对金融集聚的影响机制，发现经济发展对金融集聚的推动作用分不同阶段，且不同地区促进作用不同。赵静（2015）则研究了金融集聚对经济发展的作用机制，从金融中心角度分析了加强经济发展的建议。丁艺等（2010）从省级数据结合区位熵研究了金融聚集程度对区域经济发展的影响机制，结果表明金融集聚可以显著地促进经济的发展，银行业集聚对经济发展的有利影响比证券业与保险业要更为明显。

李林等（2011）采用空间经济学方法研究表明，我国金融集聚呈现出一定的空间相关性，并且银行业集聚的空间相关性较强。何宜庆等（2014）分析了近年来中国中部六个省份金融聚集程度和经济增长的耦合协调程度，结果显示：郑州、武汉、长沙等城市金融集聚程度与经济发展之间有较强的相互影响，而在南昌、合肥、太原等城市金融聚集程度与经济发展之间影响机制不够好。

第六节　区域经济增长差异与趋同演化

区域经济增长趋同是在新古典增长理论的基础上，探讨经济增长的长期规律和趋势。Baumol（1986）认为经济总体的贡献率由劳动、资本、技术拉动，政府政策对于经济增长的作用是无效的。由于边际收益递减，经济欠发达地区往往比经济发达地区有更高的经济增长速度，所以欠发达地区会向经济发达地区趋同，经济增长从长期来看会趋同于一个稳定状态。随着经济增长统计数据的完善，学者对于趋同速度的测定也做了大量研究（Romer，1986；Dowrick and Nguyen，1989；Barro，1991）。de Long（1988）对不同国家和地区经济增长趋同的问题进行研究，发现在发达国家经济趋同现象较为明显，而发展中国家不存在明显的经济增长趋同现象，他认为经济增长趋同现象受到区域所处的经济发展阶段的影响。所以，之后的学者把研究对象从不同国家之间转移到一个国家之内的不同区域，避免了不同国家之间经济结构和经济发展阶段以及要素流动壁垒所带来的影响。Barro（1991）将条件趋同的概念引入经济增长趋同研究中，探索在经济结构、要素流动水平等经济条件相同的情况下，初始人均收入水平对经济增长速度的影响。Barro 和 Sala-I-Matin（1991）通过研究美国、日本及一些欧洲国家趋同情况后，认为这些国家区域之间经济增长存在显著的 σ 趋同和绝对 β 趋同，且各国的 β 趋同速率都在每年 2%左右。这个趋同速度已为诸多趋同实证研究所认可。

在国内研究中，越来越多的学者尝试从趋同的角度来研究经济增长的长期趋势，发现将条件变量引入回归方程中后，通过 β 系数可以判断此变量是否可以促进经济增长趋同，也从侧面解释了经济增长趋同的原因。蔡昉和都阳（2000）、沈坤荣和马俊（2002）认为中国经济增长不存在明显的趋同现象，但是存在东、中、西三个趋同俱乐部。林光平等（2005）则认为中国不同区域间虽然有趋同的趋势，可是趋同速度越来越缓。刘强（2001）、姚仲枝和周素芳（2003）发现劳动力流动可以促进区域间经济增长趋同，减小区域经济差异。王小鲁和樊纲（2004）、郭庆旺和贾俊雪（2006）研究考察了各类因素对中国区域经济增长趋同的影响，发现劳动力、物质资本和政府投入加大了区域经济差异，而资本边际收益递减和技术扩散引起的趋同效应是促使中国区域经济差距缩小的主要因素。杨春生（2014）研究发现物质资本、人力资本、工业化进程、对外开放程度、基础设施建设、企业制度改革等变量对地区经济增长趋同有促进作用；政府行为、人口增长率和城乡差异等变量对经济增长趋同产生消极影响。张可云和王裕瑾（2016）认为山东省存在明显的经济增长趋同现象，固定资产投资率、城镇化水平和产业结构优化程度对经济增长有显著的正效应。

第三章　中国经济增长及其生态效率评价

第一节　中国经济增长现状

一、强势经济转档换速

改革开放 40 年来，中国经济取得了飞速发展，一跃成为世界第二大经济体，人民生活水平显著提高。国家统计局的统计资料显示，中国的实际 GDP 由 1978 年的 3 678.7 亿元增长至 2015 年的 22 762.03 亿元（以 1978 年为基期进行平减），年平均几何增长率为 5.05%。图 3-1 报告了中国 1978~2015 年 GDP 演变状况。从中可以看出：中国在改革开放的前 37 年，经济表现出“强势增长”的特征。尤其是在 1987~1996 年和 2003~2012 年这两个时间段，中国经济的增长速度非常高。前者增速高达 10.71%，后者增速高达 5.27%，均高于平均水平。在这两个阶段，中国经济分别经历了 1994 年的深化改革和成为世界第二大经济体的重要历史转折，“强势增长”特征明显。

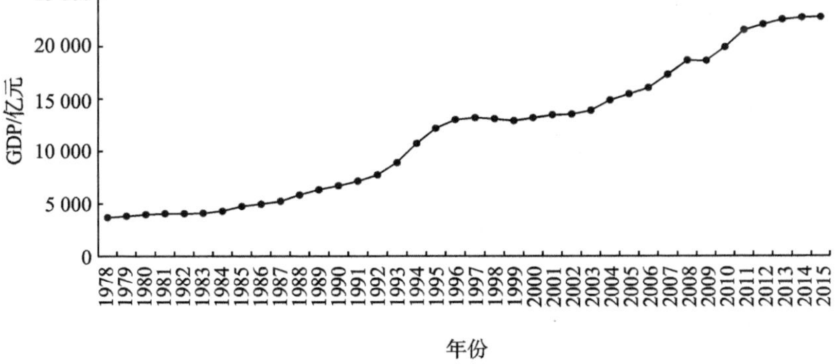

图 3-1　1978~2015 年中国 GDP

2012 年，党的十八大召开；2013 年，党的十八届三中全会通过了《中共中央关于全面深化改革若干重大问题的决定》；2014 年，习近平总书记提出了“四个全面”战略布局。这一系列重要历史节点的背后是中国经济高速增长。然而事实上，2012~2015 年中国实际 GDP 增长率仅为 1.05%。增速下滑意味着中国经济不行了吗？事实上并非如此，中国经济增速下滑既有历史的原因也有现实的需求。在历史原因方面，党的十八大之前的 10 年，中国经济虽然取得了快速增长，然而这种过度依赖要素投入的增长方式并不可持续，历史旧债给经济增长增加了持续负担。尤其是在全球经济增速普遍下滑的趋势下，中国实际 GDP 保持持续增长并仍然是世界经济增长引擎已属不易。现实需求在于中国迫切需要推动经济增长转轨，由以往主要依靠要素投入转为依靠技术进步。一个明显的趋势在于，党的十八大以后中国的科技产品、科学技术、科技创新不断泉涌，科技对经济增长的贡献越来越大。李政通等（2017）研究认为，技术进步对经济增长的贡献已经跨越了拐点，中国的经济增长越来越向技术驱动转变。由此可以看出，中国目前的经济增长进入了强势转档换速的发展阶段。

二、经济结构优化升级

一直以来，工业是国民经济的主要构成，中国是名副其实的工业大国。工业占国民经济的比重的变化体现着中国经济结构的演变，图 3-2 报告了 1978~2015 年工业产值占总产值的比重演变。从中可以看出，中国工业产值占总产值的比重经历了两个 V 形低谷，分别在 1990 年和 2002 年。在 1990 年，中国工业比重为 41.03%，达到历史最低值，在此之后也得到快速拉伸；2002 年中国的工业比重虽然也有所下滑，但仍然处于 44.45%的高位，属于经济结构的短暂调整。而在 2011 年之后，中国工业结构快速下滑，由 2011 年的 46.40%显著下降至 2015 年的 40.93%，再次降至历史最低点。对比两次历史最低点的发展趋势可以看出，第一次降至历史最低点经历了 10 年时间，由 1980 年的 48.06%下降至 1990 年的 41.03%，中间还有一段时间的小幅上升；而第二次降至历史最低点则经历了 8 年时间，尤其是在党十八大之后表现出直线式下降。那么，中国的工业产值比重还会上升吗？结合当前中国经济发展的“三去一降一补”，有理由认为：中国的工业产值比重正在经历一个深度调整期。考虑到中国政府正在大力推进双创活动，中国这次经济结构调整期主要表现为原有的资源型工业向资本型、技术型工业转变，这正是中国新一轮的经济结构调整。

三、区域经济发展异质化

中国幅员辽阔，各地区的自然地理、经济社会条件存在显著差异。在过去“唯

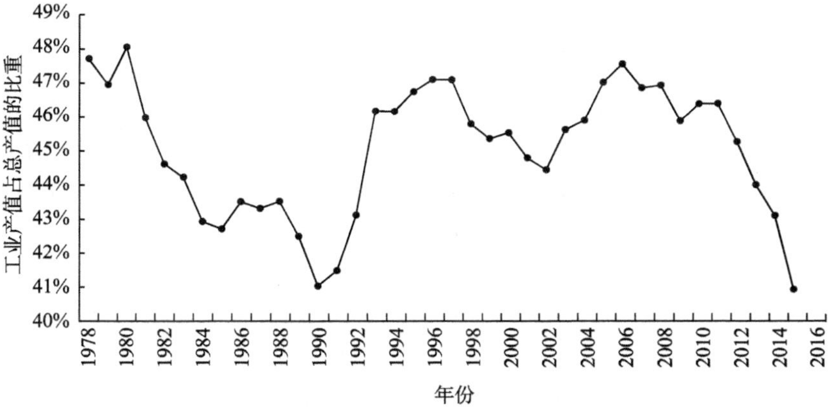

图 3-2　1978~2015 年中国工业产值占总产值比重

GDP”的发展时代，各个地区的主要考核指标在于经济总量。然而这种过度强调主观能动性而忽视了客观发展规律的发展模式已经产生了许多问题，资源浪费、环境污染、人地矛盾等诸多发展困境正影响着经济的持续推进。党的十八大之后，中国转变经济发展方式的力度不断加大，逐步改变了以往以地区生产总值为主要考核指标的发展模式，更为尊重地区的经济发展规律。例如，2017 年 10 月 2 日，中共中央办公厅、国务院办公厅印发了《国家生态文明试验区（江西）实施方案》和《国家生态文明试验区（贵州）实施方案》，这显示了国家在江西和贵州的经济发展中更加注重生态发展的地位，在经济发展过程中更要强调生态文明建设。不仅如此，党的十八大后，经济发展的区块化特征愈加明显。长江经济带发展战略、京津冀协同发展战略和“一带一路”倡议成为中国区域经济发展的三大支撑带，同时还有中原城市群、长江中游城市群、长三角城市群、珠三角城市群等多个城市群发展战略。每一个经济区块都有重要的分工，如中部地区要建设成为“三中心、一枢纽”，将雄安新区建设成为北京的副中心。这种区块化发展特征正是中国经济发展的新特点，是对党的十八大后中国经济发展实际战略布局的重要体现。

第二节　经济生态效率发展与评价

一、经济生态效率的含义与历史需求

强势转档换速、经济结构优化升级以及区域经济发展异质化构成了当前中国经济发展的重要特征，那么为什么有这样的特征以及未来如何适应这种特征呢？

这就需要明确当前中国经济发展的导向，其中一个就是生态文明，即生态经济发展。中国政府注重生态文明建设，也在有力地推进生态文明建设。中国生态文明建设不仅仅是口号，也不仅仅是体现在文件上，更体现在实际的经济发展过程中，这一点在党的十八大之后尤为明显。生态经济发展同上述经济发展的三大特征具有同一性，从宏观层面来看，强势经济转档换速和经济结构优化升级正是贯彻生态文明发展理念的重要体现，需要将我国过去的资源投入型经济发展模式转变为科技进步与资源集约型；而区域经济发展异质化则是推进生态文明建设的重要落实，根据地方实际来发展经济，注重生态文明在经济考核中的地位。在当前的经济发展环境下，需要更加注重生态经济发展，建设生态文明社会。

生态经济是当前中国经济发展特征的自然延伸。在 2012 年的第十一届全国人民代表大会第五次会议上，时任国务院总理温家宝所作的政府工作报告中部署了“九大任务”，其中第四大任务谈到加快转变经济发展方式，包括促进产业结构优化升级、推进节能减排和生态环境保护、促进区域经济协调发展。生态效率是区域可持续发展的重要测度指标，反映了区域经济发展有效利用资源以减轻环境压力的效率。

二、经济生态效率评价的 DEA 方法

区域生态效率测度是一个针对复杂系统投入产出效果进行相对效率评估的过程，DEA 采用统计学方法根据数据本身的特点得到投入、产出指标的权重，有效解决了区域生态效率测度指标赋权问题。然而，传统 DEA 评价决策单元的效率时，会出现多个决策单元同时处于生产前沿面，导致多个决策单元相对都有效，从而无法判断孰优孰劣。为了弥补这一缺陷，Anderson 和 Petersen（1993）建立了基于投入导向的超效率 DEA 模型，通过把被评价决策单元排除在参考决策单元集合之外，得到被评价单元的效率值，使得相对有效决策单元之间也能进行效率高低的比较，还可以对所有决策单元进行全排序。

若对 n 个地区开展生态效率测度，则一个决策单元（decision making unit，DMU）表示相同时期的每一个地区，决策单元集合由同一时期的所有地区构成，假设每个地区均有 m 个投入指标，s 个产出指标，则称这些地区（DMU）属于同一类型决策单元。X_{ij} 表示第 j 个地区的第 i 种投入总量，Y_{kj} 表示第 j 个地区第 k 种产出的总量（$i=1,2,\cdots,m; j=1,2,\cdots,n; k=1,2,\cdots,s$），决策单元对资源的消耗用输入指标表征，决策单元消耗资源之后的所得用输出指标表征（杨斌，2009）。令 $\boldsymbol{V}$ 为投入指标的权向量，$\boldsymbol{U}$ 为输出指标的权向量，则第 j 个地区的生态效率为

$$h_j = \frac{\boldsymbol{U}^{\mathrm{T}}\boldsymbol{Y}_j}{\boldsymbol{V}^{\mathrm{T}}\boldsymbol{X}_j} \tag{3-1}$$

其中，$\boldsymbol{X}_j=\left(X_{1j},X_{2j},\cdots,X_{mj}\right)^{\mathrm{T}}$ 为投入列向量；$\boldsymbol{Y}_j=\left(Y_{1j},Y_{2j},\cdots,Y_{sj}\right)^{\mathrm{T}}$ 为产出列向量。在对第 j 个地区进行生态效率评价时，使第 j 个地区投入和产出被其他所有的地区投入和产出的线性组合替代，而将第 j_0 个地区排除在外，可得

$$\min\theta_{j_0},\text{s.t.}\begin{cases}\sum\limits_{j=1;j\neq j_0}^{n}\boldsymbol{X}_j\lambda_j\leqslant\theta_{j_0}X_{j_0}\\ \sum\limits_{j=1;j\neq j_0}^{n}\boldsymbol{Y}_j\lambda_j\leqslant Y_{j_0}\\ \lambda_j\geqslant 0;j\neq j_0;j=1,2,\cdots,n\end{cases} \tag{3-2}$$

其中，λ_j 为不等式中各向量的权系数；θ_{j_0} 则为第 j_0 个地区的生态效率值。与传统 DEA 模型相比，超效率 DEA 模型的有效效率值大于 1，解决了传统 DEA 无法区别众多 DEA 有效决策单元的问题。为了对各个地区的经济生态效率发展情况进行划分，本书将其按照生态效率值分为 4 个等级，即优等生态效率区（θ>1）、良好生态效率区（0.8<θ≤1）、中等生态效率区（0.6<θ≤0.8）、偏弱生态效率区（θ≤0.6）。

三、中国省际生态效率发展评价

（一）生态效率评价指标体系

在进行生态效率评价前，首先需要建立经济生态效率的投入产出指标体系。本书将资源消耗和环境污染作为超效率 DEA 模型的投入指标，经济效益作为模型的产出指标，共三大类 9 个指标，具体指标体系见表 3-1。同时为保证数据的完整性，采用 2007~2011 年的数据进行实证分析。

表 3-1　生态效率测度指标体系

投入/产出	子系统	指标类别	指标构成
投入指标	资源消耗	土地消耗	万元 GDP 耗地/平方千米
		水资源消耗	万元 GDP 耗水量/万立方米
		能源消耗	万元 GDP 能耗/吨标准煤
	环境污染	固废污染	固体废物产生量/万吨
		废气污染	二氧化硫排放量/吨
		废水污染	废水排放量/万吨
产出指标	地区 GDP	地区 GDP	地区 GDP/亿元

资料来源：2008~2012 年《中国环境统计年鉴》和《中国能源统计年鉴》

（二）区域生态效率值计算结果分析

根据前文的生态效率测度的DEA方法，运用DEA Excel Solver软件，计算得到2007~2011年中国各省域的生态效率度量指数，如表3-2所示。

表 3-2 2007~2011 年中国省域生态效率测度值

省（自治区、直辖市）	2007年	2008年	2009年	2010年	2011年	省（自治区、直辖市）	2007年	2008年	2009年	2010年	2011年
北京	3.996	3.911	3.742	3.615	3.201	山西	0.443	0.511	0.434	0.415	0.666
上海	2.799	2.189	2.180	1.824	1.707	广西	0.667	0.666	0.603	0.580	0.491
广东	1.728	1.580	1.662	1.620	1.549	陕西	0.550	0.574	0.594	0.583	0.809
山东	1.410	1.547	1.488	1.467	1.435	四川	0.553	0.560	0.548	0.580	0.698
海南	1.016	0.776	0.842	0.815	0.646	内蒙古	0.571	0.637	0.732	0.585	0.905
江苏	0.895	0.950	1.112	1.095	1.095	重庆	0.466	0.475	0.503	0.478	0.538
浙江	0.918	0.939	0.910	0.913	0.989	云南	0.449	0.465	0.423	0.412	0.414
福建	0.851	0.858	0.834	0.802	0.693	新疆	0.360	0.359	0.307	0.295	0.471
天津	0.747	0.867	0.949	1.001	1.474	甘肃	0.355	0.358	0.334	0.327	0.503
河北	0.685	0.715	0.696	0.672	0.821	贵州	0.271	0.284	0.280	0.286	0.435
江西	0.731	0.726	0.712	0.691	0.536	青海	0.251	0.255	0.249	0.241	0.466
河南	0.727	0.752	0.652	0.618	0.706	宁夏	0.194	0.205	0.216	0.210	0.317
安徽	0.641	0.647	0.616	0.605	0.578	辽宁	0.541	0.604	0.621	0.639	0.778
湖北	0.529	0.559	0.559	0.540	0.635	吉林	0.542	0.537	0.511	0.502	0.617
湖南	0.553	0.579	0.586	0.574	0.702	黑龙江	0.506	0.503	0.444	0.437	0.599

根据表3-2可以看出，在2007~2011年中，北京、上海、广东、山东都处在优等生态效率区（θ>1），东部地区其余各省处在良好生态效率区（0.8<θ≤1）和中等生态效率区（0.6<θ≤0.8）；中部地区的安徽、河南、江西都处在中等生态效率区（0.6<θ≤0.8），山西、湖南、湖北都处在偏弱生态效率区（θ≤0.6），西部地区的省（自治区、直辖市）全部处在偏弱生态效率区，与此同时东北三省的生态效率基本上处在偏弱生态效率区，只有2008年之后的辽宁和2011年的吉林才开始赶上中等生态效率水平（0.6<θ≤0.8）。为了直观展示各地区的生态效率发展情况，表3-3报告了2007~2011年的各省份生态效率平均值排名。由此可以看出，我国省际的生态效率发展表现出明显的区域差异，东部地区的经济生态效率要高于中西部地区。

值得注意的是，这种经济生态效率的差异同我国经济发展的区域差异具有一定的空间一致性，推动地区经济增长的同时需要注重经济发展生态效率的提高。

表 3-3　2007~2011 年各省域生态效率平均值排名

省（自治区、直辖市）	平均值	排名	省（自治区、直辖市）	平均值	排名
北京	3.693 0	1	山西	0.493 8	23
上海	2.139 8	2	广西	0.601 4	17
广东	1.627 8	3	陕西	0.622 0	15
山东	1.469 4	4	四川	0.587 8	19
海南	0.819 0	8	内蒙古	0.686 0	12
江苏	1.029 4	5	重庆	0.492 0	24
浙江	0.933 8	7	云南	0.432 6	25
福建	0.807 6	9	新疆	0.358 4	27
天津	1.007 6	6	甘肃	0.375 4	26
河北	0.717 8	10	贵州	0.311 2	28
江西	0.679 2	13	青海	0.292 4	29
河南	0.691 0	11	宁夏	0.228 4	30
安徽	0.617 4	16	辽宁	0.636 6	14
湖北	0.564 4	20	吉林	0.541 8	21
湖南	0.598 8	18	黑龙江	0.497 8	22

第三节　行业与区域生态效率评价

第二节展现了我国各省域生态效率发展情况，研究表明：我国省际经济发展生态效率表现出东中西差异，同我国区域经济发展水平具有一定的耦合特征。事实上，我国各产业、各地区的生态效率水平均存在显著差距，需要对此进行细化分析。本节进一步从工业生态效率、中部六省生态效率的角度进行了研究。

一、工业生态效率评价

（一）中国工业发展状况

近年来，经济发展的负外部性日益严重，资源枯竭与环境恶化已成为我国经济发展难以逾越的瓶颈（韩保江，2006）。工业产业是我国资源消耗和污染物排放的主要源头，2010 年我国工业能源消费量占全社会能源消费总量的 71%，烟（粉）尘排放总量有 86%来自工业系统。因此，工业产业和资源环境协调发展是当前值得研究的重要课题。生态效率泛指“以最小的资源消耗和环境破坏获得最大的经济效益”（黄和平等，2010），它强调经济效益和环境效益的统一，是实现工业产业与资源环境协调发展目标的切入点（吕彬和杨建新，2006）。

工业生态效率最初应用于企业、产品、行业等工业微观层面的研究，后来逐步拓展到宏观区域产业层面的分析（Charlene et al.，2005；Tohru，2005）。Harmut 等（2002）运用环境经济核算（environment economic accounting，EEA）的生产率指标评价了德国国家层面的生态效率水平；王震等（2008）借鉴生命周期分析的相关成果，构建了我国区域工业生态效率的指标体系，并以北京为例进行了区域工业生态效率的评价；毛建素等（2010）深入分析了 39 个工业部门的生态效率，结果表明生态效率具有明显的行业不均衡性；李惠娟等（2010）将生态效率分解为资源效率和环境效率来构建生态效率度量模型，并进行了发展模式的判别。

在现有研究基础上，本部分对工业生态效率的评价主要分为两个部分：一是结合不同工业生产环节，通过区分污染物产生量和排放量，将工业生态效率分解为源头消减效率和末端治理效率，构建工业生态效率评价模型，评价中国中部和东部的工业生态效率差异；二是基于东中部16个省份2005~2010年的面板数据，分别研究工业产业结构、工业开放度、工业研发投入强度、工业污染治理强度四方面因素对源头消减效率、末端治理效率的影响。

（二）工业生态效率评价方法

1. 区域工业生态效率的分解

工业生态效率的核心理念是“以最少的资源投入和最低的环境污染代价获取最大的工业产品和服务价值”（李名升和佟连军，2009）。资源等物质生产要素在工业生产过程中转化为工业产出和环境产出，相应的工业产业的资源效率和产污效率可分别表示为工业产出与资源投入量的比值，以及工业产出与污染物产生量的比值。资源效率与产污效率合称为源头消减效率，度量了工业系统在源头消减环节的生态效率水平。产生的污染物须在末端治理环节进行处理以消除或减少其对环境的影响，用污染物产生量与排放量的比值表征末端治理环节的生态效率，简称末端治理效率。从工业产业的生产过程来看，源头消减、末端治理是影响工业系统资源利用、污染物产生和最终排放的重要环节。通过区分污染物产生量和排放量，结合工业生产过程，从源头消减和末端治理两个层面表征工业系统生态效率水平，增强了指标的解释能力，丰富了工业生态效率的内涵。

2. 区域工业生态效率评价模型

若用符号G代表工业系统向社会提供的经济价值，符号N表示工业系统的资源投入量，Q_1、Q_2分别代表工业系统产生、排放的污染物环境影响总和，由此工业系统的源头消减效率（用符号R表示）可定义为

$$R=\left(R_1+R_2\right)/2 \tag{3-3}$$

其中，$R_1=G/N$为资源效率，表示单位资源投入产生的经济价值；$R_2=G/Q_1$为产污效率，表示单位经济产出所产生的环境负荷的倒数。由于R_1,R_2量纲不同，具体计算时须先对其进行标准化处理，在此可以采用极差标准化方法进行处理。那么，工业系统的末端治理效率（E）可定义为

$$E=\frac{Q_1}{Q_2} \tag{3-4}$$

利用式（3-3）和式（3-4），可算出第s个评价区域第t年的源头消减效率R_{st}、末端治理效率值E_{st}，t=2005，2006，…，2010。为了对第s个区域两个生产环节生态效率有个整体直观的认识，需对已求得的6年的源头消减效率评价指数R_{s1}，R_{s2}，…，R_{s6}进行综合评价。运用因子分析法得到R_{s1}，R_{s2}，…，R_{s6}的权重$\omega^1,\omega^2,\cdots,\omega^6$，所以第$s$个评价区域源头消减效率6年总的综合评价模型为

$$R_s=\omega^1\bullet R_{s1}+\omega^2\bullet R_{s2}+\cdots+\omega^6\bullet R_{s6} \tag{3-5}$$

用同样的方法可求出第s个区域的末端治理效率综合评价值E_s。

3. 工业生态效率评价模型

由于R、E存在量纲差异，不能直接进行比较分析，需先对其进行标准化处理，这里选取极差标准化方法，它能够反映各生产环节实际生态效率接近最优效率水平的程度，其标准化过程如下：

$$R_s'=R_s/\max\left(R_1,R_2,\cdots,R_n\right)\ \ s=1,2,\cdots,n \tag{3-6}$$

$$E_s'=E_s/\max(E_1,E_2,\cdots,E_n)\ \ s=1,2,\cdots,n \tag{3-7}$$

其中，R_s',E_s'分别为R_s,E_s的标准化值，其取值范围均为[0,1]；R_s,E_s分别为源头消减效率和末端治理效率的实际评价值；n为评价区域个数。将源头消减效率与末端治理效率进行整合，可得区域工业生态效率（EE）的评价模型：

$$\mathrm{EE}=\sqrt{R'^2+E'^2},\mathrm{EE}\in\left[0,2\right] \tag{3-8}$$

（三）评价指标选取

取东、中部地区各省份工业增加值作为工业系统的经济产出，选取工业能源消耗量指标作为系统资源投入变量。由于系统投入变量是实物量，产出变量是价值量，所以为了计算的准确性要考虑物价指数的影响，利用商品零售价格指数对

各省域工业增加值进行调整，折算成以 2005 年为基期的不变价。环境影响指标要区分污染物排放量和产生量，由于统计口径的关系，废气、废液污染物产生量指标没有统计，用污染物去除量和排放量之和来测算。各种污染物环境影响总量的计算是根据我国《排污费征收标准及计算方法》规定的折算系数先算出各类污染物的污染当量数，再根据各类污染物当量收费标准换算成排污费，最后加总汇合作为污染物产生和排放的最终取值。《排污费征收标准及计算方法》规定“对每一排放口征收污水（废气）排污费的污染物种类数，以污染当量数从多到少的顺序，最多不超过 3 项”。因此，将废气和废液污染物按污染当量数从多到少的顺序分别只取三类计算：废气污染物取工业粉尘排放（去除）量、工业烟尘排放（去除）量和工业二氧化硫排放（去除）量；废液污染物取工业废水中氨氮含量、工业废水中石油类含量、工业废水中化学需氧量三个指标。固体污染物采用工业固体废弃物排放量、产生量作为指标。由于统计数据的局限性，各类固体废物不加区分，其排污征收标准均取 25 元/吨。

所用的工业增加值和资源方面的数据主要来源于历年《中国统计年鉴》和《中国工业统计年鉴》；环境方面数据来源于国家统计局网站；部分缺失数据由各省市统计年鉴、中国知网统计数据库补充。其中，浙江、海南（2007 年）和福建（2006 年）的工业能源消费量为估算，天津、上海、江苏、海南、安徽等省（直辖市）部分年份的工业固体废弃物排放量系估算。

（四）工业生态效率评价结果

根据式（3-3）~式（3-8）即可求出中国东、中部 16 个省（直辖市）的源头消减效率 R、末端治理效率 E、工业生态效率 EE 值，计算结果见表 3-4。

表 3-4 中国东中部地区省域源头消减效率、末端治理效率和工业生态效率评价值

区域	北京	天津	山东	江苏	上海	浙江	福建	广东	东部
源头消减效率 R	0.720 6	0.725 0	0.462 3	0.613 4	0.810 2	0.575 1	0.542 9	1.000 0	0.554 1
末端治理效率 E	1.000 0	0.511 8	0.555 0	0.497 6	0.570 5	0.437 3	0.555 2	0.305 9	0.511 0
工业生态效率 EE	1.232 6	0.887 4	0.722 4	0.789 9	0.990 9	0.722 5	0.776 5	1.045 8	0.753 8
区域	山西	河南	安徽	江西	湖北	湖南	中部	全国	
源头消减效率 R	0.176 9	0.386 1	0.321 7	0.376 6	0.364 6	0.360 8	0.315 4	0.385 1	
末端治理效率 E	0.475 1	0.443 7	0.611 6	0.598 0	0.432 9	0.291 0	0.458 8	0.444 6	
工业生态效率 EE	0.507 0	0.588 1	0.691 0	0.706 7	0.566 0	0.463 5	0.556 7	0.588 2	

注：表中源头消减效率 R、末端治理效率 E 是各区域 6 年的综合评价值；本小节主要目的是分析中部各省各类生态效率水平与东部发达省份的差距，东部地区工业水平较差的河北、海南两省的评价值没有列出

根据表 3-4 的估计结果可以看出，中部六省的工业生态效率明显低于东部各省，甚至低于全国平均水平。其中，北京的工业生态效率水平最高，EE 为 1.232 6，工业生态效率最低的是中部地区的湖南省，EE 仅为 0.463 5。这说明与东部工业发达省份相比，中部地区的工业生态效率发展水平较低，其工业发展仍是以资源消耗和环境污染为代价的，这与前文关于省际生态效率评价的结果总体是一致的。同时，研究还表明中部地区内部生态效率水平存在一定的差异，据此可分为三个梯队：安徽、江西在第一梯队，EE 值在 0.69~0.71；河南、湖北居中，EE 值在 0.56~0.59；山西、湖南两省的工业生态效率位于第三梯队，EE 值在 0.46~0.51。

从整体的空间分布来看，源头消减效率 R 在中东部区域间分布极不均衡，且呈明显的“东高中低”的“俱乐部现象”，北京、天津、上海、广东等东部工业发达省（直辖市）的源头消减效率较高，中部山西等工业欠发达地区的效率较低，其中源头消减效率最低的是山西，R 为 0.176 9，不到广东省（R 为 1）的五分之一。中部地区内部源头消减效率变化不大，除山西外 R 值均维持在 0.3~0.4 的低水平范围内，低于全国平均水平。从末端治理效率来看，北京的 E 值最高为 1，显著高于中东部其他各省域。除北京外，末端治理效率各省域间波动较小，分布无明显的区域差异性，表现较平稳。

比较各省域的源头消减效率和末端治理效率发现，中部各省域（湖南除外）工业发展均是源头消减滞后型，末端治理优于源头消减，而东部各省大多是源头消减效率高于其末端治理效率。这说明导致中部地区工业生态效率水平低下的原因主要是源头消减效率不高，中部各省要改善其 EE 水平就要在源头消减环节上下功夫，同时加强末端治理环节对污染物的处理利用。

二、中部六省生态效率评价

随着经济的发展，资源环境的约束日益突出，十六届五中全会提出要加快建设“资源节约型、环境友好型”社会，即“两型社会”的要求。中部地区是国家的重要能源产出地和工业重点建设地区，“武汉城市圈”“长株潭城市群”“鄱阳湖生态经济区”相继获批，被确定为两型社会的优先试验区。德国学者 Schaltegger 和 Sturm 最早提出了生态效率的概念，它的核心思想是以较少的资源投入和较低的污染排放实现较高的经济产出。因此区域生态效率水平是客观评价两型社会建设优劣的有效手段，是制定相关政策实现两型社会发展目标的重要参考。产业结构是联系人类经济活动与资源环境的重要桥梁，是“资源配置器”和环境污染的“控制体”。在此情况下，需要对产业结构进行有效调整，即产业结构调整的目标就是提高生态效率，所以有必要研究产业结构与区域生态效率的关联机制。

（一）测算方法

本部分对中部六省生态效率的测度是以Battese和Coelli（1992）提出的模型为基础，选取对数形式的Cobb-Douglas函数，建立随机前沿生产函数模型如下：

$$\begin{aligned}\ln\left(\mathrm{GDP}_{it}\right) = {} & \beta_0 + \beta_1 \ln\left(\mathrm{CYRR}_{it}\right) + \beta_2 \ln\left(\mathrm{NYXF}_{it}\right) + \beta_3 \ln\left(\mathrm{YSZL}_{it}\right) \\ & + \beta_4 \ln\left(\mathrm{GDMJ}_{it}\right) + \beta_5 \ln\left(\mathrm{GFPF}_{it}\right) + \beta_6 \ln\left(\mathrm{FSPF}_{it}\right) \\ & + \beta_7 \ln\left(\mathrm{SO_2PF}_{it}\right) + \left(V_{it} - U_{it}\right)\end{aligned} \tag{3-9}$$

其中，$i(i=1,2,\cdots,6)$，$t(t=1,2,\cdots,10)$分别为指标数据来自第i省域第t年的相应数据；模型的随机误差项$V_{it}-U_{it}$具有复合结构，V_{it}为系统中不可控因素所致误差，假设其服从正态分布$\mathrm{N}\left(0,\sigma_v^2\right)$，且独立于$U_{it}$；$U_{it}$是非负随机变量，表示生产的无效程度，假设其服从非负截尾正态分布$\mathrm{N}\left(\mu,\sigma_u^2\right)$；$\mathrm{TE}_{it}=\exp\left(-U_{it}\right)$为样本中第$i$省域在第$t$时期资源环境的技术效率（即生态效率）情况；$\gamma=\sigma_u^2/\left(\sigma_u^2+\sigma_v^2\right)$为随机扰动项中技术无效所占的比例。实际使用时，要先对模型进行检验假设（H_0：$\gamma=0$，H_1：$\gamma>0$），利用极大似然统计检验，取统计量$\mathrm{LR}=-2\left\{\ln\left[L\left(H_0\right)/L\left(H_1\right)\right]\right\}$，若接受$H_0$，则该生产单元技术有效，无须使用SFA（stochastic frontier approach，随机前沿方法）来分析，直接用OLS（ordinary least square，普通最小二乘）方法即可；若拒绝H_0，说明模型的误差显著受到技术非效率的影响，就有必要使用SFA模型。

生态效率的概念意味着系统用较少的资源消耗和环境代价获得较大的经济收益，其核心思想是“少投入多产出”，是一个地区绿色竞争力的重要体现。参考邱寿丰（2008）的生态效率指标设计体系，根据指标的科学性和数据的可获得性，选取区域生态效率评价指标体系如表3-5所示。

表3-5　中部六省生态效率评价指标体系

投入/产出	类别	所选取指标
投入指标	资源消耗	全社会平均从业人数（CYRR） 耕地面积（GDMJ） 能源消费总量（NYXF） 全社会用水总量（YSZL）
	环境污染	工业二氧化硫排放量（SO_2PF） 工业废水排放量（FSPF） 工业固体废物排放量（GFPF）
产出指标	经济发展总量	地区GDP（GDP）

注：基础数据主要来源于2001~2010年《中国统计年鉴》《中国环境统计年鉴》和《中国能源统计年鉴》及中部六省省级统计年鉴；2003年以前的用水总量来源于各省的《水资源公报》；部分缺失数据系折算所得，对评价结果影响不大

（二）计量检验

运用Frontier 4.1软件，得到式（3-9）的估计结果，如表3-6所示，据此可以计算出各个地区的生态效率（表3-7）。

表 3-6　模型最大似然估计结果表

变量	参数	参数值	变量	参数	参数值
常数项	β_0	−2.574 6（−2.505 0）***	ln（FSPF）	β_6	0.149 1（1.374 2）**
ln（CYRR）	β_1	− 0.319 2（− 1.467 1）*	ln（SO_2PF）	β_7	− 0.109 6（− 0.958 0）**
ln（NYXF）	β_2	1.284 2（13.701 9）***		σ^2	0.029 8（2.000 4）**
ln（YSZL）	β_3	0.389 5（2.521 0）**		γ	0.779 3（7.376 1）***
ln（GDMJ）	β_4	0.038 3（0.344 3）		μ	0.304 8（1.925 7）*
ln（GFPF）	β_5	− 0.020 1（−1.514 6）		η	0.047 2（2.129 8）**
单边 LR 检验 59.613 1***					

*、**、***分别表示在 10%、5%、1%的显著性水平下显著

注：括号内数据是参数估计的 *t* 值；LR 为似然比统计量，此处符合混合卡方分布（mixed chi-squared distribution）

表 3-7　2001~2010 年中部六省区域生态效率评价

年份	河南	江西	安徽	湖南	湖北	山西	平均
2001	0.527 4	0.848 3	0.568 9	0.517 5	0.418 5	0.421 2	0.550 3
2002	0.543 2	0.854 8	0.583 8	0.533 4	0.435 6	0.438 3	0.564 9
2003	0.558 7	0.861 0	0.598 5	0.549 1	0.452 6	0.455 3	0.579 2
2004	0.573 9	0.866 9	0.612 8	0.564 5	0.469 5	0.472 1	0.593 3
2005	0.588 8	0.872 6	0.626 8	0.579 6	0.486 1	0.488 7	0.607 1
2006	0.603 4	0.878 1	0.640 5	0.594 3	0.502 6	0.505 1	0.620 7
2007	0.617 6	0.883 4	0.653 8	0.608 8	0.518 8	0.521 3	0.633 9
2008	0.631 5	0.888 4	0.666 7	0.622 9	0.534 7	0.537 2	0.646 9
2009	0.645 0	0.893 3	0.679 3	0.636 6	0.550 4	0.552 8	0.659 6
2010	0.658 1	0.898 0	0.691 5	0.650 0	0.565 7	0.568 1	0.671 9

由表 3-6 可以看出，LR=59.613 1，通过了 1%的显著性水平检验，说明模型的误差显著受到技术非效率的影响，就有必要使用 SFA 模型；式（3-9）中的σ^2和γ的检验显著性水平均高于 1%，γ=0.779 3，说明在随机误差项中有 77.9%来自技术非效率的影响，只有 22.1%的影响来自系统误差等外部影响因素，进一步

说明了使用 SFA 方法分析区域生态效率是十分有效的。

由表 3-7 可以看出：①从总体来看，中部六省这 10 年平均生态效率水平偏低，仅为 0.612 8，说明中部六省实际产出与前沿生产面的差距较大，资源环境利用效率还有很大的挖掘空间。中部六省应着力转变生产方式，在“节约资源，控制污染”上下功夫，有效提高资源环境的利用效率。②从各年度来看，无论是中部各个省域还是六省平均的生态效率水平都呈现出逐年稳步上升的趋势。中部六省平均生态效率从 2001 年的 0.550 3 增加到 2010 年的 0.671 9，涨幅为 22.1%；生态效率涨幅最大的是湖北，十年间增加了 35.2%。这说明在经济发展的过程中，资源环境各投入要素的使用效率在逐年提高，实际产出与前沿面的距离不断缩小。③从各省域的发展来看，中部六省域间生态效率存在显著差异，但省域间生态效率差异在逐年缩小。生态效率水平最高的是江西，2010 年达到 0.898 0；河南、安徽、湖南三省居中，2010 年生态效率水平在 0.6~0.7；而生态效率水平较低是湖北和山西两省，2010 年湖北的评价值仅为 0.565 7，江西的评价值几乎是它的 1.6 倍。省域间生态效率的差异呈逐年递减的趋势，2001 年中部六省生态效率评价值最高者与最低者相差 0.43，到 2010 年这一数据缩小为 0.33。

对比前文关于省际生态效率和工业生态效率的研究结果可以看出，我国经济发展的生态效率发展水平不高，且存在着显著的区域差异，总体表现出东部>中部>西部的特征；在一个区域内部，也表现出更为微观的差异，且这种差异同我国各地区的经济发展水平具有某种耦合的特征。在此同时，我国的经济生态效率总体上呈现上升趋势，经济的增长方式在一定程度上得到转变。

第四章　区域金融集聚测度及其辐射效应

第一节　金融集聚内涵与动因

一、金融集聚的内涵

关于金融集聚的概念，最早是由美国麻省理工学院教授 Kindleberger（1973）提出。他通过对金融参与者行为的研究，发现他们会集中在某一固定区域进行金融活动。随着金融产业发展，达到相应的规模后，会产生一定外部规模经济效益，吸引大量的金融投资者进入，从而形成了金融企业集聚的现象。而金融集聚是金融资源与地域条件协调、配置、组合的时空动态变化，金融产业成长和发展，进而在一定地域空间生成金融地域密集系统的变化过程。金融集聚的内涵丰富而且深刻，它即包括金融资源、金融系统在等级、结构、规模、功能上的时空有序演变进程，又涵盖了金融资源与地域地理环境、人文环境及其他产业相互融合、相互影响、相互促进的过程。集聚与扩散是金融资源流向的两种方式，这两种方向既对立又统一。“对立”体现在它们是两种相反方向的资源流动；“统一”体现在产业升级的情况下，金融资源呈现梯形由集聚区域向周边地区扩散，而低端的资源被“边缘化”并溢出到周边区域，这在一定程度上可加强集聚中心区对高端资源的吸引力。

在《论国家的竞争优势》一书中，Porter 对产业集聚的观点是：在连续分布的区域中，企业与其联系紧密的相关机构同时处于某一特定的产业领域，由于企业与其相关机构有着共同的需求供应，它们集聚在一起。该书所指的主要是制造型企业，与传统的制造产业集聚相比，金融产业集聚的含义更为丰富。首先，它不仅是一个产业发展过程，还是一种产业发展状态或者结果。金融集聚是金融资源、金融系统从规模、结构、功能、层次在时间和空间上的有序演变的结果，又是金融资源与区域地理环境、经济环境及其他产业相互影响、相互促进的结果。

从功能的角度来看，Kindleberger（1973）认为金融中心不仅可以平衡私人与企业之间的储蓄和投资，实现金融资源从资金持有者向资金需求方转移，而且可以实现地区与地区之间的存款转移。

连建辉等（2005）认为，复合性金融产品生产与交易的中间网络组织是金融中心的微观基础，金融中心的存在有内在的经济逻辑。金融产业集群具有三大优势，分别为促进区域金融创新、风险控制和经营高效率。这三大优势不仅能给集群内企业带来明显的竞争优势，而且也为金融中心所在区域的经济增长提供强大的金融支持，因而成为现代金融的基本组织形式。

二、金融集聚的动因

结合国内外学者对金融集聚形成原因的探讨可知，影响金融集聚的因素分为内在因素和外在因素，行业之间的竞争、科技力量、知识溢出属于内在因素范畴，而区位因素、规模经济、市场机制、人力资本和国家政策属于外在因素的范畴。

（一）内在因素的分析

首先从市场方面考虑，由于在市场经济条件下，企业都会追求利润的最大化，有限的资源和客户促使企业之间、行业之间产生竞争，继而引发投资加热的现象。从提高竞争力的角度考虑，企业通过寻找自身的竞争优势，采取扩大投资和差异化服务的方式，以满足复杂的市场需求从而推动整个产业竞争优势的扩张，并促进产业的演化。科技力量是指科技的进步和创新，体现在科技力量对产业集聚所带来的竞争优势，能促进金融集聚持续发展。当金融产业集聚发展到一定程度，产生瓶颈效应，而科技的创新能改变产业运作的方式，使得金融产业得到进一步的发展。科技力量的作用同样适用于金融服务业，它能对产业演化的方向和路径产生影响，改变原有的市场需求状况，使得金融集聚演化形成。而知识溢出也影响金融集聚的形成，通过知识在集聚区域内部传播、积累、增长、扩散的方式，产生知识溢出效应，知识溢出分为两种，一种是企业内部知识溢出，另一种是企业外部知识溢出。

（二）外在因素的分析

首先考虑的是区位因素，区位因素包括地理位置和自然资源，交通因素、电信因素、教育因素都属于区位因素。规模经济也是影响金融集聚的一个重要的外在因素，规模经济是指生产水平的提高导致企业的单位成本下降。随着产量的增加，企业的长期平均成本呈现递减现象。企业的竞争力取决于整体的生产效率，而不是由单个企业的投入规模来决定。当大量企业集中在某一区域生产，往往会形成竞争或者合作的关系，为增强核心能力，企业会产生规模经济的要求。市场机制、人力资本、国家政策同样影响着金融集聚，趋利性是企业的本能，企业会根据市场的机制作出相应的选择。例如，市场需求旺盛、消费能力强，要素会向该地区流动，使得集聚现象形成。而人力资本具有创新性和创造性的特点，劳动者素质越高，能更有效地配置资源，更好适应市场的变动。国家政策对金融集聚的形成有一定的导向性，对于重点扶持的区域，会有一定的政策倾斜，影响金融集聚的形成。

第二节　城市群金融集聚测度及其辐射效应

一、城市群金融集聚指标体系构建

在构建金融集聚测度的指标体系时，在贯彻全面性、简单性、易量化等原则的同时，还需要依据我国东、中部城市群的发展实际满足如下原则。

1. 相关性原则

相关性原则即所选取的指标要与金融集聚相关，能够反映该金融集聚的程度。金融集聚是金融要素的聚集。首先，金融资源、金融机构、金融产值、金融从业人员的分布等是金融集聚的直接表现；其次，GDP、全社会就业人数、财政收入、保费收入等经济指标对其具有重要影响；最后，非经济因素如区位优势、政府力量、基础设施等对一个地区金融集聚的形成也具有较大促进作用。

2. 可得性原则

可得性原则即所选取的指标必须能够准确方便地获得。有些指标虽然具有非常重要的价值但不易度量，如政府力量、区位优势等，只能从最终计量中舍弃。总而言之，金融集聚的指标体系需具有较强的可操作性，能具体地度量且有可比较的客观基础。

3. 多维度原则

多维度原则即众多的因素能够影响金融集聚的形成和发展。为此，本书从经济竞争力和金融竞争力两大方面来综合评价区域金融集聚程度，对于每类指标又可以通过两个以上的二级指标来具体衡量和描述。

4. 可比性原则

可比性原则即金融集聚的指标可分为绝对量指标和相对量指标。由于我国东、中部城市群面积大小、经济发展和人口规模等方面的不同，单纯用总量指标来衡量金融集聚是不合适的，因此，本书更多的是用相对数，使指标在各城市群之间具有一定的可比性。

在体现上述原则的基础上，综合国内外学者关于金融集聚的研究成果，构建了中国东、中部地区城市群金融辐射指标体系，如表 4-1 所示。经济实力是金融集聚辐射的基础，金融实力则是金融辐射力的关键。故本节从经济竞争力、金融竞争力两个层次来分析东、中部地区城市群的金融集聚辐射。数据主要来源于2009~2012年的《中国城市统计年鉴》，2009~2012年的《中国统计年鉴》《中国金融年鉴》，以及相应年份的各省（自治区、直辖市）统计年鉴和经济年鉴。

表 4-1　金融集聚辐射指标体系

系统	一级指标	二级指标
金融集聚辐射指标体系	经济竞争力	地区生产总值/亿元
		全社会就业人数/万人
		工业总产值/亿元
		固定资产投资额/亿元
	金融竞争力	金融业增加值/亿元
		金融机构存款余额/亿元
		金融机构贷款余额/亿元
		城乡居民储蓄余额/亿元
		金融从业人员数/万人
		保费收入/亿元
		资本市场筹资额/亿元
		上市公司总资产/亿元

二、金融集聚辐射能力测度方法

（一）区位熵

区位熵又被称作专业化指数，主要被用来衡量某一区域要素的空间分布情况，其计算公式为

$$Q_{ij}=\left(E_{ij}/P_i\right)/\left(E_j/P\right) \tag{4-1}$$

其中，Q_{ij} 为 i 区域 j 指标的区位熵；E_{ij} 为 i 区域 j 指标值；P_i 为 i 区域的人口数；

E_j 为全国 j 指标值；P 为全国总人口。一般情况下，当 $Q_{ij} > 1$ 时，i 地区的 j 指标具有比较优势，在一定程度上显示出该产业具有较强的竞争力。Q_{ij} 越大，则表明 i 地区该项指标优势更明显。当 $Q_{ij} < 1$ 时，则表明 i 地区该项指标处于比较劣势，尚未形成或者丧失比较优势。区位熵可以用来评价一个地区的产业集聚度，区位熵值越大，表明金融集聚水平越高。

（二）断裂点理论

1931 年，赖利在牛顿万有引力定律的基础上，提出了“零售业引力法则”。1949 年，康维斯发展了赖利的理论，提出“断裂点”理论。该理论将断裂点定义为相邻两个城市之间的吸引力达到平衡的点。断裂点理论是使用较为广泛的界定城镇空间影响范围的一种方法，其计算公式为

$$\begin{cases} d_{\mathrm{A}} = \dfrac{D_{\mathrm{AB}}}{1+\sqrt{P_{\mathrm{B}} / P_{\mathrm{A}}}} \\ d_{\mathrm{B}} = \dfrac{D_{\mathrm{AB}}}{1+\sqrt{P_{\mathrm{A}} / P_{\mathrm{B}}}} \end{cases} \tag{4-2}$$

其中，d_{A} 为断裂点到 A 城的直线距离；d_{B} 为断裂点到 B 城的直线距离；D_{AB} 为 A、B 两城之间的距离；P_{A}、P_{B} 分别为 A、B 两城市的常住人口数量，代表城市的规模和吸引力。在此，将城市群的综合金融集聚指数看作 P_{A}、P_{B}，以衡量城市群的金融集聚辐射力。

（三）威尔逊模型

1970 年，地理学者威尔逊为了研究人类活动产生的空间相互作用提出了威尔逊模型。本节利用威尔逊模型研究金融集聚的辐射效应，其表达式为

$$T_{jk} = CO_j P_k \mathrm{e}^{-\beta r_{jk}} \tag{4-3}$$

其中，T_{jk} 为 j 区域对 k 区域的金融辐射力的作用强度；O_j 为 j 区域的金融资源总量；P_k 为 k 区域的金融资源总量；β 是衰减因子，决定金融集聚辐射力衰减的速度；r_{jk} 为 j 区域与 k 区域之间的作用距离；$\mathrm{e}^{-\beta r_{jk}}$ 为相互作用核；C 为常数，通常令其等于 1。等式两边同时除以 O_j，右边得到 $P_k \mathrm{e}^{-\beta r_{jk}}$，等式左边等于 T_{jk}/O_j，假定它是一个阈值 θ（θ 表示具有辐射作用时金融辐射力的临界值，小于 θ 则说明此区域不具有辐射力），则可以得到：$\theta = P_k \mathrm{e}^{-\beta r_{jk}}$。解出 r_{jk}：

$$r_{jk} = \frac{1}{\beta} \ln \frac{P_k}{\theta}$$

其中，$\beta=\sqrt{2T/t_{\max}D}$，$D$ 为相互作用域，T 为研究区域中传递的因子的个数，$t_{\max}$ 为具有辐射作用的区域最大个数。综上，计算出城市群的辐射范围，只需知道 P_k,θ,β。

三、城市群金融集聚指数评价

结合数据的可获取性，本书采用地区生产总值、全社会就业人数、工业总产值、固定资产投资额、金融从业人数、金融机构存款余额、金融机构贷款余额、保费收入等 8 个指标作为金融资源规模的衡量指标，分别计算每年各城市群该 8 项指标的区位熵。以2008年为例，首先计算全国8个指标的人均数据与各城市群的人均数据，结果如表 4-2 所示。

表 4-2　2008 年全国及各城市群人均指标

区域	地区生产总值	全社会就业人数	工业总产值	固定资产投资额	金融从业人数	金融机构存款余额	金融机构贷款余额	保费收入
京津冀	3.860	0.529	3.646	1.178	0.005	7.783	3.932	0.128
长三角	5.938	0.658	7.385	1.683	0.006	10.130	6.047	0.170
海峡西岸	3.385	0.618	2.540	0.925	0.003	3.668	2.496	0.073
山东半岛	5.048	0.594	5.001	1.269	0.004	4.611	2.699	0.104
珠三角	10.231	1.106	18.571	2.460	0.009	15.588	9.580	0.268
中原	2.624	0.595	1.270	0.446	0.003	2.260	1.304	0.057
辽中南	4.347	0.512	5.030	2.065	0.005	4.817	2.916	0.119
长江中游	2.709	0.555	2.204	0.938	0.003	3.249	2.203	0.073
全国	2.365	0.569	3.821	1.301	0.002	3.448	2.244	0.069

通过区位熵的计算公式，可以计算出 2008 年城市群地区生产总值、金融从业人数、金融机构存款余额等 8 个指标的区位熵。结果如表 4-3 所示。

表 4-3　2008 年城市群各项指标区位熵

区域	地区生产总值	全社会就业人数	工业总产值	固定资产投资额	金融从业人数	金融机构存款余额	金融机构贷款余额	保费收入
京津冀	1.63	0.93	0.95	0.91	2.20	2.26	1.75	1.85
长三角	2.51	1.16	1.93	1.29	2.44	2.94	2.70	2.46
海峡西岸	1.43	1.09	0.66	0.71	1.05	1.06	1.11	1.05
山东半岛	2.13	1.04	1.31	0.98	1.63	1.34	1.20	1.51
珠三角	4.33	1.94	4.86	1.89	3.49	4.52	4.27	3.88
中原	1.11	1.05	0.33	0.34	1.08	0.66	0.58	0.82
辽中南	1.84	0.90	1.32	1.59	2.04	1.40	1.30	1.72
长江中游	1.15	0.97	0.58	0.72	1.24	0.94	0.98	1.05

在上述计算的基础上，利用 SPSS 19 软件对 8 个区位熵值进行标准化处理，

进而采用主成分赋权法对各城市群金融集聚指数进行综合评价。经计算，对2008年8个城市群8个指标的区位熵取1个主成分，方差累计贡献率达到了91.26%。然后用主成分方差贡献率与累计贡献率之比作为权重进行加权平均，得出这8个指标的综合主成分，代表2008年的各城市群金融集聚指数。计算结果如表4-4所示。

表4-4　2008年各城市群金融集聚指数

城市群	金融集聚指数	排名
珠三角城市群	3.866 520 585	1
长三角城市群	2.304 721 925	2
京津冀城市群	1.648 609 689	3
辽中南城市群	1.587 155 125	4
山东半岛城市群	1.467 040 988	5
海峡西岸城市群	1.071 493 979	6
长江中游城市群	1.000 333 846	7
中原城市群	0.780 942 481	8

同理，根据上述方法可以计算出八大城市群2009~2012年的金融集聚指数，综合2008年的研究成果，汇总的结果如表4-5所示。

表4-5　2008~2012年各城市群金融集聚指数

城市群	2008年		2009年		2010年		2011年		2012年	
	集聚指数	排名	集聚指数	排名	集聚指数	排名	集聚指数	排名	集聚指数	排名
珠三角	3.87	1	3.63	1	2.43	1	4.25	1	2.61	1
长三角	2.30	2	2.22	2	1.92	2	2.17	2	2.42	2
京津冀	1.65	3	1.60	3	1.51	3	1.52	4	1.64	5
辽中南	1.59	4	1.52	4	1.44	4	1.63	3	1.71	4
山东半岛	1.47	5	1.40	5	1.24	5	1.51	5	1.74	3
海峡西岸	1.07	6	1.05	7	1.02	6	1.34	6	1.45	6
长江中游	1.00	7	1.21	6	0.95	7	1.19	7	1.23	7
中原	0.78	8	0.74	8	0.67	8	0.73	8	0.79	8

从表4-5中可以看出：①东部地区的城市群金融集聚水平明显高于中部地区城市群，中部地区的长江中游城市群和中原城市群金融集聚水平在2008~2012年大都处于城市群的末位。②从东部地区城市群内部来看，珠三角城市群的金融集聚水平最高，珠三角城市群与长三角城市群的金融集聚水平五年来一直处于绝对领先地位；京津冀城市群、辽中南城市群与山东半岛城市群金融集聚水平相差不

大，京津冀城市群在2008~2010年排名处于第三位，2011年被辽中南城市群反超，在2012年之前，辽中南城市群一直高于山东半岛城市群，2012年，山东半岛超越辽中南城市群位列第3位。相对来说，海峡西岸城市群的金融集聚水平在东部地区内部处于末位的水平。③从中部地区城市群来看，长江中游城市群的金融集聚水平高于中原城市群。

四、城市群金融集聚综合指数

再次对表4-5中计算出来的八大城市群金融集聚指数进行综合评价，得到单个城市群的综合评价结果，并对其进行排序，其结果如表4-6所示。

表4-6　2008~2012年各城市群金融集聚综合指数

城市群	2008年	2009年	2010年	2011年	2012年	综合指数	排名
珠三角	3.87	3.63	2.43	4.25	2.61	3.44	1
长三角	2.30	2.22	1.92	2.17	2.42	2.25	2
京津冀	1.65	1.60	1.51	1.52	1.64	1.62	3
辽中南	1.59	1.52	1.44	1.63	1.71	1.61	4
山东半岛	1.47	1.40	1.24	1.51	1.74	1.50	5
海峡西岸	1.07	1.05	1.02	1.34	1.45	1.21	6
长江中游	1.00	1.21	0.95	1.19	1.23	1.14	7
中原	0.78	0.74	0.67	0.73	0.79	0.76	8

从表4-6中各城市群金融集聚综合指数可以看出，珠三角城市群与长三角城市群的金融集聚水平处于绝对领先；京津冀城市群处于第三位，辽中南城市群位列第四位，两者之间的金融集聚差距很小。排名第五的是山东半岛城市群，以下分别是海峡西岸城市群、长江中游城市群、中原城市群。中原城市群的金融集聚水平最低，珠三角城市群金融集聚指数是其4.5倍。这显示了金融集聚在城市群之间的差异，同时也表明这种差异同城市群的经济发展实力具有一定的关系。珠三角城市群和长三角城市群作为我国经济发展水平最高的两大城市群，其金融集聚水平也相对较高。

五、城市群金融集聚的辐射效应

（一）断裂点模型

依据断裂点模型，城市群对周边地区的吸引力与其综合金融集聚水平成正比。依据上文的估计结果可以得出这样的结论：在距离一定的情况下，东、中部地区城市群金融集聚辐射力的强弱排名为珠三角城市群、长三角城市群、京津冀城市群、辽中南城市群、山东半岛城市群、海峡西岸城市群、长江中游城市群、中原城市群，珠三角城市群的金融集聚辐射力最强，长三角城市群的金融集聚辐射力次之，中原城市群的金融集聚辐射力最弱。

为了更好地测度辐射范围，选取每个城市群的核心城市作为辐射源，京津冀城市群的核心城市为北京、辽中南城市群的核心城市为沈阳、山东半岛城市群的核心城市为济南、长三角城市群的核心城市为上海、海峡西岸城市群的核心城市为福州、珠三角城市群的核心城市为广州、中原城市群的核心城市为郑州、长江中游城市群的核心城市为武汉。以两城市群核心城市之间的直线距离作为城市群之间的直线距离 D_{AB}，城市群的综合金融集聚指数看作 P_A、P_B，代入断裂点模型，计算出两两城市群之间的断裂点到城市群的距离，以此确定城市群的金融集聚辐射范围。首先计算两两城市群之间断裂点与各城市群的距离，结果如表 4-7 所示。

表 4-7　各城市群之间断裂点与城市群的距离（单位：千米）

城市群	京津冀	长三角	海峡西岸	山东半岛	珠三角	中原	辽中南	长江中游
京津冀	—	499	804	196	772	374	346	573
		（1 088）	（1 579）	（364）	（1 900）	（633）	（690）	（1 055）
长三角	589	—	338	422	542	532	655	405
	（1 088）		（616）	（730）	（1 215）	（840）	（1 210）	（692）
海峡西岸	775	278	—	626	275	645	877	373
	（1 579）	（616）		（1 190）	（690）	（1 103）	（1 790）	（697）
山东半岛	168	308	564	—	576	213	363	370
	（364）	（730）	（1 190）		（1 550）	（384）	（787）	（729）
珠三角	1 128	673	415	974	—	881	1 361	533
	（1 900）	（1 215）	（690）	（1 550）		（1 295）	（2 287）	（840）
中原	259	308	458	171	414	—	475	210
	（633）	（840）	（1 103）	（384）	（1 295）		（1 167）	（468）
辽中南	344	555	913	424	926	692	—	809
	（690）	（1 210）	（1 790）	（787）	（2 287）	（1 167）		（1 488）
长江中游	482	287	324	359	307	258	679	—
	（1 055）	（692）	（697）	（729）	（840）	（468）	（1 488）	

注：表中括号内为两城市群中心城市之间的直线距离，括号上方的数值为两两城市群之间断裂点与城市群的距离

结合中国城市地图，可以确定两两城市群之间断裂点所处的地理位置。利用在线地图等工具，得出各城市群之间断裂点所处的城市，以确定各城市群的辐射

范围。结果如表 4-8 所示。

表 4-8 各城市群之间断裂点所在的城市（单位：千米）

城市群	京津冀	辽中南	山东半岛	长三角	海峡西岸	珠三角	中原	长江中游
京津冀	—	346（葫芦岛）	196（沧州）	499（临沂）	804（滁州）	772（阜阳）	374（邯郸）	573（商丘）
辽中南	344（葫芦岛）	—	424（—）	555（—）	913（—）	926（青岛）	692（滨州）	809（潍坊）
山东半岛	168（沧州）	363（—）	—	308（连云港）	564（马鞍山）	576（六安）	213（濮阳）	370（商丘）
长三角	589（临沂）	655（—）	422（连云港）	—	338（丽水）	542（武夷山）	532（亳州）	405（安庆）
海峡西岸	775（滁州）	877（—）	626（马鞍山）	278（丽水）	—	275（龙岩）	645（安庆）	373（上饶）
珠三角	1 128（阜阳）	1 361（青岛）	974（六安）	673（武夷山）	415（龙岩）	—	881（孝感）	533（萍乡）
中原	259（邯郸）	475（滨州）	171（濮阳）	308（亳州）	458（安庆）	414（孝感）	—	210（驻马店）
长江中游	482（商丘）	679（潍坊）	359（商丘）	287（安庆）	324（上饶）	307（萍乡）	258（驻马店）	—

注：括号内为两城市群之间断裂点所在的城市

从京津冀城市群与各城市群的断裂点位置来看，消除距离较远而形成的一些尖点，其辐射范围主要集中在城市群内部所在的北京、天津和河北。从周边城市群来看，京津冀城市群向东辐射至辽宁的葫芦岛，但辽宁的大部分地区属于辽中南城市群的辐射范围。通过京津冀城市群与山东半岛城市群的断裂点沧州来看，沧州处于两个城市群辐射的边缘，受这两个城市群金融集聚辐射的共同影响，沧州大范围还是处于京津冀城市群的辐射范围。向西辐射至河北的邯郸，邯郸与京津冀城市群中的石家庄的距离和其与中原城市群中最近的新乡的距离相当，所以邯郸能接受到京津冀城市群的辐射。京津冀城市群相比长三角城市群与珠三角城市群经济实力稍弱，对距离较远的城市群辐射范围有限。

从辽中南城市群与各城市群的断裂点来看，受偏居东北一隅的地缘因素影响，辽中南城市群辐射范围主要集中在辽宁省内和山东省东北部地区，辐射范围有限。山东半岛城市群除辐射山东省外，向西辐射至河南省的濮阳、商丘等市，向南影响安徽省的西部（六安市）与北部地区（马鞍山市）。另外，江苏省连云港以北地区和河北省沧州以南地区属于山东半岛城市群的辐射范围。

长三角城市群的辐射范围比较广泛，向西与长江中游城市群以安庆为断裂点，西北与中原城市群以亳州为断裂点，西南与珠三角城市群以武夷山为断裂点，南部与海峡西岸城市群以丽水为断裂点，北部与山东半岛城市群以连云港为断裂点。这表明，长三角城市群的辐射区域覆盖了本身所在上海的全部、江苏省和浙江省的绝大部分地区，还辐射至安徽省的大部分地区、福建省的东北部地区和山东省的南部地区。

海峡西岸城市群北部与长三角城市群以丽水为断裂点，说明浙江省南部受海峡西岸城市群的辐射更大。向西与长江中游城市群的断裂点位于江西省上饶市，向南以福建省龙岩市为断裂点。说明海峡西岸城市群的辐射范围主要集中在福建省大部分地区以及江西省东部地区、浙江省的南部地区。

珠三角的金融集聚综合指数最高，珠三角城市群的辐射范围最广，最北与辽中南城市群以青岛为断裂点，向北与京津冀城市群以阜阳为断裂点，与中原城市群以孝感为断裂点，与长江中游城市群以萍乡为断裂点，与长三角城市群以武夷山为断裂点，东北与海峡西岸城市群以龙岩为断裂点，辐射区域覆盖了广东省、江西省、安徽省、湖北省和福建省的西北部地区及南部地区。

中原城市群的辐射范围较小，南部与长江中游城市群以驻马店为断裂点，东南部与长三角城市群以亳州为断裂点，辐射范围主要集中在河南省省内，河北省邯郸市以南及安徽省东北部地区。

长江中游城市群辐射范围主要在湖北省、湖南省和江西省的大部分地区，安徽省的西部地区，河南省的南部地区。东南部与海峡西岸城市群的断裂点在江西省上饶市，南部与珠三角城市群的断裂点为萍乡，江西省的北部地区和中部地区都是其辐射范围；向东与长三角城市群的断裂点为安庆；北部与中原城市群以驻马店为断裂点，辐射范围延伸至河南省南部。

（二）威尔逊模型

通过前文对威尔逊模型的介绍和城市群金融集聚综合指数计算，可以确定相关的参数。P_k为城市群的金融集聚综合指数；θ为阈值，假设城市群都具有金融辐射作用，在这里取$\theta=1$；D为 8 个城市群的平均面积；$T=8$；$t_{\max}$表示具有辐射作用的区域的最大个数，所以令$t_{\max}=7$。代入$r_{jk}=\frac{1}{\beta}\ln\frac{P_k}{\theta}$可得各城市群的金融集聚辐射半径，如表 4-9 所示。

表 4-9　各城市群金融集聚辐射半径（单位：千米）

城市群	金融集聚辐射半径
珠三角城市群	254.33
长三角城市群	167.42
京津冀城市群	99.20
辽中南城市群	98.22
山东半岛城市群	83.67
海峡西岸城市群	38.99
长江中游城市群	26.23

从表 4-9 中可以看出，由于珠三角的金融集聚综合指数最高，珠三角城市群的金融集聚辐射半径最大，达到 254 千米，其辐射范围不仅包括广东省绝大部分地区，还延伸到了江西省的赣州市、湖南省的永州市与郴州市及广西壮族自治区的梧州市、柳州市等城市。长三角城市群的金融集聚辐射半径达 167 千米，对比珠三角城市群辐射半径还是有差距。辐射半径从实地距离来看，主要集中在长三角城市群所在的上海市、江苏省和浙江省，对周边的安徽省、江西省等省份的辐射力度不强。京津冀城市群的辐射半径为 99.2 千米，辐射范围集中在北京市、天津市及城市群周边的部分地区。辽中南城市群辐射半径与京津冀城市群大致相当，为 98 千米。山东半岛城市群、海峡西岸城市群、长江中游城市群的辐射半径都比较有限。

第三节　中部六省核心城市金融辐射效应

一、研究背景

中部六省资源丰富，是国家的交通枢纽，有深厚的文化底蕴，人才荟萃。但是，相对其周边地区而言，中部地区经济发展相对缓慢，这就是所谓的“中部塌陷”。2005 年，国务院提出了中部地区崛起战略，武汉城市圈、长株潭城市群、中原城市群、皖江城市带等 4 个城市群应运而生，进入了国家发展战略的视野。2010 年，国务院又明确武汉市为中部地区中心城市，使武汉城市圈在中原经济区中起着领跑“中部崛起”的作用。在促进区域经济协调发展的背景下，关注中部六省的经济发展显得尤为重要。

二、中部六省核心城市金融竞争力评价

（一）核心城市选取

核心城市的选取依据 2012 福布斯中国中部商业城市排行榜，该榜单排名以福布斯发布的“中国最佳商业城市排行榜”的指标体系和数据为基础，参考2011 年各城市当地生产总值数据后形成新的排名。通过人才指数、城市规模、消费力指数、客运指数、货运指数、经济活力指数、经营成本指数、创新指数等 8 个指标对中部 87 个地级市进行评价，该榜单给出前 16 名，排名为长沙、武汉、合肥、郑州、南昌、太原、洛阳、芜湖、株洲、宜昌、岳阳、襄阳、马鞍山、湘潭、常德、大同，所以本节选取的中部六省的核心城市即这 16 个综合实力较强

的城市。

（二）指标选取

金融竞争力是反映某地区或某城市金融各方面的综合竞争能力，本节在总结国内外城市金融竞争力研究已有成果的基础上，根据中部六省城市金融业发展状况及统计特征，严格按照上述指标评价体系选取的相关原则，选取了13个评估指标，以便对16个城市的金融竞争力进行评价，进而分析城市的辐射效应（表4-10）。评价所用数据来源于2009~2011年各城市国民经济和社会发展统计公报，部分来源于中国经济社会发展统计数据库和国家统计局。

表4-10　城市金融竞争力评价指标体系

系统	指标名称	变量符号
金融竞争力评价指标	年末金融机构存款余额/亿元	X_1
	年末金融机构贷款余额/亿元	X_2
	储蓄余额/亿元	X_3
	年保费收入/亿元	X_4
	金融业从业人员数量/万人	X_5
	保险深度/%	X_6
	保险密度/万元	X_7
	存贷比/%	X_8
	地区生产总值/亿元	X_9
	固定资产投资/亿元	X_{10}
	最终消费支出/亿元	X_{11}
	地方财政一般预算收入/亿元	X_{12}
	人口/万人	X_{13}

三、中部六省核心城市金融集聚测度方法

（一）主成分分析法

主成分分析法是将各指标对整体系统的贡献量作为权重，进而对整体系统进行综合评价的方法。首先，需要对原始数据进行标准化，以消除变量在水平和量纲上的影响。其次，通过主成分分析的思想提取公因子，根据标准化后的数据矩阵求出相关系数矩阵及协方差矩阵的特征根和特征向量，取特征根大于1的公因子。为此，利用SPSS软件自动生成因子载荷矩阵，其元素代表各因子对主成分

的贡献量。指标 j 在 m 个主成分中的系数与各主成分方差解释贡献率之积求和后，其绝对值可视为该指标的权重。设主成分 F_i 对方差的贡献为 g_i，j 指标在主成分 F_i 中的系数为 a_{ij}，则 j 指标的权重 w_j 为

$$w_j = \left| \sum_{i=1}^{m} g_i \times a_{ij} \right| \tag{4-4}$$

本书在此研究的是中部六省 2009~2011 年的面板数据，因此将 w_j 改为 w_{qj}，取 q 分别代表 2009 年、2010 年、2011 年，则 w_{qj} 表示第 q 年金融竞争力评价指标中第 j 个指标的权重。然后对权重进行归一化处理，得到标准权重 w_{qj}，归一化公式如下（p 为指标个数）：

$$w_{qj} = \frac{w_j}{\sum_{j=1}^{p} w_j} \tag{4-5}$$

（二）综合评价模型

本节用加权模糊隶属度函数法作为综合评价的方法，采用上述的主成分分析法给各个指标赋权，再采用模糊隶属度函数法对各指标进行量化，考虑到本书所选指标都为正向指标，所以采用半升梯形模糊隶属度函数，即

$$\Phi\left(x_{ij}\right) = \begin{cases} 1, & x_{ij} = M_{j,\max} \\ \dfrac{x_{ij} - m_{j,\min}}{M_{j,\max} - m_{j,\min}}, & m_{j,\min} < x_{ij} < M_{j,\max} \\ 0, & x_{ij} = m_{j,\min} \end{cases} \tag{4-6}$$

其中，x_{ij} 为评价指标的原始数据；$M_{j,\max}$ 和 $m_{j,\min}$ 分别为同一时期不同地区之间第 j 个指标的最大值和最小值；$\Phi\left(x_{ij}\right)$ 为第 i 个城市第 j 个指标的隶属度，且 $0 \leqslant \Phi\left(x_{ij}\right) \leqslant 1$，可求出中部六省 16 个城市金融竞争力各评价指标的隶属度值 $\Phi\left(x_{ij}\right)$。

各年综合评价指标计算模型为

$$z_{qi} = \sum_{j=1}^{13} w_{qj} \times \Phi\left(x_{ij}\right) \tag{4-7}$$

其中，q=1，2，3，分别代表 2009 年、2010 年、2011 年；z_{qi} 为第 q 年 i 市的金融竞争力评价指数；w_{qj} 为第 q 年金融竞争力评指标中第 j 个指标的权重；$\Phi\left(x_{ij}\right)$ 为第 i 个城市第 j 个指标的隶属度值。再用主成分分析法对已求得的 3 年的金融竞争

力评价指数 z_{1i}、z_{2i}、z_{3i} 作为指标进行赋权，得到 z_{1i}、z_{2i}、z_{3i} 的权重 w_1'、w_2'、w_3'，所以总的金融竞争力综合评价指数计算公式为

$$z_i = z_{1i} \times w_1' + z_{2i} \times w_2' + z_{3i} \times w_3' \tag{4-8}$$

四、中部六省核心城市金融集聚测度结果

根据前文介绍的权重赋值及综合评价模型，计算出 2009~2011 年各年金融竞争力指标权重 w_{qj}，再根据式（4-7）算出16个城市的金融竞争力综合评价指数 z_{qi}（表 4-11），再以 z_{1i}、z_{2i}、z_{3i} 为指标用主成分分析法得出这 3 年金融竞争力综合评价指数 z_{1i}、z_{2i}、z_{3i} 的标准权重分别为 w_1'=0.335 61、w_2'=0.326 829、w_3'=0.337 561，则可根据式（4-8）计算出总的评价指数 Z_i 并根据此综合指数对各城市金融竞争力进行排名。

表 4-11　2009~2011 年各城市金融竞争力综合评价指数

城市	2009 年综合评价指数 z_{1i}	2010 年综合评价指数 z_{2i}	2011 年综合评价指数 z_{3i}	三年综合评价指数 z_i	排名
武汉	0.956 9	0.896 1	0.954 7	0.936 3	1
郑州	0.731 2	0.714 3	0.718 2	0.721 3	2
长沙	0.682 8	0.641 3	0.684 2	0.669 7	3
合肥	0.426 7	0.436 9	0.596 1	0.487 2	4
太原	0.467 8	0.408 9	0.426 6	0.434 7	5
南昌	0.359 5	0.356 3	0.364 4	0.360 1	6
洛阳	0.289 2	0.257 6	0.277 4	0.274 9	7
大同	0.112 7	0.483 6	0.117 9	0.235 7	8
芜湖	0.141 4	0.323 3	0.159 7	0.207 0	9
岳阳	0.155 9	0.233 8	0.130 2	0.172 7	10
宜昌	0.200 8	0.144 1	0.165 9	0.158 4	11
襄阳	0.154 9	0.150 9	0.157 6	0.154 5	12
常德	0.145 5	0.122 5	0.136 7	0.135 0	13
马鞍山	0.205 6	0.064 6	0.095 0	0.122 2	14
株洲	0.099 9	0.077 4	0.086 0	0.087 9	15
湘潭	0.083 3	0.085 0	0.081 2	0.083 2	16

根据表 4-11 可得出，16 个核心城市中，6 个省会城市排名靠前，分别为武汉、郑州、长沙、合肥、太原、南昌，而在省会城市中，又以武汉的综合指数最

大，即其金融竞争力最强，在其他地级市中，以河南洛阳的金融竞争力最强，仅次于省会城市，具有较大的发展潜力。

五、中部六省核心城市金融辐射力测算

金融辐射强度P_k值为 k 城市金融竞争力的综合因子，阈值（极限）θ为综合因子得分，是正数的最小数量级，所以需要通过 SPSS 软件的因子分析来得出P_k值与θ，从而计算出辐射半径。

（一）综合因子测算

根据因子分析的模型，主成分和原始变量之间的线性关系可表示为

$$\begin{cases} F_1 = a_{11}x_1 + a_{12}x_2 + \cdots + a_{1j}x_j \\ F_2 = a_{21}x_1 + a_{22}x_2 + \cdots + a_{2j}x_j \\ \vdots \\ F_i = a_{i1}x_1 + a_{i2}x_2 + \cdots + a_{ij}x_j \end{cases} \tag{4-9}$$

其中，a_{ij}表示第F_i个主成分和原来的变量之间的线性相关系数，可以从经 SPSS 处理后的主因子载荷矩阵中得到，x_j表示原始数据经标准化处理后的值，根据此公式，统计软件 SPSS 可自动生成F_i主成分的因子得分，同时，根据最大方差旋转后的方差贡献率进行综合因子的得分计算。用每个公因子的方差贡献率做权数，对每个因子进行加权，然后加总得到每个地区的总因子得分，公式为

$$F = \frac{\lambda_1 \times F_1 + \lambda_2 \times F_2 + \cdots + \lambda_i \times F_i}{\lambda_1 + \lambda_2 + \cdots + \lambda_i} \tag{4-10}$$

根据式（4-10）可得到各年的综合因子得分，再根据主成分分析法，以F_1、F_2、F_3为指标得出各年综合因子F_1、F_2、F_3的标准权重分别为w_1'=0.332、$w_2' = 0.327\,2$、w_3'=0.340 8，代入式（4-11）可计算出三年的综合因子（表 4-12）：

$$F_i = F_1 \times w_1' + F_2 \times w_2' + F_3 \times w_3' \tag{4-11}$$

表 4-12　2009~2011 年中部六省核心城市金融辐射效应得分及排名

城市	2009 年综合因子 F_1	2010 年综合因子 F_2	2011 年综合因子 F_3	三年综合因子 F
武汉	1.762 5	1.373 0	1.683 8	1.694 0
郑州	1.163 1	0.799 0	1.089 5	1.067 0
长沙	0.934 4	0.786 1	0.904 5	0.943 0
太原	0.507 5	0.267 9	0.459 1	0.368 2
合肥	0.191 6	0.219 2	0.197 2	0.351 7
南昌	0.070 7	0.147 9	0.086 3	0.119 3

续表

城市	2009 年综合因子 F_1	2010 年综合因子 F_2	2011 年综合因子 F_3	三年综合因子 F
洛阳	0.009 2	−0.164 1	−0.025 8	−0.092 3
芜湖	−0.868 8	0.450 4	−0.602 4	−0.304 9
宜昌	−0.370 2	−0.399 1	−0.376 1	−0.403 4
襄阳	−0.334 9	−0.411 2	−0.350 3	−0.410 1
常德	−0.364 0	−0.407 7	−0.372 8	−0.439 9
岳阳	−0.419 1	−0.403 0	−0.415 8	−0.467 3
大同	−0.365 3	−0.524 3	−0.397 4	−0.511 5
湘潭	−0.612 1	−0.501 8	−0.589 9	−0.611 2
株洲	−0.564 6	−0.627 5	−0.577 3	−0.632 4
马鞍山	−0.739 9	−0.604 9	−0.712 7	−0.670 1

表 4-12 的估计结果显示，2009~2011 年的中部六省 16 城市中有 6 个城市三年综合因子得分为正值，分别为武汉、郑州、长沙、太原、合肥、南昌，说明这 6 个城市对周边城市具有金融辐射效应。其余城市三年综合因子得分为负值，说明它们不具有金融辐射效应，而只有金融极化效应。同时，综合因子得分越高，表明该城市的金融竞争力越强，所以中部这 6 个城市具有较强的金融竞争力。

（二）半径测算

（1）计算阈值 θ。由表 4-12 可看出，综合因子得分最低，且为正值的是南昌，为 0.119 3 分，根据威尔逊模型原理，取 θ=0.1，即当城市金融能量衰减到 0.1 时，该城市的辐射能量完全衰竭而金融辐射范围达到了最大。

（2）计算衰减因子 β 。域元面积 D 用中部六省 16 个城市的平均行政土地面积来表示。由此可得 D=11 446.88（平方千米）。用选取的样本城市的个数来表示，则 T=16，而 t_{max} 具有金融辐射效应的城市个数，由表 4-12 可得 t_{max}=6（三年综合因子得分均为正值），据此可以得出 β 值为 0.021 585。

由于金融辐射强度 P_k 值用城市金融竞争力的综合因子表示，所以表 4-12 中的三年综合因子 F 即为 P_k 值。将 P_k 值，θ=0.1，β =0.021 585 代入 $r_{jk}=\frac{1}{\beta}\ln\frac{P_k}{\theta}$，可以得出具有金融辐射效应的 6 个城市的金融辐射半径，如表 4-13 所示。

表 4-13　具有金融辐射效应的城市的金融辐射半径（单位：千米）

城市	三年综合因子 F	城市金融辐射半径 r_{jk}
武汉	1.694 0	141.485 2
郑州	1.067 0	118.370 1
长沙	0.943 0	112.193 0

续表

城市	三年综合因子 F	城市金融辐射半径 r_{jk}
太原	0.368 2	65.173 1
合肥	0.351 7	62.874 3
南昌	0.119 3	8.831 5

从模型分析结果看，可以得到如下结论。

第一，中部六省省会城市虽然有一定的金融辐射效应，但是辐射力普遍很弱，即使是最强的城市武汉，其辐射半径仅为 141.485 2 千米，结合地理上到湖北各市的距离来看，主要是对周边九县市发挥强大的辐射作用，包括仙桃、潜江、咸宁、黄石等市，对湖北省西部的一些城市几乎没有辐射力，对邻近的省份城市影响力也很微弱，说明发挥中部核心城市金融辐射功能仍有待于进一步提高。第二，郑州与长沙的金融实力相当，若与武汉相比，则没有很大的竞争优势，但与武汉的差距不是很大，又有着省会城市的优势，将来有着巨大的发展潜力，可以在带动辐射周边地区发展中发挥较好的积极作用。第三，虽然在金融竞争力综合评价中合肥强于太原，但两者差距甚小，而在金融辐射力评价中，合肥略弱于太原，同样是很小的差距，说明这两个城市的实际金融实力相当，从实证结果来看属于中部六省金融辐射源中的第三梯队。第四，南昌虽然具有一定的金融辐射能力，但其辐射半径没有显著优势，只能对周边县市起微弱的带动效应，表明其作为省会城市仍需要大力发展。第五，洛阳和芜湖（三年综合因子得分仅为−0.092 3 和−0.304 9）虽然不具有辐射效应，目前只有金融极化效应，但仍然领先于其他地级市，发展前景巨大，将来很可能分别成为河南省或安徽省除了郑州或合肥这两大省会城市外的第二大金融辐射源。

第五章　要素投入与地区经济增长

第一节　要素投入与经济增长理论分析

一、要素投入与经济增长作用机理

要素的跨区域流动是指形成产出的各种要素，包括资本、劳动、技术等，由于要素初始价格不同和区位优势，通过空间上的位移，实现资源优化配置的过程。然而，在外部规模经济和市场效应作用下，经济活动趋向于集聚在某一个地区。从短期来看，要素流动加剧了发达地区和落后地区的经济差异，但是从长期来看，由于集聚的扩散作用和辐射作用，根据新古典增长模型的推论，落后地区比发达地区有更高的增长率，区域经济增长将逐渐接近。要素流动促进区域经济增长的作用机制如图 5-1 所示。

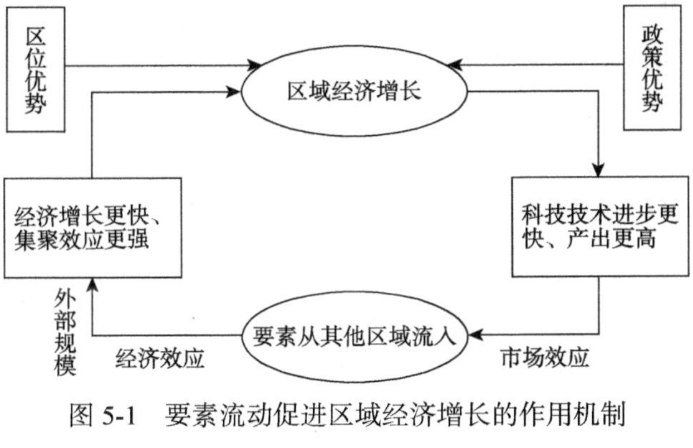

图 5-1　要素流动促进区域经济增长的作用机制

二、不同要素投入对经济增长的影响

1. *劳动力流动与经济增长*

在市场条件下，劳动力总是从边际劳动生产率低的地区流向边际劳动生产率

高的地区，从流入地的角度来看，劳动力的流入使得该地区得到丰富的劳动力，劳动力成本下降，国际竞争力提高，可以消化更多的劳动密集型的项目；从迁出地的角度来看，劳动力的流出会缓和该地区的土地压力和就业压力，在劳动边际报酬递减规律的作用下，这些地区的劳动生产率会随着劳动力的减少而提高，从而提高人均收入水平。而且，外出务工人员的收入一大部分是寄回家供家人日常所需，从某种角度来说也是提高了人均收入水平。

2. 资本流动与经济增长

和劳动力的流动方向不同，由于欠发达地区在发展的过程中需要进行大量的基础建设，投资机会多，资本的逐利性使得资本要素主要是从发达地区流向欠发达地区。在理论上，各个要素间存在相互作用，资本要素流动的过程中会伴随着高新技术和高等人才等的流动，有利于提高欠发达地区的生产效率，要素流动为欠发达地区产业转型提供资金、人力和技术支持，有利于该地区由粗放型经济增长方式走向集约型经济增长方式，实现区域经济快速增长。虽然对于发达地区来说资本流出会对当地的经济带来一些负面影响，但是经济流动的区域经济效应表现为优化资源配置，提高区域经济增长的质量，也表现为经济总量的增加，加快区域经济的增长趋同。

3. 技术扩散与经济增长

技术扩散不是对技术的简单移植和嫁接，而是要在引进技术的核心基础上进行升级改造，形成本地区的生产力。产业集聚使得相同类型的技术人员交流更加方便，同一产业链上下游产业间的信息不对称减弱，技术创新更容易实现。所以，技术扩散往往是从产业集聚区开始的，反过来高水平技术的扩散又加速了对新技术的需要，对技术创新有一定的促进作用，从而促进整个行业的发展。在不同产业中，技术扩散有利于技术在不同产品上的转移，促进产品的多样化，使产业之间形成互补，促进实体经济发展。

4. 土地扩张与经济增长

在中国的经济增长过程中，土地同其他要素一样发挥着重要的作用，这归因于中国特有的土地所有权制度与财政分权制度。李政通等（2017）的研究表明，中国自改革开放以来的经济增长很大程度上内化于土地扩张。城镇土地扩张不仅带动了城镇化进程，还推动了工业生产发展，为地方政府创造了巨大的财税收入。

三、要素投入对经济增长的理论分析

（一）经济增长模型

Cobb-Douglas 生产函数将资本和劳动作为衡量经济增长的两个最为重要的

指标，这两个指标在评价地区经济增长状况中具有重要作用。但从Cobb-Douglas 生产函数的实质来看，其将资本和劳动看作外生的，而没有考虑技术进步对资本和劳动的影响。内生经济增长模型则将资本和劳动看作内生变量，在生产函数中引入研发投入要素，充分考虑了技术进步的作用。不仅如此，传统的生产函数仅考虑了资本和劳动的作用，而对于自然资源、土地等因素的作用则未加考虑，Nordhaus（1992）研究表明，自然资源与土地要素对经济增长具有显著影响；张乐勤等（2014）则揭示了建设用地对经济增长具有较为重要的作用，且随着时间的变化呈现“拐点”特征。可以看出，对于城市经济而言，城市发展必须依托于建设用地，资本和劳动在城市建设用地上形成经济增长的要素来源。Romer（1990）将经济增长划分为两个部门：产品生产部门和研发部门。在 Romer 的经济增长模型中，技术是内生的，资本和劳动分别分为生产产品和研发技术两个方面。为此，本书借鉴 Romer（1990）的内生经济增长模型，构建一个基于 Cobb-Douglas 生产函数且包含建设用地要素的知识溢出模型。构建的城市经济增长函数如下：

$$Y(t)=\left[(1-a_K)K(t)\right]^{\alpha}\left[A(t)(1-a_L)L(t)\right]^{\beta}S(t)^{\chi}$$
$$\alpha+\beta+\chi=1 \tag{5-1}$$

其中，a_K 为有 a_K 比例的资本用于研发；$(1-a_K)$ 为用于生产产品的资本所占比例；a_L 为有 a_L 比例的劳动用于研发；$(1-a_L)$ 为用于生产产品的劳动所占比例；$Y(t)$ 为城市 t 时期的地区生产总值；$K(t)$、$L(t)$、$S(t)$ 和 $A(t)$ 分别为 t 时期的资本存量、劳动人口总数、城市建设用地面积和知识积累。本书假设技术进步主要是指劳动者技术水平的提高，因而本书构建的是一个劳动增长型技术进步模型；同时，本书还认为建设用地扩张对城市经济发展具有重要作用，故引入建设用地要素。在该模型中，α、β 和 χ 分别表示资本、有效劳动和建设用地对产出的弹性，在规模报酬不变的假设条件下，满足 $\alpha+\beta+\chi=1$。同时，假设产出仅仅分为消费和储蓄，而储蓄则等于投资。为此新增加的资本存量可以表示为

$$\dot{K}(t)=sY(t) \tag{5-2}$$

其中，$\dot{K}(t)$ 为新增加的资本存量；s 为储蓄率，其中 s 满足 $s<1$。因而 $(1-s)Y(t)$ 为 t 时期消费。将式（5-1）代入式（5-2）可得

$$\dot{K}(t)=s(1-a_K)^{\alpha}(1-a_L)^{\beta}K(t)^{\alpha}\left[A(t)L(t)\right]^{\beta}S(t)^{\chi} \tag{5-3}$$

另外，假设劳动人口以 n 的增长率增长，则 t 时期的劳动增量为 $\dot{L}(t)=nL(t)$；同理，假设城市建设用地对经济增长的产出效率为 m，当建设用地更能够带来经济效益时，建设用地的扩张动力也就越大，则 t 时期的城市建设用地增量可以表

示为 $\dot{S}(t)=mS(t)$ 。而对于技术进步而言，当年的技术进步增量来源于当年研发投入带来的技术进步以及技术积累的影响。令 $\dot{A}(t)$ 表示当年知识增量，$A(t)$ 则表示知识存量。因而技术进步增量可以表示为

$$\dot{A}(t)=B\left[a_K K(t)\right]^{\gamma}\left[a_L L(t)\right]^{\tau} A(t)^{\sigma} \tag{5-4}$$

其中，B 为转移参数；γ 、τ 和 σ 分别为用于研发的资本和劳动力以及现有知识存量对技术进步的影响。

（二）最优均衡路径

从社会福利的角度来看，生产是为了消费，尽可能追求大的消费效用是经济发展的目的。Ramsey（1928）、Cass（1965）和 Koopmans（1963）从微观层面衡量了家庭的消费方式，通过建立家庭消费的效用函数研究人均资本的影响。黄茂兴和林寿富（2013）则在此基础上将其扩展到整个社会层面，将宏观层面作为微观个体进行研究，将经济系统中政府作为社会计划者。基于此，假设社会生产的主要目的是获取最大的消费效用，记 t 时期的社会消费为 $C(t)=(1-s)Y(t)$ 。设定 t 时期的消费效用为

$$u(C(t))=\frac{C(t)^{1-\theta}}{1-\theta} \tag{5-5}$$

其中，$C(t)$ 为 t 时期的消费量；θ 为相对风险厌恶系数。从社会生产的目的来看，需要获取最大的社会效用，综合式（5-1）~式（5-4）可以得到社会消费效用与生产的约束方程：

$$\max_{K,L,S,A}\int_0^{\infty} u(C(t))=\frac{C(t)^{1-\theta}}{1-\theta}\mathrm{e}^{-\rho t}\mathrm{d}t \tag{5-6}$$

$$\begin{cases}\text{s.t. } Y(t)=\left[(1-a_K)K(t)\right]^{\alpha}\left[A(t)(1-a_L)L(t)\right]^{\beta}S(t)^{\chi}\\ \alpha+\beta+\chi=1\\ \dot{K}(t)=s(1-a_K)^{\alpha}(1-a_L)^{\beta}K(t)^{\alpha}\left[A(t)L(t)\right]^{\beta}S(t)^{\chi}\\ \dot{L}(t)=nL(t)\\ \dot{S}(t)=mS(t)\\ \dot{A}(t)=B\left[a_K K(t)\right]^{\gamma}\left[a_L L(t)\right]^{\tau}A(t)^{\sigma}\end{cases} \tag{5-7}$$

式（5-6）表示的是从 0 到∞期的累积效用函数，ρ 为效用的贴现率。式（5-7）综合考虑了衡量最大效用函数的约束条件。为了求解式（5-6）中的最大化问题，本书构建 Hamilton 函数如下：

$$
\begin{aligned}
H&=\frac{C(t)^{1-\theta}}{1-\theta}+\lambda_1\dot{K}(t)+\lambda_2\dot{L}(t)+\lambda_3\dot{S}(t)+\lambda_4\dot{A}(t)\\
&=\frac{C(t)^{1-\theta}}{1-\theta}+\lambda_1\left\{\left[(1-a_K)K(t)\right]^{\alpha}\left[A(t)(1-a_L)L(t)\right]^{\beta}S(t)^{\chi}-C(t)\right\}\\
&\quad+\lambda_2 nL(t)+\lambda_3 mS(t)+\lambda_4 B\left[a_K K(t)\right]^{\gamma}\left[a_L L(t)\right]^{\tau}A(t)^{\sigma}
\end{aligned}
\tag{5-8}
$$

在式（5-6）的基础上，令 $K_Y(t)=(1-a_K)K(t)$、$K_{\mathrm{R\&D}}(t)=a_K K(t)$，$K_Y(t)$ 和 $K_{\mathrm{R\&D}}(t)$ 分别为用于生产产品和研发的资本存量，假设用于生产产品的资本存量与用于研发的资本存量具有相同的折旧率，那么 t 时期两者资本的增量一致。同理，劳动也分为生产产品的劳动与研发劳动，令 $L_Y(t)=(1-a_L)L(t)$ 表示用于生产产品的劳动，$L_{\mathrm{R\&D}}(t)=a_L L(t)$ 则表示用于研发技术的劳动。结合式（5-8）可得到简化的 Hamilton 函数如下：

$$
\begin{aligned}
H=&\frac{C(t)^{1-\theta}}{1-\theta}+\lambda_1\left\{K_Y(t)^{\alpha}\left[A(t)L_Y(t)\right]^{\beta}S(t)^{\chi}-C(t)\right\}\\
&+\lambda_2 nL(t)+\lambda_3 mS(t)+\lambda_4 BK_{\mathrm{R\&D}}(t)^{\gamma}L_{\mathrm{R\&D}}(t)^{\tau}A(t)^{\sigma}
\end{aligned}
\tag{5-9}
$$

在式（5-9）的基础上，分别对 $C(t)$、$K_{\mathrm{R\&D}}(t)$、$L_{\mathrm{R\&D}}(t)$ 和 $S(t)$ 进行一阶求导，得到最大化 H 的一阶条件：

$$
\begin{cases}
\lambda_1=C(t)^{-\theta}\\
\lambda_4\gamma\dfrac{\dot{A}(t)}{K_{\mathrm{R\&D}}(t)}=\lambda_1\alpha\dfrac{Y(t)}{K_Y(t)}\\
\lambda_2 n+\lambda_4\tau\dfrac{\dot{A}(t)}{L_{\mathrm{R\&D}}(t)}=\lambda_1\beta\dfrac{Y(t)}{L_Y(t)}\\
\lambda_1\chi\dfrac{Y(t)}{S(t)}=-\lambda_3 m
\end{cases}
\tag{5-10}
$$

Euler 方程为

$$
\begin{cases}
\dot{\lambda}_1=\rho\lambda_1-\dfrac{\partial H}{\partial K_Y(t)}=\rho\lambda_1-\lambda_1\alpha\dfrac{Y(t)}{K_Y(t)}+\lambda_4\gamma\dfrac{\dot{A}(t)}{K_{\mathrm{R\&D}}(t)}\\
\dot{\lambda}_2=\rho\lambda_2-\dfrac{\partial H}{\partial L_Y(t)}=\rho\lambda_2-\lambda_1\beta\dfrac{Y(t)}{L_Y(t)}-\lambda_2 n+\lambda_4\tau\dfrac{\dot{A}(t)}{L_{\mathrm{R\&D}}(t)}\\
\dot{\lambda}_3=\rho\lambda_3-\dfrac{\partial H}{\partial S(t)}=\rho\lambda_3-\lambda_3 m-\lambda_1\chi\dfrac{Y(t)}{S(t)}\\
\dot{\lambda}_4=\rho\lambda_4-\dfrac{\partial H}{\partial A(t)}=\rho\lambda_4-\lambda_4\sigma\dfrac{\dot{A}(t)}{A(t)}-\lambda_1\beta\dfrac{Y(t)}{A(t)}
\end{cases}
\tag{5-11}
$$

根据式（5-10）和式（5-11），可以对经济增长进行刻画。令 g_X 表示变量 X 的增长率，其中 X 是随时间变化的函数（$X(t)$），则 $g_X = \mathrm{d}\ln X/\mathrm{d}t$。因而，$g_Y$、$g_C$、$g_{K_Y}$、$g_{K_{\text{R\&D}}}$、$g_{L_Y}$、$g_{L_{\text{R\&D}}}$、$g_S$ 和 g_A 分别表示经济增长率、消费增长率、用于生产产品资本增长率、用于研发资本增长率、用于生产产品劳动增长率、用于研发劳动增长率、建设用地增长率和知识增长率。

（三）建设用地扩张对经济增长的影响

根据式（5-10）和式（5-11）可得 $g_S = g_Y - \theta g_C + m(1-\chi) - \rho$，这表明建设用地扩张与经济增长之间存在正相关，即建设用地的扩张力度受到经济增长的影响，当经济发展水平高时，为了获取更多的经济产出，需要进行建设用地扩张从而推动经济增长。不仅如此，建设用地的增长率还与消费增长呈现负相关，其原因在于消费减少投资，当消费增加，用于投资的资本则减少，一定程度上抑制了其他要素增加。对于 $Y(t) = K_Y(t)^{\alpha}\left[A(t)L_Y(t)\right]^{\beta}S(t)^{\chi}$，对其取对数并对时间 t 求导可得 $g_Y = \alpha g_{K_Y} + \beta g_A + \beta g_{L_Y} + \chi g_S$，则建设用地对经济增长的贡献率 f_S 可以表示为 $f_S = \chi g_S/g_Y$，因而可以得到建设用地对经济贡献的关系式：

$$f_S = \frac{\chi g_S}{g_Y} = \left[1 - \theta\frac{g_C}{g_Y} + \frac{m(1-\chi)-\rho}{g_Y}\right]\chi \tag{5-12}$$

在式（5-12）中，当满足 $f_S=0$ 时，即建设用地扩张对经济增长的贡献率为 0 时，满足 $g_Y + m(1-\chi) - \rho = \theta g_C$，而 $C(t) = (1-s)Y(t)$。在假设居民储蓄率不变的情况下可以得到经济增长率关于建设用地的经济产出效率、建设用地对经济增长弹性、贴现率和风险厌恶系数的关系式：$g_Y = \dfrac{\rho - m(1-\chi)}{1-\theta}$。当 $g_Y > \dfrac{\rho - m(1-\chi)}{1-\theta}$ 时，$f_S>0$，此时建设用地对经济增长的贡献为正，即建设用地扩张对经济呈现促进作用；而当 $g_Y < \dfrac{\rho - m(1-\chi)}{1-\theta}$ 时，$f_S<0$，此时建设地对经济增长的贡献率为负。

（四）技术进步的拐点作用

同时，由式（5-10）和式（5-11）可以得到 $g_Y = g_{K_Y} - g_{K_{\text{R\&D}}} + g_{\dot{A}} + \theta g_C + \rho - \left(\sigma + \beta\left(\gamma(1-a_K)/\alpha\cdot a_K\right)\right)g_A$，从中可以看出资本和技术进步对经济增长的贡献，不同的资本对经济增长存在差异，用于生产产品的资本对经济增长贡献为正，而用于研发的资本则减少了资产投入，从而对经济增长存在负作用。

但是用于研发资本将带来知识的增加和技术进步，而上述理论分析表明，知识的进步并不对经济增长产生正向促进作用。这是由于知识（技术）的进步需要资本和劳动的投入，因而减少了用于生产的资本与劳动，从而对经济增长产生负作用。而知识的增长速度对经济增长呈现正向的促进作用，由于知识是累积型的，当知识呈现爆炸性增长，其对经济增长的正向作用将大于用于知识投入减少的资本和劳动对经济增长带来的负作用。在此情况下，可以得到知识增长速度的关系式：

$$g_{\dot{A}} = g_Y + g_{K_{\text{R\&D}}} - g_{K_Y} - \theta g_C - \rho + \left(\sigma + \beta \frac{\gamma(1-a_K)}{\alpha \cdot a_K}\right) g_A \tag{5-13}$$

在式（5-13）中，令 $g_{\dot{A}} > 0$，可得当 $g_A > \left(\theta g_C + g_{K_Y} + \rho - g_Y - g_{K_{\text{R\&D}}}\right) / \{\sigma + \beta\left(\gamma(1-a_K)/\alpha \cdot a_K\right)\}$ 时，研发投入对经济的促进作用呈现扩大的促进作用；因而 $g_A = \left(\theta g_C + g_{K_Y} + \rho - g_Y - g_{K_{\text{R\&D}}}\right) / \left(\sigma + \beta\left(\gamma(1-a_K)/\alpha \cdot a_K\right)\right)$ 也就是知识增长对经济增长作用的拐点，当知识增长率小于这个拐点值时，研发投入带来的技术进步并不能有效促进经济增长。因而，研发投入对经济增长的作用存在两种特征：第一，研发投入减少了用于生产的资本和劳动，表面上对经济增长产生负作用，但是研发投入带来知识的增速扩大，从而对经济增长产生加速作用；第二，知识对经济的作用存在拐点 $g_A = \left(\theta g_C + g_{K_Y} + \rho - g_Y - g_{K_{\text{R\&D}}}\right) / \left(\sigma + \beta\left(\gamma(1-a_K)/\alpha \cdot a_K\right)\right)$，当知识增长率大于拐点值时，研发投入对经济增长的作用呈现扩大趋势，而小于拐点值时则作用较小。这是由于在一定时期内先进的知识将对经济发展产生巨大的作用，但是随着产业结构优化的压力加大，传统的知识成为限制产业结构优化从而抑制经济发展的负面理论，改变知识结构对于推动经济持续增长显得更为迫切。

本节的理论分析认为，建设用地和研发投入带来的“土地红利”和“知识红利”对经济增长的作用有着拐点特征，并不是一味地扩大建设用地面积和加大研发投入就能带来显著的经济增长。在经济发展的初期，加大研发投入会挤占资本等其他要素的投入，从而不利于经济增长；但随着研发投入带来知识的不断积累，当其跨过一个拐点之后，对经济增长的促进作用则逐步凸显。与此相反，建设用地在经济发展的初期阶段对经济增长具有显著正向促进影响，原因在于建设用地扩张吸纳了更多的资本和劳动，实质上仍然是要素的积累；而当建设用地跨过拐点时，其对经济增长则表现为负向作用。这种交叉的作用模式体现了经济增长主导要素的演变特征，即经济增长由要素投入主导型向知识投入主导型演变。那么，在我国经济增长过程中，不同的要素投入到底对经济增长产生怎么样的促进作用呢？为此本书进一步通过实证分析来揭示其中的作用机理。

第二节　要素投入对经济增长的贡献

一、经济增长要素贡献率

考虑研发和生产两个部门情况下的资本、劳动和建设用地对经济增长的影响。简便起见，本节以 K' 代表 $a_K K$，以 L' 代表 $a_L L$，为此可以得到修正的式（5-14）：

$$Y(t)=F\left(K'(t),A(t)L'(t),S(t)\right) \tag{5-14}$$

将式（5-14）进行扩展可以得到：

$$\dot{Y}(t)=\frac{\partial Y(t)}{\partial K'(t)}\dot{K}'(t)+\frac{\partial Y(t)}{\partial L'(t)}\dot{L}'(t)+\frac{\partial Y(t)}{\partial S(t)}\dot{S}(t)+\frac{\partial Y(t)}{\partial A(t)}\dot{A}(t) \tag{5-15}$$

对式（5-14）中 L 和 A 进行求导，可得 $\partial Y/\partial L=\left[\partial Y/\partial(AL)\right]A$、$\partial Y/\partial A=\left[\partial Y/\partial(AL)\right]L$，再将式（5-15）左右两边同除以 $Y(t)$ 可得

$$\begin{aligned}\frac{\dot{Y}(t)}{Y(t)}&=\frac{K'(t)}{Y(t)}\frac{\partial Y(t)}{\partial K'(t)}\frac{\dot{K}'(t)}{K'(t)}+\frac{L'(t)}{Y(t)}\frac{\partial Y(t)}{\partial L'(t)}\frac{\dot{L}'(t)}{L'(t)}\\&\quad+\frac{S(t)}{Y(t)}\frac{\partial Y(t)}{\partial S(t)}\frac{\dot{S}(t)}{S(t)}+\frac{A(t)}{Y(t)}\frac{\partial Y(t)}{\partial A(t)}\frac{\dot{A}(t)}{A(t)}\end{aligned} \tag{5-16}$$

在式（5-16）中，令 $y=\dot{Y}(t)/Y(t)$，表示经济增长率；令 $k=\dot{K}'(t)/K(t)$、$l=\dot{L}'(t)/L(t)$ 分别表示用于生产的资本存量和劳动力增长率；令 $s=\dot{S}(t)/S(t)$ 表示城市建设用地的增长率。$\frac{K'(t)}{Y(t)}\frac{\partial Y(t)}{\partial K'(t)}$、$\frac{L'(t)}{Y(t)}\frac{\partial Y(t)}{\partial L'(t)}$ 和 $\frac{S(t)}{Y(t)}\frac{\partial Y(t)}{\partial S(t)}$ 分别表示 α、β 和 χ，令 $c=R(t)=\frac{A(t)}{Y(t)}\frac{\partial Y(t)}{\partial A(t)}\frac{\dot{A}(t)}{A(t)}$。其中，$R(t)$ 为索洛余值。则可以得到式（5-16）的扩展形式：

$$y=c+\alpha k+\beta l+\chi s \tag{5-17}$$

根据式（5-17）可以得到我国二、三产业资本存量，从事二、三产业劳动力，建设用地和知识对经济增长的贡献率，如下：

$$\begin{cases} E_K = \alpha \cdot \dfrac{k}{y} \times 100\% \\ E_L = \beta \cdot \dfrac{l}{y} \times 100\% \\ E_S = \chi \cdot \dfrac{s}{y} \times 100\% \\ E_A = \dfrac{c}{y} \times 100\% \end{cases} \tag{5-18}$$

其中，E_K、E_{L}、E_S和E_A分别为资本、劳动、建设用地和知识对经济增长的贡献率。

二、VAR 模型与广义脉冲响应函数

将建设用地因素引入生产函数，并考虑研发投入的影响，构建一个扩展的内生经济增长模型。接着，运用动态优化方法从理论角度分析研发投入、建设用地对经济增长的定性影响。由 Sims（1980）提出的向量自回归（vector autoregression，VAR）方法很好地对变量之间的动态关系进行了刻画，为此本节构建了经济增长中的 VAR 方程：

$$\ln Y_t = \mu + \sum_{i=1}^{p} \boldsymbol{A}_i \boldsymbol{X}_{t-i} + \varepsilon_t, t = 1, 2, \cdots, T \tag{5-19}$$

其中，$\boldsymbol{A}_i$为一组系数矩阵；$\boldsymbol{X}_t = (\ln Y_t, \ln K_t, \ln L_t, \ln S_t)'$；$p$ 为滞后阶；μ为常数项；ε_t为残差数。当 VAR 方程中 p 越大时，表明模型更能反映数据的动态特征，但也会导致自由度变小，为此通常采用 AIC 和 SC 信息准则对 VAR 模型的滞后阶进行确定。脉冲响应函数建立在VAR模型稳定的基础之上，为了解决VAR模型估计方程扰动项的方差（协方差矩阵）不是对角矩阵的问题，Sims（1980）提出了Cholesk分解方法，Pesaran和Shin（1998）等则在此基础上扩展提出了广义脉冲响应函数的方法，该方法避免了正交化以及对 VAR 模型中变量排序的要求。

三、实证分析

（一）指标与数据

为研究建设用地对经济增长的作用以及考虑到数据的可靠性和完整性，笔者搜集了我国 1990~2015 年二、三产业 GDP，二、三产业固定资产投资，二、三产业劳动人口总数，以及建设用地面积共四个指标的数据。同时，由于本节研究的

是加入研发投入要素后建设用地对经济增长的作用，因而在本节还搜集了研究与试验发展经费支出、研究与试验发展人员全时当量来衡量研发资本投入和劳动力投入。其中，二、三产业 GDP 和二、三产业固定资产投资数据均来源于国家统计局，二、三产业劳动力人口总数以及 R&D 数据则来源于国家统计局网站，城市建设面积取自《中国城市建设统计年鉴（2013）》和《中国统计年鉴（2016）》。

由于价格因素的干扰，以当年现价计算的地区生产总值、固定资产投资以及研究与试验发展经费支出不能很好地反映数据的真实情况。对于这种情况的普遍做法是选取某一年份的数据作为基年，通过除去价格因素得到实际数据。在采取平减指数时充分考虑指数对应问题，以 1990 年为基期，对二、三产业 GDP 分别进行各价格指数平减；对研究与试验发展经费支出价格平减；对二、三产业固定资产投资用对应固定投资价格指数进行调整：实际价格=当年价格×100/相关价格指数（以 1990 年为 100）。其中，固定投资价格指数由国家自 1991 年开始发布，被普遍认为是最合适的价格平减指数（李宾，2011）。

从现有研究来看，模型中的 K 表示的是资本存量，而我国公布的数据中没有关于资本存量的数据，张军等（2004）运用永续盘存法对资本存量进行估算。本书同样也采用永续盘存法来估算资本存量，计算公式为 $K_t = K_{t-1}(1-\delta) + I_t$。$K_t$ 为当年资本存量，K_{t-1} 为上一年资本存量，δ 为折旧率，I_t 为当年资本投资。

在资本存量的估算过程中，确定合适的折旧率具有重要意义，张军等（2004）研究认为，资本存量的折旧率应为 9.6%，单豪杰（2008）则在此基础上假定资本品相对效率几何下降，确定建筑和设备的折旧率后加权平均计算出资本折旧率为 10.96%。通过分析比较本节选择单豪杰（2008）的标准进行测算。1990 年的全国资本存量即基期资本存量利用 1991 年固定资产投资额比平均折旧率 10.96%与 1990~2015 年投资增长率的平均值之和求得（表 5-1）。

表 5-1　1990~2015 年资本形成额的增长率状况及基期资本存量

年份	1991	1996	2001	2006	2011	年平均增长率	1990 年资本存量
I 增长率	0.131 8	0.079 8	0.139 6	0.225 0	0.175 0	0.184 5	$K=\dfrac{3\,705.845}{0.109\,6+0.184\,4}$

（二）生产要素对中国经济增长的贡献

在此，本节首先从理论角度分析了建设用地与研发投入带来的知识要素对经济产生的作用。从 1990~2015 年我国生产部门资本存量与经济增长的关系来看，在 1996 年表现出一个明显的突变。根据几何平均法计算，1990~1996 年我国生产部门资本存量年平均增长率为 20.75%，此时我国 GDP 的年实际平均增长率为 11.70%；而 1997~2015 年我国生产部门资本存量的年平均增长率为 17.80%，我国 GDP 年平均实际增长率为 3.39%。为此，本书根据式（5-14）~式（5-18）分别研究 1990~2015 年、1990~1996 年和 1997~2015 年三个时间段各生产要素对我国经济增长的弹性影响系数。结果如表 5-2 所示。

表 5-2 经济增长参数估计

变量	1990~2015 年		1990~1996 年		1997~2015 年	
	参数	标准误	参数	标准误	参数	标准误
K	− 0.267***	0.041	0.302*	0.117	0.100***	0.064
L	2.571***	0.259	1.061*	0.333	0.988***	0.330
S	0.199**	0.089	0.210***	0.018	− 0.112	0.083
常数项	−15.805***	1.927	− 6.162*	2.313	− 0.119	2.942
R^2	0.992		0.999		0.992	
F 值	860.45***		8 686.06***		614.02***	

*、**、***分别表示在 10%、5%和 1%的显著性水平下显著

根据表 5-2 的估计结果，首先对 1990~2015 年的经济增长各要素影响弹性系数进行估计，资本存量对经济增长影响的弹性系数为−0.267，在 1%的显著性水平下是显著的；劳动对经济增长影响的弹性系数为 2.571，在 1%的显著性水平下是显著的；建设用地对经济增长影响的弹性系数为 0.199，在 5%的显著性水平下是显著的。以 1990~2015 年为样本的估计结果表明，资本对经济增长有着负影响，即我国资本投入增加不仅不能拉动经济增长，还对经济增长有显著负向抑制作用。考虑到我国资本投入的时间差异，在以 1990~1996 年为样本的估计中可以看出资本对经济增长的影响为 0.302>0，在 10%的显著性水平下是显著的；劳动力对经济增长的影响则为 1.061，也在 10%的显著性水平下是显著的，相对于以 1990~2015 年为样本的估计结果有较大幅度减小；建设用地对经济增长影响的弹性系数为 0.210，在 1%的显著性水平下是显著的，总体变动幅度不大。在以 1997~2015 为样本的估计中，资本对经济增长影响的弹性系数为 0.100，在 1%的显著性水平下是显著的。劳动力对经济增长影响的弹性系数则为 0.988，在 1%的显著性水平下是显著的，较之前两组估计结果均有所下降。建设用地对经济增长的影响为负，弹性系数为−0.112。根据三组样本估计的 R^2 和 F 检验，可以看出三组模型的估计都是相当显著的，具有可靠性。从上述研究结果可以看出，将 1990~2015 年分为 1990~1996 年和 1997~2015 年两个阶段的估计结果与实际更为吻合，为此本书采取 1990~1996 年和 1997~2015 年两个样本段的估计结果来计算各要素对经济增长的贡献率。各要素对经济增长影响的贡献率如表 5-3 所示。

表 5-3 各要素对经济增长的贡献率

时间段	资本贡献率	劳动力贡献率	建设用地贡献率	知识贡献率
1990~1995 年	30.26%	105.29%	21.02%	−56.58%
1995~2000 年	30.48%	106.09%	20.96%	−57.52%
2000~2005 年	10.10%	98.76%	−11.23%	2.37%
2005~2010 年	10.11%	98.62%	−11.21%	2.48%
2010~2015 年	10.11%	98.73%	−11.22%	2.38%

表 5-3 显示了各个要素对经济增长的贡献率演变趋势，为了减小个别年份极端值的影响，在研究时以 6 个年度为一个样本点，将 1990~2015 年共分为 5 个阶段，采用几何平均法计算年平均增长率，最终得到各个要素对经济增长的贡献率。根据表 5-3 的结果可以得到如下结论：①资本与劳动力过度投入抑制了技术对经济增长的影响，我国经济增长表现为要素积累。表 5-3 中 5 个阶段资本对经济增长的贡献平均值为 0.182，劳动力对经济增长的贡献率最高为 1.015，建设用地对经济增长的贡献为 0.166，技术进步对经济增长的贡献率则为−0.214。由此可见，我国经济增长主要是依靠劳动和资本等要素积累推动的，存在“资本红利”和“人口红利”。②技术进步带来的知识效应对我国经济增长的贡献总体上为负，即技术进步尚未带来经济增长的促进作用。表 5-3 显示，根据“索洛余值”得到的知识对经济增长的贡献率总体为负，但近年来知识效应的影响为正，表明知识效应对我国经济增长尚且处于初级阶段，与前文理论模型得到的结论相一致。③建设用地对我国经济增长拐点作用显著。在 2000 年之前，建设用地扩张对我国经济增长的作用为正，之后为负；由于资本与劳动等生产要素大量投入，建设用地对经济增长的贡献作用被压低甚至为负，这验证了我国建设用地对经济增长的拐点效应，与前文的理论研究是一致的。

（三）基于广义 VAR 模型的各要素冲击效应

1. 变量平稳性检验与协整检验

前文首先分析了各个要素对经济增长的贡献率，一方面证实了我国经济增长主要是依靠资本和劳动投入，另一方面也表明建设用地和技术进步带来的知识效应对经济增长的贡献并不显著。但上述研究并没有分析资本、劳动、建设用地与知识之间的关系，为此进一步采用广义脉冲响应函数进行实证分析。在进行广义脉冲响应函数分析之前，需要对变量进行平稳性检验与协整检验。考虑到本书选取数据不满足大样本假设的特性及生成过程，为提高检验结果的可靠性，运用 ADF 检验、KPSS 检验和 DF-GLS 检验方法对变量的平稳性情况进行研究。表 5-4 给出了变量单位根检验结果。

表 5-4　变量单位根检验结果

变量	检验类型	ADF 检验	检验类型	KPSS 检验	检验类型	DF-GLS 检验	结论
ln*Y*	(*c*, *t*, 3)	−5.694***	(*c*, 0, 0)	0.731**	(*c*, *t*, 1)	−3.321**	平稳
ln*K*	(*c*, *t*, 1)	−0.705	(*c*, 0, 0)	0.756***	(*c*, *t*, 1)	−1.196	平稳
ln*L*	(*c*, *t*, 1)	−5.418***	(*c*, 0, 0)	0.753***	(*c*, *t*, 1)	−4.623***	平稳
ln*S*	(*c*, *t*, 0)	−2.955	(*c*, 0, 0)	0.759***	(*c*, *t*, 0)	−2.784	平稳

、*分别表示在 5%和 1%的显著性水平下显著

从表 5-4 中可以看出，虽然 ADF 和 DF-GLS 检验结果显示，所有变量不满足同阶单整的条件，但是 KPSS 检验结果却显示所有变量均满足原序列平稳。经过运用 ADF、KPSS 和 DF-GLS 三种检验方法对变量进行平稳性检验表明，所有变量满足原序列平稳，即所有变量都有相同的协整阶数 I（0）。在此基础上，进一步对变量之间的协整关系进行检验。表 5-5 报告了 Johansen 协整检验结果。检验结果表明，拒绝了最多三个协整关系的假设，说明经济增长、资本投入、劳动力人口与建设用地面积之间存在着长期均衡关系。

表 5-5　Johansen 协整检验结果

原假设	特征根	迹统计量	5%临界值	*P* 值
无	0.840	78.995	47.856	0.000 0
最多一个	0.498	35.030	29.797	0.011 4
最多两个	0.482	18.470	15.495	0.017 3
最多三个	0.105	2.670	3.841	0.102 2

2. 研发投入与建设用地扩张对经济增长的冲击效应

广义脉冲响应函数建立在 VAR 模型基础之上，式（5-14）给出了 VAR 模型的计算公式。在 VAR 模型中，最重要的是确定其滞后阶，依据 AIC 和 SC 最小的准则确定 VAR 模型的滞后阶为 4。图 5-2 给出了各种要素变化对经济增长引起的冲击效应。

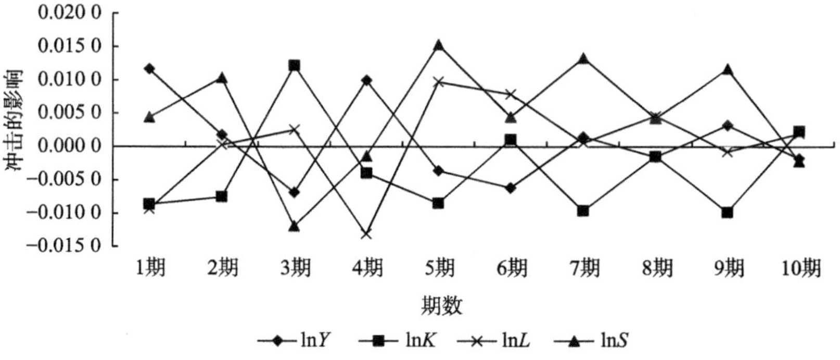

图 5-2　经济增长对一个标准差新息的响应

图 5-2 给出了各个变量对经济增长的冲击效应。从中可以看出，经济增长对

自身的标准差新息反应十分敏感，在受到冲击时迅速反应到最大值，之后快速衰减，并在第 3 期进入负值，进而出现正负交替的状况。虽然经济增长对其自身的新息呈现正负交替波动的状况，但其累计效应为正，表明经济增长对其自身有较为显著的滞后效应。建设用地对经济增长的脉冲响应轨迹与经济增长自身的冲击类似。当受到一单位建设用地的冲击时，经济增长迅速反应到最大值，之后呈现正负交替，并在最后趋于 0 附近。总的来看，建设用地对经济增长的冲击效应为正，且大于经济增长对其自身的冲击效应，表明建设用地对经济增长有推动作用。与此相反，资本与劳动力对经济增长的冲击效应则呈现相反且近似的趋势，当受到来自资本与劳动力的冲击时，经济增长迅速反应到最小值，之后快速上升，在第 2 期开始进入正值，呈现正负交替的特征，并在最后趋于 0 附近，累计冲击效应均为负。图 5-3（a）和图 5-3（b）分别给出了不考虑建设用地和研发投入的经济增长对一个标准差新息的响应路径图。

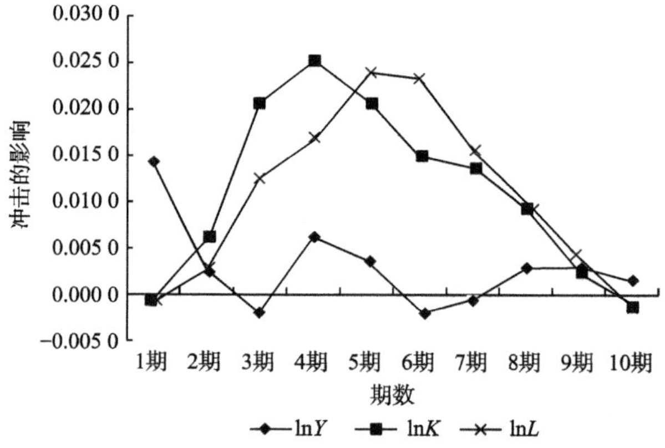

（a）不考虑建设用地

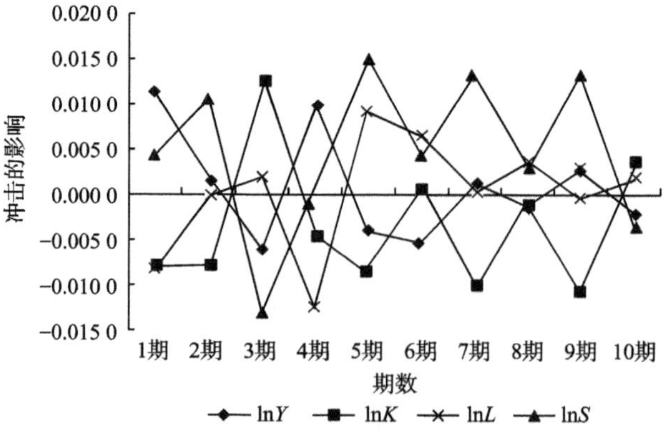

（b）不考虑研发投入

图 5-3　不考虑建设用地和研发投入的经济增长对一个标准差新息的响应

图 5-3（a）中，经济增长对其自身的冲击反映与图 5-2 中的波动类似，先是达到最大值，再呈现正负交替特征，最后趋于平稳。在不考虑建设用地要素后，经济增长对其自身冲击的总效应为正，且大于考虑建设用地因素后的总效应。经济增长对资本与劳动力冲击的响应则表现出与图 5-2 明显的不同，在不考虑建设用地因素后，当受到资本与劳动力冲击后经济增长迅速上升，分别在第 4 期和第 5 期达到最大值，之后快速下降，这种总的冲击效应显著为正且远大于图 5-2 中的两者冲击总效应。这表明我国资本与劳动力呈现较为快速的增长状态，且对经济增长有显著的促进作用。这一结果与已有的较多研究表现出明显的一致性，即在不考虑土地要素对经济增长作用的新古典经济学观点来看，1990~2015 年我国经济增长主要得益于资本和劳动力的增加，也就是说“资本红利”和“人口红利”是促进我国经济增长的主要动力。比较图 5-2 和图 5-3（a）可知，在考虑建设用地的情况下，资本和劳动对经济增长的累计冲击为负，而建设用地扩张的累计冲击为正（图 5-2），这表明我国新增的资本与劳动多集中于新扩展的建设用地上，使得资本和劳动对我国经济增长的促进作用存在明显的时滞效应，这种滞后效应中有相当一部分可以由建设用地扩张解释。

图 5-3（b）在原有的变量基础上将研发投入要素剔除，单独考虑资本、劳动与建设用地对经济增长的影响。综合比较图 5-3（b）和图 5-2 可以看出两者的变化趋势一致，但与图 5-2 不同的是，剔除研发投入后，经济增长的正向滞后效应更为突出，建设用地对经济增长的正向冲击效应也更为突出。由式（5-13）可以看出，剔除研发投入影响后，表明有更多的资本和劳动投入生产领域，经济产出明显增加，因而建设用地扩张对经济增长的正向冲击更为突出。相反，剔除研发投入影响后，资本与劳动力对经济增长的负向冲击效应更为凸显。由式（5-13）可以看出，研发投入所产生的新知识和新技能主要通过内化于资本和劳动力，提高知识的增长率，进而提高经济产出；当剔除研发投入影响后，知识的增长不复存在，因而资本与劳动力对经济增长的负向效应更为突出。

综合式（5-12）、式（5-13）与图 5-2、图 5-3 可以看出：①建设用地扩张对经济增长的冲击效应与经济增长自身的冲击效应基本趋势一致，这表明建设用地扩张对经济增长具有显著的推动作用，且在不同的阶段表现出不同的特征，是我国现阶段经济增长的主要来源。从另一个方面可以看出我国原有建设用地对经济增长的拉动作用不明显，经济增长主要依赖于新增的资本和劳动内化于建设用地，再通过建设用地的外延式扩张来得以推进。这表明 1990~2015 年我国经济增长主要依靠要素投入的粗放增加，经济增长的内生动力明显不足。②研发投入明显减小了资本与劳动对经济增长负向冲击，但未能使资本与劳动力对经济增长的累计冲击转化为正，使其成为推动我国经济增长的重要力量。这表明我国研发投入所产生的知识增长率已经跨越能够促进经济增长的拐点，但由于技术进步贡献率较低，加大研发投入减少了用于经济生产的资本和劳动，因而对经济增长的冲击作用累计为负。③目前，我国经济增长下行压力加大，产业结构调整压力巨大，面临房地产库存过高、产能过剩、经济增长效率不高、生产成本大以及创新驱动不足等一系列问题，经济发展亟须寻找新的增长点。综上所述，我国经济增长一方面需要改变以往外延式扩张的方式，注重经济增长质量提升；另一方面需要推动研发投入在经济增长中发挥更大作用，形成经济增长的知识效应。

四、研究结论

本节着重分析了建设用地及研发投入对中国经济增长的长期作用，总结起来可以得到如下结论。

（1）我国经济增长存在显著的自身冲击效应。图 5-2 和图 5-3 均表明，是否考虑建设用地投入或研发投入都不能显著改变经济增长对其自身冲击引起的响应轨迹，经济增长对其自身冲击引起的响应十分显著。从其演变特征来看，经济增长对其自身冲击的响应在短期内为正，呈现波动特征，在长期内则收敛于 0 附近，趋于平稳。由此可见，我国经济增长存在较为显著的滞后效应，前期经济增长对后期经济增长有着明显的惯性作用。在经济增长惯性作用下，如果新的内生经济增长点没有找到，我国不利的经济发展环境将持续下去，从而导致陷入“中等收入陷阱”的可能性增大。

（2）资本和劳动对经济增长具有显著的促进作用，但我国经济增长的“资本红利”和“人口红利”需要依托土地扩张才能得到充分释放。研究显示，1990~2015 年资本和劳动对我国经济增长的平均贡献率分别为 0.182 和 1.015，而建设用地对我国经济增长的平均贡献率则仅为 0.166。但依据广义脉冲响应函数可以看出，经济增长对建设用地扩张的冲击所引起的响应主要表现为两个特征：第一，这种冲击引起的响应与经济增长对其自身冲击引起的响应轨迹类似；第二，在不考虑建设用地要素后，经济增长对其自身冲击引起的响应表现出显著的正向效应。这表明，经济增长在很大程度上来源于建设用地投入。对比图 5-2 和图 5-3（a）可知，建设用地扩张推动资本与劳动集聚，从而成为经济增长的动力。相比较于原有建设用地而言，新增建设用地成为经济增长的主要来源，即我国经济增长的“资本红利”和“人口红利”并不是直接推动经济增长，而是通过“土地红利”才得到释放。这表明我国经济增长仍然在简单地依靠建设用地的扩张来促进资本和劳动等生产要素的集聚，进而促进经济增长，经济内涵式发展表现明显不足。

（3）研发投入带来的知识增长率已经跨越拐点，对经济增长的累计冲击效应表现正向趋势，但贡献率仍然不高。表 5-3 表明技术进步对经济增长的平均贡献率为−0.214，但近年来技术进步对经济增长的贡献率为正，这意味着我国研发投入带来的技术进步对经济增长已经跨过前文理论分析的拐点，开始对经济增长表现出正向促进作用。对比图 5-2 和图 5-3（b）可知，研发投入能够明显减缓资本和劳动对经济增长的负向冲击，但总体来看考虑研发投入状况下，资本和劳动投入对经济增长的累计冲击仍然为负。这进一步表明研发投入带来的技术进步推动了资本和劳动在经济增长中发挥更大的作用，资本和劳动对经济增长的贡献一定程度上内生于技术进步。因此总结来看，1990~2015 年我国研发投入所带来的知识效应已经跨越了促进经济增长的拐点，“知识红利”开始对经济增长产生促进作用。

第三节　要素投入与经济增长

一、政府干预与研发投入的作用

（一）研究假说

中国经济需要加大对科技研发的投入力度，以推动技术进步从而更好地促进经济增长；同时也需要更好地把握政府干预的力度和方向，以增强经济持续发展的动力。为此，本节在传统的经济增长模型中，引入研发投入（R&D）与地方政府财政干预两个指标，建立中国省际经济增长的面板数据模型。其中，研发投入变量包括研发资本和研发人员；同时，由于财政支出是政府干预经济的重要手段，以财政支出在地区生产总值中的比重作为政府的财政干预程度。建立的面板模型如下：

$$\begin{aligned}\ln \mathrm{gdp}_{it} = \beta_0 + \beta_1 \ln \mathrm{cap}_{it} + \beta_2 \ln \mathrm{lab}_{it} + \beta_3 \ln \mathrm{rd}_{it}^{\mathrm{fund}} \\ + \beta_4 \ln \mathrm{rd}_{it}^{\mathrm{labor}} + \beta_5 \ln \mathrm{gov}_{it} + u_i + \varepsilon_i\end{aligned} \tag{5-20}$$

其中，gdp_{it} 为第 i 个省份 t 年的地区生产总值；$\ln \mathrm{gdp}_{it}$ 为取对数后的地区生产总值。同理，$\ln \mathrm{cap}_{it}$、$\ln \mathrm{lab}_{it}$、$\ln \mathrm{rd}_{it}^{\mathrm{fund}}$、$\ln \mathrm{rd}_{it}^{\mathrm{labor}}$ 和 $\ln \mathrm{gov}_{it}$ 分别为第 i 个省份 t 年的取对数后的资本存量、劳动力、研发投入的资本支出、研发投入人员以及政府财政干预程度；β_1、β_2、β_3、β_4 和 β_5 则分别为对应的参数，研究的是各个变量对经济增长的弹性系数；β_0 为模型的常数项；u_i 为省份差异的影响；ε_i 为随机扰动项。由于财政干预是地方政府干预地方经济的最为重要手段，它并不一定会直接促进经济增长，而是具有一个滞后期。因此，为了更加深入地探究研发投入和政府财政干预程度对经济增长的影响，提出如下假说。

假说一：经济增长表现出惯性特征，过去的经济增长对当期经济增长具有显著作用。

在式（5-20）所表达的面板数据模型中，由于要素投入存在惯性，即资本存量、研发投入资本及政府干预程度等要素的当前行为在一定程度上取决于其过去行为，模型的估计不能反映其真实的经济含义。在此基础上，将地区生产总值的滞后项作为解释变量，构建包含研发投入与政府财政干预要素在内的我国省际动态面板数据模型：

$$\begin{aligned}\ln \mathrm{gdp}_{it} &= \beta_0 + \rho_1 \ln \mathrm{gdp}_{it-1} + \rho_2 \ln \mathrm{gdp}_{it-2} \\ &\quad + \cdots + \rho_p \ln \mathrm{gdp}_{it-p} + \boldsymbol{x}_{it}'\boldsymbol{\beta} + u_i + \varepsilon_i\end{aligned} \tag{5-21}$$

式（5-21）在式（5-20）的基础上加入了被解释变量的滞后项作为模型的解释变量，p 为被解释变量的滞后阶数，$\rho_1 \sim \rho_p$ 为滞后 p 阶解释变量对应的估计参数。$\boldsymbol{x}_{it}'\boldsymbol{\beta}$ 为式（5-21）中的解释变量及其参数，$\boldsymbol{x}_{it}' = \left(\ln \mathrm{cap}_{it}, \ln \mathrm{lab}_{it}, \ln \mathrm{rd}_{it}^{\mathrm{fund}},\right.$ $\left.\ln \mathrm{rd}_{it}^{\mathrm{labor}}, \ln \mathrm{gov}_{it}\right)$，$\boldsymbol{\beta} = \left(\beta_1, \beta_2, \cdots, \beta_5\right)'$。

假说二：政府干预表现出滞后性的特征，即经济增长受到前期政府干预的影响。

为对假说二进行验证，在式（5-21）中加入政府干预滞后项作为解释变量，即政府财政干预程度与当期误差项无关，但与滞后期误差项有关。在此情况下，取政府财政干预滞后项 $\ln \mathrm{gov}_{it-p}$ 作为解释变量，q 表示政府财政干预的滞后阶数。得到的扩展的动态面板数据模型如下：

$$\ln \mathrm{gdp}_{it} = \beta_0 + \sum_{m=1}^{p} \rho_m \ln \mathrm{gdp}_{it-p} + \boldsymbol{x}_{it}'\boldsymbol{\beta} + \sum_{n=6}^{q} \beta_n \ln \mathrm{gov}_{it-q} + u_i + \varepsilon_i \tag{5-22}$$

其中，β_n 为滞后 n 期的政府财政干预对被解释变量的影响，其余参数含义不变。因而，β_n 表示政府对经济的反应程度，即政府对前期干预经济所产生效果的变化，实质是政府对自身宏观政策的调控。

假说三：政府财政干预通过影响研发投入从而对经济增长具有门槛作用。

由于地方政府财政干预表示的是当地政府的财政支出占地区生产总值的比重，政府支出的多少也影响着研发投入的总量。从政府财政干预的直接影响来看，当干预力度加大时，政府的财政支出也随之加大，此时获得的研发投入相应增多，从而增大了技术进步在推动经济增长中的作用；从政府干预的间接影响来看，政府的财政支出将会带动社会的经济发展，产生乘数效应，这在一定程度上会刺激企业增大研发投入以适应市场的变化。假说三认为，政府对经济的财政干预不是越多越好（或者越少越好），而是随着干预程度的变化，研发投入对经济增长的影响也发生着变化。为此，在式（5-20）的基础上建立面板门槛模型，以政府财政干预程度为门槛变量，以研发投入为主要研究变量。具体的模型如下所示：

$$\ln \mathrm{gdp}_{it} = \beta_0 + \boldsymbol{x}'\beta_1 \cdot l(\mathrm{gov} \leqslant \gamma) + \boldsymbol{x}'\beta_2 \cdot l(\gamma > \mathrm{gov}) + u_i + \varepsilon_i \quad (5\text{-}23)$$

在本节搜集的数据中，时间长度$t=14$，样本长度$n=31(i=1,2,3,\cdots,n)$，样本长度大于时间长度，因而是一个短面板。在短面板的情况下，大样本的渐进理论基于“$n \to \infty$”展开。在此情况下，令

$$\boldsymbol{x}_{it}(\gamma) = \begin{cases} \boldsymbol{x}_{it} \cdot l(\mathrm{gov} \leqslant \gamma) \\ \boldsymbol{x}_{it} \cdot l(\mathrm{gov} > \gamma) \end{cases} \quad (5\text{-}24)$$

依据式（5-24），令$\boldsymbol{\beta}' = (\beta_1, \beta_2)$，可以对式（5-23）进行简化，可得

$$y_{it} = u_i + \boldsymbol{\beta} \boldsymbol{x}_{it}(\gamma) + \varepsilon_{it} \quad (5\text{-}25)$$

在面板数据模型中，扰动项为复合扰动项，不满足球形扰动的条件。对于随机效应面板模型的参数估计，本节运用 OLS 方法进行估计，即通过建立广义离差模型，运用 OLS 进行估计。所建立的广义离差模型如下：

$$y_{it} - \hat{\theta}\overline{y_i} = \boldsymbol{\beta}\left(\boldsymbol{x}_{it}(\gamma) - \hat{\theta}\overline{\boldsymbol{x}_i}(\gamma)\right) + \left(1-\hat{\theta}\right)u_i + \left(\varepsilon_{it} - \hat{\theta}\overline{\varepsilon_i}\right) \quad (5\text{-}26)$$

在式（5-26）中，$\hat{\theta}$为$\theta = 1 - \sigma_\varepsilon \big/ \left(T\sigma_u^2 + \sigma_\varepsilon^2\right)^{1/2}$的一致估计量。在此前提下，如果$\hat{\theta}=0$，则为混合回归；若$\hat{\theta}=1$，则为组内估计量。因而在门槛模型估计中，依据残差平方和最小原则，首先假定一个$\hat{\gamma}$，计算其残差平方和$\mathrm{SSR}(\hat{\gamma})$，形成一个关于$\hat{\gamma}$的函数。在$\mathrm{SSR}(\hat{\gamma})$最小的情况下，可以得到关于门槛模型的最佳估计值。对于一个回归模型的门槛效应是否存在，Hansen（1999）给出了 LR 估计量。LR 估计量的表达式为

$$\mathrm{LR} = \left[\mathrm{SSR}' - \mathrm{SSR}(\hat{\gamma})\right] / \hat{\sigma}^2 \quad (5\text{-}27)$$

其中，SSR'表示在无约束条件下的残差平方和，即在不存在门槛效应时的 OLS 估计的残差平方和。由于 OLS 是基于残差平方和最小估计，所以SSR'表示的是在无约束情况下的最小化残差平方和。LR 统计量服从卡方分布，当其统计值在5%的显著性水平下是显著时，就表明模型具有门槛效应。

（二）数据与变量

本节以中国 31 个省级行政区为研究对象，选取 2000~2014 年的数据进行研究，样本量为 465。其中，地区经济增长选用地区生产总值来衡量，而采用固定资产投资计算得到的资本存量和劳动人口总数作为资本和劳动力的指标，研发投入作为技术进步变量，地方政府财政支出占生产总值比重为政府财政干预变量。地区生产总值、固定资产投资和地区财政支出等指标来源于国家统计局网站；劳动人口总数则来源于各个省份的 2001~2015 年统计年鉴；研发投入（研发资本和研发人员）变量则来自于《中国科技统计年鉴》（2001~2015 年）。

由于在生产函数模型中，资本变量表示的是资本存量，而中国所公布的统计

数据并没有资本存量的指标。根据现有研究，依据固定资产投资数据，参考张军等（2004）对我国省际的资本存量以 2000 年为基期进行估计。选取的变量及其描述性统计如表 5-6 所示。

表 5-6 变量及其描述性统计

变量	变量名	指标	样本量	最小值	最大值	平均值
gdp	经济增长	地区生产总值/亿元	465	106.702 9	13 141.57	3 588.209
cap	资本	资本存量/亿元	465	218.008 9	125 111.7	18 293.32
lab	劳动	就业总人数/万人	465	124.18	6 606.5	2 450.576
rd^{fund}	研发资本	研发资金当量/万元	465	1 411	6 687 094	287 921.4
rd^{labor}	研发人员	研发人员当量/人	465	150	102 464	8 467.761
gov	政府干预	财政支出/地区生产总值	465	0.069 1	1.291 4	0.209 4

（三）实证分析

1. 模型参数估计

式（5-20）~式（5-23）分别从一般情况、考虑解释变量滞后项、将政府干预作为前定解释变量和将政府干预作为门槛变量几方面建立面板数据模型。在对式（5-20）进行估计时，需要考虑面板数据的固定效应和随机效应。Hausman 检验结果显著拒绝了模型为固定效应的原假设，因而应该建立随机效应模型。在对动态面板模型进行估计时，需要运用 GMM（generalized method of moments，广义矩估计）方法，为此，在选用 GMM 的方法对式（5-21）和式（5-22）进行估计时，综合对比了差分 GMM 和系统 GMM 的估计结果。当对式（5-21）进行估计时，选择被解释变量的滞后阶 $p=2$，解释变量最多 3 阶滞后作为工具变量，差分 GMM 估计得到的扰动项存在一阶自相关，但不存在二阶自相关，没有拒绝“扰动项无自相关”的原假设；由于差分 GMM 方法共使用了 41 个工具变量，然而过度识别检验得到的卡方值为 30.497，对应的 P 值为 0.592 3，检验结果没有拒绝“所有工具变量都有效”的原假设。与此相反，在运用系统 GMM 对式（5-21）进行估计时则显著拒绝了“扰动项无自相关”的原假设。为此，本节选用式（5-21）被解释变量的滞后阶 $p=2$ 的差分 GMM 估计结果。在对式（5-21）进行估计的基础上，进一步运用差分 GMM 和系统 GMM 方法对式（5-22）进行估计。研究发现，当选择被解释变量的滞后阶 $p=3$，解释变量最多 3 阶滞后作为工具变量，政府干预的 2 期滞后为前定解释变量时，差分 GMM 和系统 GMM 均没用拒绝“扰动项无自相关”和“所有工具变量都有效”的原假设，且系统 GMM 相对于差分 GMM 的估计结果表现得更为理想，为此本书选择系统 GMM 方法对式（5-22）进行估计。

最后，进一步以政府财政干预为门槛变量，逐个研究财政干预程度处于不同门槛值时研发资本和研发人员对经济增长的影响。为此，采用面板门槛模型对式（5-23）进行估计，分别研究政府财政干预对研发资本和研发人员的门槛效应。在研究政府财政干预对研发资本的门槛效应时，单一门槛和双重门槛的检验 F 值分别为 73.649 和 18.762，均在 5%的显著性水平下是显著的；而当研究其对研发人员的门槛效应时，单一门槛和双重门槛的检验 F 值则分别为 72.727 和 16.993，也均在 5%的显著性水平下是显著的；政府干预对研发资本和研发人员的门槛效应所产生的两个门槛值相等，第一门槛值为 0.319，第二门槛值为 0.134，均通过单一门槛和双重门槛的 LR 检验。图 5-4 显示了政府干预为门槛变量下研发投入对经济增长的门槛效应。

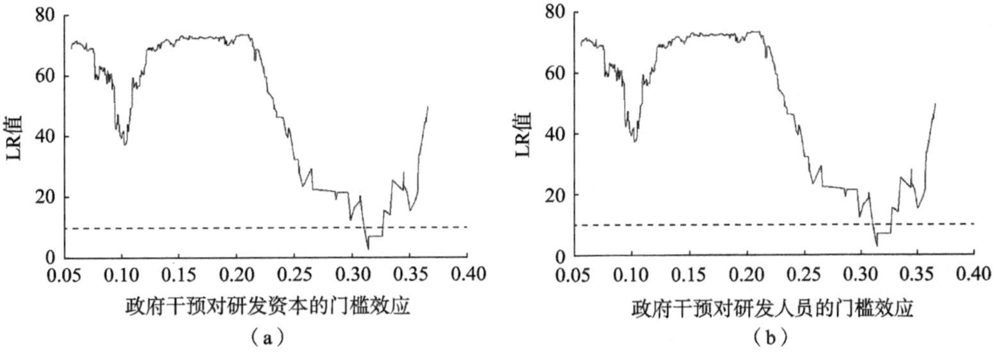

图 5-4　政府财政干预为门槛变量下研发投入对经济增长的门槛效应

从图 5-4 中可以看出政府干预对研发资本和研发人员具有相同的门槛特征，研究结果也证实了存在相同的门槛值。为了更清晰地展示政府干预对研发投入的门槛效应，双重门槛估计比单一门槛估计更能解释政府财政干预对研发投入的门槛效应。根据上述研究，得到式（5-20）~式（5-22）的参数估计值，以及式（5-23）的双重门槛的估计值，结果如表 5-7 所示。

表 5-7　模型参数估计表

变量	式（5-20）	式（5-21）	式（5-22）	式（5-23）研发资本	式（5-23）研发人员
$\ln gdp_{-1}$		0.471*** （0.014）	0.954*** （0.023）		
$\ln gdp_{-2}$		−0.211*** （0.015）	−0.471*** （0.028）		
$\ln gdp_{-3}$			0.331*** （0.016）		
$\ln cap$	0.188*** （0.010）	0.142*** （0.004）	0.043*** （0.005）	0.175*** （0.007）	0.174*** （0.007）
$\ln lab$	0.369*** （0.033）	0.062** （0.032）	0.024 （0.048）	0.031 （0.033）	0.035 （0.034）
$\ln rd^{fund}$	0.014* （0.008）	−0.009*** （0.001）	−0.004* （0.003）		0.001 （0.005）

续表

变量	式（5-20）	式（5-21）	式（5-22）	式（5-23）研发资本	式（5-23）研发人员
$\ln rd^{fund}$（ gov ≤0.134）				0.003（0.005）	
$\ln rd^{fund}$（0.134< gov ≤0.319）				0.000（0.005）	
$\ln rd^{fund}$（ gov >0.319）				0.008（0.005）	
$\ln rd^{labor}$	0.134^{***}（0.020）	0.004（0.010）	0.061^{***}（0.010）	0.023（0.015）	
$\ln rd^{labor}$（ gov ≤0.134）					0.024（0.015）
$\ln rd^{labor}$（0.134< gov ≤0.319）					0.020（0.015）
$\ln rd^{labor}$（ gov >0.319）					0.031^{**}（0.015）
lngov	-0.344^{***}（0.032）	−0.004（0.010）	-0.188^{***}（0.018）	0.003（0.028）	0.004（0.028）
lngov_{-1}			0.234^{***}（0.021）		
lngov_{-2}			-1.89^{***}（0.014）		
cons	1.447^{***}（0.198）	4.064^{***}（0.231）	0.203（0.181）	5.767^{***}（0.255）	5.759^{***}（0.257）
Wald χ_2	$2\,739.65^{***}$	$55\,604^{***}$	$62\,256^{***}$		
$F(30,427)$				197.51^{***}	197.05^{***}

*、**、***分别表示在 10%、5%和 1%的显著性水平下显著

注：括号内为变量对应的标准误

2. 经济增长的要素投入作用

式（5-20）采用随机效应模型进行估计，结果显示，资本和劳动对经济增长的弹性系数分别为 0.188 和 0.369，且均在 1%的显著性水平下是显著的。这表明，当我国省际资本存量和劳动力总量增加 1%时，经济增长分别增加 0.188%和 0.369%。研发资本和研发人员变量对经济增长影响的弹性系数是 0.014 和 0.134，且分别在 10%和 1%的显著性水平下是显著的。对比发现，研发资本和研发人员对经济增长的促进作用要远低于资本存量和劳动力总量对经济增长的促进作用，这进一步验证了我国研发投入推动技术进步带来的“知识红利”效应并不显著。结果还显示，政府财政干预对经济增长的影响是−0.344，即地方政府干预程度变动 1%，经济增长负向变动 0.344%，且亦在 1%的显著性水平下是显著的。这进一步表明，从我国省际 2000~2014 年的经济发展实际来看，政府财政干预不利于经济增长，我国财政分权体制改革对经济增长的影响与理论存在出入，给予市场更大的自由空间比对市场进行强有力的掌控更能促进经济发展。

式（5-21）在式（5-20）的基础上加入了被解释变量的两期滞后项作为解释变量，采用差分 GMM 方法进行估计。被解释变量的两期滞后对其自身的影

响分别是 0.471 和−0.211，且均通过了 1%的显著性检验。可以看出，被解释变量对其自身具有显著的影响，且滞后一期的影响为正，滞后两期的影响为负。说明我国省际经济增长表现出“增长惯性”且作用显著，但这种惯性作用在滞后二期时为负。同式（5-20）的结果相似，采用差分 GMM 估计的资本存量对经济增长表现出显著的促进作用，当资本存量变动 1%时，地区经济总量增加 0.142%。与式（5-20）进行对比可以看出，考虑被解释变量滞后作用的资本存量估计参数比不考虑被解释变量滞后作用的资本存量估计参数要小 0.046，被解释变量的滞后项削平了资本存量对经济增长的影响。然而与此形成鲜明对比的是，在考虑被解释变量的滞后项后，劳动力总量、研发资本、研发人员和政府干预对经济增长的弹性影响分别为 0.062、−0.009、0.004 和−0.004，其中劳动力总量和研发资本对经济增长的影响分别在 5%和 1%的显著性水平下是显著的。由此可以看出，劳动力总量、研发资本和研发人员对经济增长的影响大幅下降，研发资本甚至从显著正向影响变为显著负向影响；研发资本对经济增长的影响内化在经济增长惯性作用当中，其原因在于用于研发的资本产生效益需要较长的时间，而当期用于研发的资本减少了用于投资的资本，从而对当期经济增长有一定抑制作用。在式（5-21）中，政府财政干预对经济增长的负向作用大大减弱，由最初的−0.344 下降至−0.004，即财政干预虽然对经济增长有负作用，但这种负作用较小且不显著，其原因也是当期财政支出干预并不能带来实际效益，前期财政干预被经济增长滞后项解释。

综合式（5-20）和式（5-21）的估计结果可以得到如下结论：①资本对经济增长有显著正向促进作用，在加入被解释变量滞后项后，其对经济增长的影响仍表现出稳定性，且其重要性显著大于其他要素；与此对应，研发投入对我国经济增长的影响并不显著，在加入被解释变量滞后项后，其对经济增长的作用由正转为负。②中国省际经济增长的“增长惯性”作用明显，即被解释变量的滞后项对其自身有显著的影响，且这种影响会极大地削平劳动力总量、研发资本、研发人员和政府财政干预对经济增长的作用，滞后一期与滞后二期对经济增长的影响系数分别为 0.471 和−0.211，表明被解释变量对其自身的影响为正，即具有明显的惯性促进作用。③政府财政干预对经济增长表现出负向影响，减少宏观调控有利于经济增长。式（5-20）显示政府财政干预对经济增长有显著的负向影响，式（5-22）在加入被解释变量滞后项后，政府财政干预的负向作用被显著削平，但仍然对经济增长有负向作用。这表明政府对经济的宏观调控不利于地方经济增长，需要减少财政支出在地区生产总值中所占的比重。

3. 政府干预对经济增长的滞后效应

与式（5-21）的估计结果不同的是，式（5-22）选择被解释变量的三期滞后项作为解释变量，同时选择政府财政干预的两期滞后项作为解释变量。研究结果显示，被解释变量的三期滞后项分别对其自身的影响系数为 0.954、−0.471 和 0.331，所有参数均在 1%的显著性水平下是显著的。对比式（5-21）的检验结果可以看出，式（5-22）中被解释变量滞后一期对其自身的正向促进作用更为明显，滞后两期的负向作用也更为突出；不仅如此，式（5-22）中被解释变量滞后三期对其自身也有着显著的正向作用，总体上被解释变量的滞后项对其自身的影响为正。这再次验证了我国省际经济增长总体表现出“增长惯性”的作用，且进一步可以看出随着滞后期的不同表现出正负交替的特征。

在考虑了政府财政干预三期滞后项对经济增长的影响之后，政府财政干预当期原值对经济增长的弹性系数为−0.188，在 1%的显著性水平下是显著的。这进一步验证了地方政府财政干预对经济增长具有显著的负向促进作用，但这种负向作用较式（5-20）小而较式（5-21）大。结果还显示，滞后一期的政府财政干预对经济增长的影响弹性系数为 0.234，在 1%的显著性水平下也是显著的。其原因可能在于政府财政干预当年，政府投资挤占私人投资，且不利于维护正常的市场经济秩序，因而产生了明显的负作用；但在滞后一期后，这种作用明显减弱，且政府投资的乘数作用开始显现，因而产生了实际的经济效益。但是，滞后两期的政府干预对经济增长的影响系数为−1.89，在 1%的显著性水平下是显著的，这表明滞后两期的政府干预对经济增长的负向作用要远大于当期。其可能原因在于，滞后两期后，各种建设项目已经基本落地，产业同质且恶性竞争、基础设施重复投资建设等问题开始凸显，因而对经济的负面影响大大加强。由此可见，本节结果有效地验证了假说二，即政府财政干预会在其滞后期对经济产生显著的影响，其中滞后一期的影响为正，滞后两期的影响显著为负，其负向作用显著大于政府财政干预对当期经济的影响。

4. 政府干预对研发投入的门槛效应

由于研发投入绝大部分是由政府财政支付，因此政府财政干预在很大程度上会影响研发投入，而且不同省份的财政干预程度是不一样的。数据显示，在 2000~2014 年我国 31 个省级行政区当中，干预程度最小的是 2000 年的江苏省，仅为 0.069 1，即政府财政支出仅为地区生产总值的 6.91%；最大的为 2012 年的西藏自治区，高达 1.291 4，即政府财政支出要超过地区生产总值 29.14 个百分点。由此可见，中国省际政府干预程度差异明显。式（5-23）考虑了将政府干预作为门槛变量的研发投入对经济增长的影响效应模型，且政府干预对研发资本和研发人员都存在两个门槛值，分别为 0.134 和 0.319，原因在于我国地方政府财政干预程度具有显著的空间差异，总体表现为东部<中部<西部的特征。对比式（5-20）~式（5-22）的研究结果，可以看出我国研发投入对经济增长的作

用不明显，技术进步带来的“知识红利”对经济增长的促进作用尚且处于初级阶段。

在以研发资本为主要研究变量的回归模型中，当政府干预满足gov ≤0.134时，研发资本对经济增长影响的弹性系数为 0.003，而研究人员对经济增长的影响系数为0.024；2000年满足这一条件的有21个省（自治区、直辖市），主要分布于我国东部沿海和中部地区，2014 年满足这一条件的仅有山东、浙江和江苏三个省份，全部分布于我国东部沿海地区（图 5-5）。而当政府干预程度满足0.134<gov ≤0.319 时，研发资本对省际经济增长影响的弹性系数接近于 0，即研发投入对经济增长几乎没有影响，但研究人员对经济增长影响的弹性系数为0.020（表 5-7）；2000 年满足这一条件的仅有新疆、北京、陕西、内蒙古、甘肃、贵州、云南、宁夏和青海共9个省（自治区、直辖市），2014年则增加到21个省（自治区、直辖市），且主要分布于我国东中部和东北地区。最后，当政府干预满足gov >0.319 时，研发资本对经济增长影响的弹性系数为 0.008，而研发人员对经济增长影响的弹性系数为 0.031，且在 5%的显著性水平下是显著的；2000 年政府干预程度超过 0.319 的省份仅有西藏，2014 年则有云南、新疆、宁夏、甘肃、贵州、青海和西藏等省区，主要分布于我国西南和西北等经济发展较落后的地区。由此可见，通过对式（5-23）的方程进行估计，假说三得到了证实，即政府干预对研发投入有着显著的门槛作用。且此时，政府干预对经济增长的弹性作用分别为0.003和0.004，即考虑政府干预的门槛作用后，其对经济增长表现出微弱的正向促进作用，但这种不管是在统计上还是经济上都是不显著的。

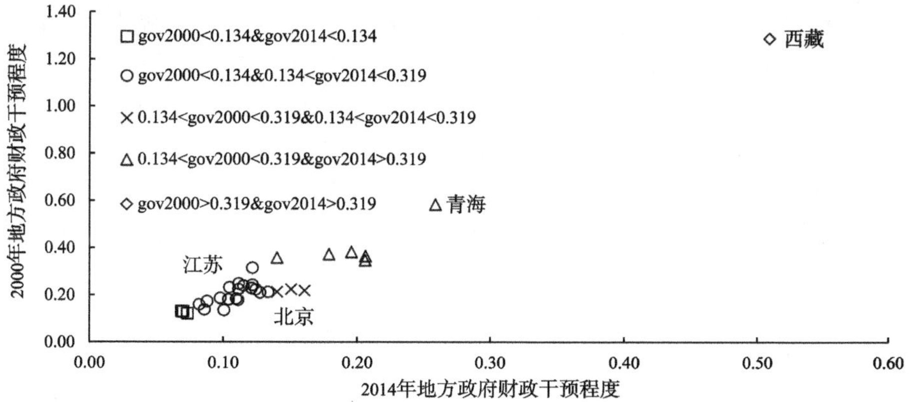

图 5-5　中国省际 2000 年与 2014 年地方政府财政干预程度分布图

通过对假说三进行验证，本书还可以得到如下结论：①政府财政干预对研发投入的门槛作用在我国省际经济增长中表现出显著区域差异。在我国东、中部省份，减少地方政府财政干预的程度可以推动研发资本和研发人员对经济增长发挥更加积极的作用，其原因在于这些地区是我国市场经济改革的先行地区，经济水平高且总量大，市场机制已经比较完善，良好的市场化意识和氛围已经基本形成，减少政府对经济的干预转而刺激企业加大研发投入更能推动经济增长；而在我国西北和西南等经济发展较为落后的省份，加大政府财政支持力度可以刺激研发资本和研发人员对经济增长发挥更大作用，其原因则在于这些地区改革开放时间较晚，市场化进程缓慢，人们的市场意识和良好的市场氛围尚未形成，需要依托政府财政投入来带动技术进步从而推动经济增长。②研究再次验证了资本对经济增长的作用，即资本投入是推动我国经济增长的重要力量。考虑到政府干预对研发投入的门槛作用后，资本对经济增长影响的弹性系数分别为 0.175 和 0.174，且均在 1%的显著性水平下是显著的。虽然在式（5-22）中，资本对经济增长的影响弹性系数下降为 0.043，但更多的研究表明资本对经济增长影响的弹性系数是主要的而且稳定的，这进一步验证了我国 2000~2014 年省际经济增长主要依靠资本投入带动。

5. 实证结论

综合来看，可以得到如下结论和启示。

（1）2000~2014 年我国省际经济增长主要依靠资本要素投入，经济增长具有明显的“增长惯性”效应。本节的研究进一步肯定了中国省际经济增长主要依靠资本投入，验证了经济增长存在显著的“增长惯性”，这种惯性效应主要拉低了劳动要素对经济增长的影响，对资本的影响较小。研究表明，资本对省际经济增长具有显著且稳定的促进作用，式（5-20）的估计结果肯定了除资本外的其他要素对经济增长也有着显著的促进作用，但在考虑被解释变量的滞后项以及政府干预的门槛效应后，除资本投入外的其他要素对经济增长的影响显著降低。作为拉动经济增长的三驾马车之一，资本在 2000~2014 年的 15 年间快速积累，显著地推动了我国经济快速增长，但这种过度依靠要素投入的经济增长方式导致了国内各种重复建设和产能过剩问题，并已越来越难以持续。为此，需要进一步盘活现有资本存量，加快消化各种过剩产能，推动资本投资方式由粗放型向集约型转变。也就是说，为实现中国经济的持续增长，需要加快淘汰落后产能，明确新的投资方向和力度，促进产业结构转型升级，逐步推动资本深化。与此同时，需要加快供给侧改革，培育消费增长点，扭转经济增长过分依赖投资的经济发展模式。

（2）地方政府财政干预总体上对我国省际经济增长有抑制作用，且表现出明显的空间门槛特征。本节的研究证实了在我国特殊的政治集权与经济分权环境下，地方政府财政干预对经济增长总体表现出显著的负向影响，且存在明显的滞后特征，即我国改革开放以来实行的财政分权体制并没有形成经济增长的“制度红利”，与财政分权的理论期望存在出入。以地方政府财政干预为门槛变量，本节研究显示政府财政干预对研发资本和研发人员均存在两个门槛值，分别是0.134和0.319，且在空间上表现出显著差异性。在我国大部分东中部地区，市场化改革已经对经济增长产生较为显著的作用，因而“自由主义”比“干涉主义”更能刺激技术进步从而促进经济增长；而在我国西部地区，政府财政干预已经跨过第二个门槛，“干涉主义”更能刺激技术进步对经济增长的作用。自1994年全面推进市场化改革以来，我国东、中部地区经济总量快速提升，市场化程度不断提高，因而地方政府难以实现过多干预。为此，在东、中部地区需要进一步简政放权，加快行政管理体制机制改革，改变传统以GDP为核心的政治晋升机制，加快建立和完善市场机制，进一步提升市场化水平。对于我国西部落后地区，则需要进一步加大地方财政支出对研发投入的扶持力度，充分发挥政府财政支出的乘数效应，推动其在经济增长过程中发挥更大的作用。

（3）研发投入（R&D）带来的技术进步并没有显著推动我国省际经济增长。实证研究也证明，2000~2014年我国研发投入并没有对省级经济增长带来显著的促进作用，在加入被解释变量滞后项和政府财政干预的滞后项后，研发资本对经济增长甚至具有显著的负向作用。然而，理论和发达国家发展实际表明，技术进步对经济增长具有显著促进作用。因此，我国迫切需要加快推进技术创新，以增强经济发展的内生动力。根据前文的研究，技术进步包括技术创新和技术效率两个方面，我国研发投入主要注重应用研究和试验发展，不注重基础研发，这种不合理的研发结构导致我国技术进步主要表现为效率推动，缺少“创造性破坏”的技术创新；同时，我国研发投入占地区生产总值的比重也相当低，导致“买”进的技术比研发的技术更能促进经济增长。为此，2016年中央经济工作会议提出必须加快补技术、人才的短板，强化经济增长新动能，加快产业转型升级。在此情况下，我国东、中部地方政府需要更加注重发挥市场力量，注重研发投入结构性调整，不断加大对基础研发的投入；而西部地区则应进一步依托地方政府发挥经济的宏观调控作用，加大政府投资以形成乘数效应，同时加大研发投入力度，从而更快地推动技术进步对经济增长发挥积极作用。

二、建设用地与经济发展协调性

（一）指标体系与研究方法

1. 指标体系构建

在进行土地集约利用与经济发展协调性的研究中，一般倾向于通过建立指标体系的方法进行测度。城市土地集约利用指标体系一般从土地利用强度、投入产出效益与土地利用可持续性等三个层面进行构建（朱天明等，2009）。在土地利用强度方面，建设用地面积和年末实际铺装道路面积在衡量土地利用总量方面具有重要意义，人均道路面积和人口密度则更加客观地衡量了土地利用强度；在土地投入产出效益方面，地区生产总值、固定资产投资、财政收入、社会消费品零售总额和实际利用外资都是重要的参考指标，但是由于地区总量差异，采用“地均”的方式更加具有可比性；土地利用可持续性也是评价土地集约利用的重要指标，研究表明城市绿地在改善城市环境、维护城市生态平衡中具有重要作用（赵丹等，2011）。长三角地区城镇密集，是我国城市化发展水平最高的地区，城市绿地对于该地区的可持续发展意义尤为突出，为此本节选取城市绿地覆盖率这一指标予以衡量（孙宇杰和陈志刚，2012）。在区域经济发展水平方面，主要从区域经济实力和富裕程度两个层面进行测度（潘竟虎等，2011）。经济实力的主要指标有 GDP，总人口，二、三产业产值，二、三产业就业人数比重，以及工业用电量等。在长三角地区，总人口与经济发展具有很强的相关性，呈现出较为一致的空间分布格局（王磊等，2009）；而工业用电量是“克强指数”三个指标中的一个，能够有效衡量长三角地区的经济实力。富裕程度的主要指标包括人均 GDP、人均固定资产投资、人均财政收入、人均社会消费品零售总额和人均实际利用外资等。据此，本节建立长三角地区土地集约利用与经济发展水平的评价指标体系如表 5-8 所示。

表 5-8 长三角地区土地集约利用与经济发展协调性评价指标体系

城市土地集约利用指标群（X）		经济发展指标群（Y）	
准则层	指标层	准则层	指标层
利用强度	人均道路面积（X_1）	经济实力	GDP（Y_1）
	人口密度（X_2）		总人口（Y_2）
	建设用地面积（X_3）		二、三产业产值（Y_3）
	年末实际铺装道路面积（X_4）		二、三产业就业人数比重（Y_4）
投入产出效益	地均地区生产总值（X_5）		工业用电量（Y_5）
	地均固定资产投资（X_6）	富裕程度	人均 GDP（Y_6）
	地均财政收入（X_7）		人均固定资产投资（Y_7）
	地均社会消费品零售总额（X_8）		人均财政收入（Y_8）
	地均实际利用外资（X_9）		人均社会消费品零售总额（Y_9）
可持续性	城市绿地覆盖率（X_{10}）		人均实际利用外资（Y_{10}）

2. 全局主成分法

全局主成分是基于时序立体数据表进行运算的，该表是一系列按照时间顺序排列的平面数据表序列，所有数据表有完全同名的样本点和变量指标。如果按照一般的主成分分析方法对每张数据表分别进行分析，则可以得到每一个年份不同样本点主成分投影，但这些不同年份的主成分投影具有完全不同的主超平面，这样就无法保证系统分析的统一性、整体性和可比性，更无法对样本的动态变化进行表述（刘耀彬和陈志，2006）。因此，对于时序立体数据表，应该从全局的角度来观察和分析，以便寻求一个对所有数据表来说是统一的简化子空间 $L(u_1, u_2, \cdots, u_m)$，并且从全局看，该子空间的综合效果是最佳的（乔峰和姚俭，2003）。由于有效地解决了面板数据条件下的熵值法不能更好地比较个体之间的差异性问题，近年来全局主成分法已被较多地应用于经济学及其他学科的分析中，用以衡量一个系统某种属性的评价指数。

若统计 p 个地区，使用相同的 q 个指标变量来描述，记原数据表为 $X=\left(x_{ij}\right)_{p\times q}$，其中 p 为样本点个数，q 为变量个数。每年一张表，共有 T 张数据表，构成一个“全局数据表” $X=\left(x_{ij}\right)_{p^{\mathrm{T}}\times q}$。由此，全局主成分的分析步骤如下。

（1）数据的标准化：采用极差标准化法将数据进行统一变换来消除量纲的影响。其计算公式为

$$x'_{ij}=\begin{cases}\dfrac{x_{ij}-\min x_{ij}}{\max x_{ij}-\min x_{ij}} & x_i\text{为正向指标}\\[2ex] \dfrac{\max x_{ij}-x_{ij}}{\max x_{ij}-\min x_{ij}} & x_i\text{为负向指标}\end{cases} \tag{5-28}$$

其中，x_{ij}' 为标准化后的指标值；x_{ij} 为各评价指标原始值。为方便起见，记标准后的数据表仍然为 $\boldsymbol{X}$。

（2）计算 $\boldsymbol{X}$ 矩阵的协方差矩阵 $\boldsymbol{R}$。

（3）求 $\boldsymbol{R}$ 的前 m 个特征根 $\lambda_1 \geqslant \lambda_2 \geqslant \lambda_3 \geqslant \cdots \geqslant \lambda_m$，以及对应的特征向量 $\boldsymbol{u}_1,\boldsymbol{u}_2,\boldsymbol{u}_3,\cdots,\boldsymbol{u}_m$，它们是标准正交，因而 $\boldsymbol{u}_1,\boldsymbol{u}_2,\boldsymbol{u}_3,\cdots,\boldsymbol{u}_m$ 也称为标准主轴。

（4）由于 $\boldsymbol{X}$ 是中心化的，则第 h 主成分为 $\boldsymbol{F}_h=\boldsymbol{X}'\boldsymbol{U}_k$，由此得到因子模型为

$$\boldsymbol{X}'=\boldsymbol{A}_{q\times m}\boldsymbol{F}'_{m\times p}+\boldsymbol{D}_{q\times q}\boldsymbol{U} \tag{5-29}$$

3. *隶属函数协调度*

对系统协调度的分析一般采用耦合协调度的方法，但是比较耦合协调度与隶属函数协调度，可以发现基于 VAR 模型的隶属函数协调度分析可以更好地从静态和动态两个方面反映数据之间的信息。这是因为运用 VAR 模型计算的协调值不仅可以反映本系统前若干期（滞后阶）的关系，也可以反映相关系统前若干期的关系。两个系统间隶属函数协调度模型表达式为

$$C_s(i,j)=\frac{\min\{u(i/j),u(j/i)\}}{\max\{u(i/j),u(j/i)\}}\quad (0<C_s(i,j)\leqslant 1) \tag{5-30}$$

其中，$C_s(i,j)$为系统i与系统j的静态协调度；$u(i/j)$为系统i与系统j的适应度：

$$u(i,j)=\exp\left\{-(x-\hat{x})^2/s^2\right\} \tag{5-31}$$

其中，x为系统j的实际值，可由全局主成分得到的评价指数求得；$\hat{x}$为系统i对系统j的协调值，即系统j对系统i的最佳协调系数，协调值可利用VAR模型回归拟合求得；s^2为方差。

由于土地集约利用水平与经济发展水平之间在一定程度上具有动态性，因此在考虑静态协调度的同时也要考虑动态协调度。动态适度加入时间变动因素，反映了系统间的连续性和协调发展趋势，土地集约利用系统与经济发展系统间的动态协调度计算公式为

$$C_d(t)=\frac{1}{T}\sum_{K=0}^{T-1}C_s(t-k)\left(0<C_d(t)\leqslant 1\right) \tag{5-32}$$

其中，$C_d(t)$为土地集约利用系统与经济发展系统在t时期的动态协调性评价指数；$C_s(t-k)$为土地集约利用系统与经济发展水平系统在$(t-T+1)\sim t$各时刻的静态协调度。关于土地集约利用与经济发展协调性的标准，主要参考赵芳（2009）的研究成果，将其划分为十种类型（表5-9）。

表5-9　土地集约利用与经济发展协调类型

协调发展度	协调发展类型	协调发展度	协调发展类型
0.90~1.00	优质协调发展	0.40~0.49	濒临失调衰退
0.80~0.89	良好协调发展	0.30~0.39	轻度失调衰退
0.70~0.79	中级协调发展	0.20~0.29	中度失调衰退
0.60~0.69	初级协调发展	0.10~0.19	严重失调衰退
0.50~0.59	勉强协调发展	0.01~0.09	极度失调衰退

（二）研究区域和数据来源

1. 长三角土地与经济发展概述

长三角地区地处我国东部沿海，包含上海市、江苏省8个城市（南京市、常州市、无锡市、苏州市、镇江市、泰州市、扬州市和南通市）及浙江省7个城市（杭州市、宁波市、嘉兴市、湖州市、绍兴市、台州市和舟山市），是我国综合经济实力最强、城市最为密集的地区，目前该地区已成为中国经济发展的龙头。2012年，长三角地区已占全国国土面积的1.1%，集聚了全国8.2%的人口，创造了全国17.3%的GDP。因此，长三角地区的土地集约利用与其经济发展协调状况的动态变化始终是学术界关注的焦点。

2. 数据来源

数据主要来源于2001~2013年的《中国城市统计年鉴》《中国区域经济统计年鉴》《上海统计年鉴》《江苏统计年鉴》《浙江统计年鉴》以及对应的各个地级市的统计年鉴。对于个别年份的数据缺失值，本节采用几何平均法进行近似估算，以保持数据完整性。

（三）结果与分析

1. 各主成分含义分析

在进行全局主成分分析之前，需要对数据进行KMO检验和Bartlett's球形检验。首先，对2000~2012年的土地集约利用和经济发展两个子系统分别包含的10项指标按全局主成分分析的要求进行整理，形成时序性立体数据表，再利用Stata 12统计分析软件进行全局主成分分析，得到KMO取样适当性度量、Bartlett's球形检验的统计参数值如表5-10所示。

表5-10　长三角地区土地集约利用与经济发展的KMO与Bartlett球形检验

样本	KMO检验	Bartlett球形检验	
		卡方值	*P*值
土地集约利用	0.765	2 621.152***	0.000
经济发展水平	0.770	3 175.214***	0.000

KMO检验结果表明，两个样本的KMO值都在0.7以上，同时Bartlett's球形检验结果表明，土地集约利用样本与经济发展水平样本的检验卡方值都在1%的显著性水平下是显著的，说明该样本适合做全局主成分分析。依据特征值大于1的原则，土地集约利用子系统和经济发展子系统均提取了3个主成分（表5-11）。

表5-11　长三角地区土地集约利用与经济发展的全局主成分分析结果

土地集约利用				经济发展水平			
指标	主成分1	主成分2	主成分3	指标	主成分1	主成分2	主成分3
X_1	0.168	0.601	0.085	Y_1	0.390	−0.242	−0.017
X_2	0.149	−0.478	0.503	Y_2	0.320	−0.399	0.080
X_3	0.329	−0.166	−0.537	Y_3	0.404	−0.067	−0.084
X_4	0.293	−0.062	−0.585	Y_4	0.367	−0.231	0.057
X_5	0.406	−0.067	0.112	Y_5	0.354	−0.248	0.017
X_6	0.366	0.198	0.175	Y_6	0.237	−0.023	0.308
X_7	0.387	−0.191	0.027	Y_7	0.019	0.195	0.922
X_8	0.390	−0.036	0.139	Y_8	0.262	0.542	−0.045

续表

土地集约利用				经济发展水平			
指标	主成分 1	主成分 2	主成分 3	指标	主成分 1	主成分 2	主成分 3
X_9	0.352	−0.032	0.192	Y_9	0.339	0.383	−0.145
X_{10}	0.177	0.544	0.099	Y_{10}	0.331	0.429	−0.124
特征值	5.754	1.408	1.037	特征值	5.644	1.938	1.007
贡献率	57.5%	14.1%	10.4%	贡献率	56.4%	19.4%	10.7%
累积贡献率	57.5%	71.6%	82.0%	累积贡献率	56.4%	75.8%	85.9%

从表 5-11 中可以看出，土地集约利用样本中 3 个主成分的累计贡献率为 82.0%，涵盖了长三角地区土地集约利用的绝大部分信息。其中，主成分 1 在 X_5、X_6、X_7、X_8 和 X_9 有相对较大的载荷（>0.35），而这些指标都反映了长三角地区的土地集约利用与经济增长之间的关系，可称为土地集约利用的经济增长效应；主成分 2 在 X_1 和 X_{10} 上具有较大载荷（>0.5），而这两个指标代表着地区的基础设施建设和绿化水平，可以称为土地集约利用的环境建设效应；主成分 3 在 X_2、X_3 和 X_4 上具有较大载荷，反映出土地集约利用过程中人口集中和城市建设状况，可称为土地集约利用的城市化效应。在经济发展样本中，同样提取了 3 个主成分因子，其累计贡献率达到 85.9%。其中，主成分 1 在 Y_1、Y_3、Y_4 和 Y_5 有较大的载荷（>0.35），这些指标反映的是地区经济发展与产业之间的关系，可称为经济发展的产业驱动效应；主成分 2 在 Y_8、Y_9 和 Y_{10} 上具有较大的载荷（>0.35），这些指标揭示出经济发展与政府、居民和外商的关系，可称为经济发展的社会经济效应；主成分 3 在 Y_6 和 Y_7 上具有较大的载荷（>0.3），尤其在 Y_7 中的载荷达 0.922，可称为经济发展的投资驱动效应。

综合两个系统 6 个主成分的含义并结合其特征值大小和贡献率份额，从获取数据范围内可以认为，就土地集约利用系统而言，促进长三角地区土地集约利用的动力主要有经济增长、环境建设和城市化发展，三者对土地集约利用的贡献率分别为 70.18%、17.17%和 12.65%；就经济发展系统而言，推进长三角地区经济发展的主要动力有产业建设、社会经济效益和投资强度，三者对经济发展的贡献率分别为 65.71%、22.56%和 11.72%。根据产业集聚理论，产业园区建设是产业发展的载体，而产业园区建设的第一步就必须落实土地，确定如何节约集约利用土地。由此可见，如何推进长三角地区产业结构优化升级，加快推进传统产业向中西部地区转移，是协调其土地集约利用与经济发展的关键所在。

2. *静态协调度分析*

VAR 模型是进行隶属函数协调度分析的准备步骤，是通过确定滞后阶来探讨变量之间数量关系的方法，包含着时间因素。一个时期的变量可能与其自身前几期有着关系，也可能同另一个变量的前几期有着关系，因此在进行 VAR 模型分析之前，需要确定变量的滞后阶。依据 AIC 最小的准则，确定变量的滞后阶，如表 5-12 所示。

表 5-12　长三角地区土地集约利用与经济发展的 VAR 模型滞后阶确定

滞后阶数	AIC	拟合优度	
		土地集约利用	经济发展
1	−9.663 9	0.987 9	0.987 8
2	−10.016 6	0.988 9	0.967 6
3	−10.309 8	0.989 6	0.975 3
4	−10.353 0	0.989 6	0.977 5
5	−10.114 4	0.988 6	0.976 1

依据表 5-12 可以看出，当滞后 4 阶的时候，AIC 值达到最小，以土地集约利用为因变量时的拟合优度为 0.989 6，以经济发展水平为因变量时的拟合优度为 0.977 5，表明模型具有很好的拟合水平。据此，运用 VAR 模型和式（5-31）可以计算出 2004~2012 年长三角地区土地集约利用与经济发展的协调值（原数据是 2000~2012 年，滞后 4 阶后则为 2004~2012 年），再计算出两者的静态协调度（表 5-13）。

表 5-13　长三角地区土地集约利用与经济发展的静态协调度

地区	2004 年	2005 年	2006 年	2007 年	2008 年	2009 年	2010 年	2011 年	2012 年
常州市	0.807	0.799	0.855	0.856	0.847	0.832	0.795	0.815	0.807
杭州市	0.974	0.905	0.948	0.914	0.883	0.877	0.853	0.846	0.845
湖州市	0.982	0.886	0.941	0.942	0.918	0.937	0.966	0.958	0.895
嘉兴市	0.862	0.862	0.851	0.845	0.780	0.803	0.805	0.784	0.753
南京市	0.965	0.968	0.965	0.976	0.954	0.929	0.903	0.856	0.859
南通市	0.974	0.909	0.864	0.766	0.678	0.489	0.637	0.653	0.659
宁波市	0.671	0.621	0.640	0.665	0.656	0.655	0.642	0.621	0.616
上海市	0.808	0.836	0.822	0.866	0.987	0.965	0.990	0.977	0.968
绍兴市	0.673	0.655	0.650	0.654	0.661	0.722	0.728	0.760	0.791
苏州市	0.915	0.895	0.900	0.884	0.925	0.934	0.722	0.691	0.647
台州市	0.893	0.881	0.837	0.864	0.855	0.847	0.865	0.921	0.957
泰州市	0.632	0.664	0.679	0.765	0.741	0.903	0.903	0.923	0.970
无锡市	0.810	0.837	0.864	0.911	0.930	0.947	0.951	0.970	0.972
扬州市	0.878	0.756	0.814	0.935	0.916	0.943	0.865	0.637	0.759
镇江市	0.971	0.900	0.943	0.946	0.919	0.825	0.793	0.776	0.763
舟山市	0.731	0.837	0.856	0.787	0.786	0.724	0.713	0.656	0.657

从表 5-13 可以看出，除南通市在 2009 年土地集约利用与经济发展的静态协调度为 0.489 外（为濒临失调衰退型），其余城市都大于 0.6，处于初级协调发展到优质协调发展之间。因此，从总体上看，长三角地区作为我国土地资源最为紧缺和经济最为发达的地区，正逐步建立起一种集约利用土地，有效推进经济发展的发展模式。为了更好地展现长三角地区土地集约利用与经济发展静态协调度的时空演变特征，按 2004~2012 年各城市静态协调度变化趋势，将其划分为逐步上升、逐步下降、先升后降、先降后升和循环波动 5 种类型。

逐步上升型：上海市、绍兴市、泰州市和无锡市。这四个城市在近年来，土地集约利用水平与经济发展水平呈现良性的增长趋势。2004 年，四者的协调值分别为 0.808、0.673、0.632 和 0.810，上海市和无锡市处于良好协调阶段，绍兴市和泰州市则处于初级协调阶段；到 2012 年，四者的协调值分别为 0.968、0.791、0.970 和 0.972，除绍兴市处于中级协调阶段外其他均处于优质协调阶段。

逐步下降型：杭州市、嘉兴市、南京市、苏州市和镇江市。2004 年，杭州市、嘉兴市、南京市、苏州市和镇江市的协调值分别是 0.974、0.862、0.965、0.915 和 0.971，除嘉兴市处于良好协调阶段外其他均为优质协调阶段；而到 2012 年，五者的协调值分别为 0.845、0.753、0.859、0.647 和 0.763，其中杭州市和南京市处于良好协调阶段，嘉兴市和镇江市则处于中级协调阶段，苏州市则处于初级协调阶段。

先升后降型：常州市和舟山市。常州市在 2004 年的协调值为 0.807，最高时为 2007 年的 0.856，而在 2012 年则为 0.807，经历了一个缓慢上升之后缓慢下降的过程；舟山市在 2004 年的协调值为 0.731，最高为 2006 年的 0.856，到 2012 年则降到 0.657，先经历了一个快速上升，之后快速下降的过程。

先降后升型：南通市和台州市。南通市在 2004 年的协调值为 0.974，到 2009 年下降到了 0.489，而在 2012 年又上升到 0.659，在经历一个快速下降的过程后缓慢上升；台州市在 2004 年的协调值为 0.893，2006 年下降到 0.837，2012 年又回升到 0.957，呈现快速下降和快速上升的特点。

循环波动型：湖州市、宁波市和扬州市。在这三个城市中，湖州市在 2004 年的协调值最高，为 0.982，经历了先降、后升、再降的过程，在 2012 年达到 0.895；2004 年协调值第二高的是扬州市，为 0.878，经历了“W”形的演变特征；宁波市 2004 年的协调值仅为 0.671，处于初级协调阶段，经济了先升、后降、再升的过程。

3. 动态协调度分析

静态协调度只反映了土地集约利用与经济发展的协调值，并不能很好地反映其演变趋势。因此，为揭示两者之间的连续性和协调发展趋势，根据计算出的长三角地区各城市的动态协调度，得出以下三点结论。

（1）从时序演变来看，长三角地区处于优质协调发展的城市数量和 C_d 值持续下降。2004 年，土地集约利用与经济发展处于优质协调发展阶段（$0.90\leqslant C_d\leqslant 1.00$）的城市按 C_d 值从大到小排列依次为湖州、杭州、南通、镇江、南京和苏州，此6市 C_d 的均值为0.963；2008年南通市的 C_d 值下降到0.838，退出了优质协调发展行列，其余处于优质协调发展阶段的 5 市 C_d 均值为 0.933，比2004年下降0.030；到2012年，处于优质协调发展阶段的地区演变为湖州、南京、上海和无锡，4 市 C_d 均值进一步下降到 0.922。研究期内，长三角地区土地集约利用与经济协调发展状况之所以呈现这一变化规律，其主要原因在于：近 10 多年来，长三角地区经济发展水平虽然有极大提高，但由于地区行政体制分割，区域产业发展缺乏统一规划，区内产业同构化发展趋势较为突出，导致了区域内的恶性竞争，显著降低了土地资源的配置效率，因而使得处于土地集约利用与经济发展优质协调发展阶段的城市数量不断下降，且 C_d 值也持续下降。因此，加快同质产业的组合和改制，推进产业的差异化发展，应该成为进一步提高长三角地区土地集约利用与经济发展的重点方向。

（2）从空间演变来看，南京-上海-杭州所围成的三角地区始终处于良好或优质协调发展阶段，但处于优质协调发展阶段地区的面积在不断下降。研究期内，处于良好或优质协调发展阶段（$C_d\geqslant 0.80$）地区的面积占整个长三角面积的比例都在 80%以上，其中 2004 年和 2008 年分别为 84.9%与 84.6%，2012 年为 82.5%。南京-上海-杭州所围成的三角地区始终处于良好或优质协调发展阶段，其主要原因在于上海、南京和杭州是长三角地区的核心城市，在其辐射带动下这一三角区正升级成为世界级城市群，区内产业结构不断优化升级，集聚了各种金融、商贸、文化创意、高端会展等现代服务业以及各种高端的先进制造业，而传统制造业和服务业正逐步向中西部地区转移，因而这一地区的土地资源配置效率不断提高，正逐步成为长三角地区土地集约利用与经济发展最为协调的地区。研究期内，处于优质协调发展阶段地区的面积占长三角总面积的比例则由2004年的42.8%，下降到2008年41.5%，再下降到2012年的38.0%，其主要原因在于2012年上海和无锡两市分别代替了杭州和苏州两市，成为优质协调发展阶段的区域，而前两市的面积要明显小于后两市；与此同时，镇江和南通两市先后退出了优质协调发展阶段，因而导致了优质协调发展区域的覆盖面积大大减小。其中，南通由优质协调发展阶段下降到良好协调发展阶段，又进一步下降到中级协调发展阶段，其主要原因在于南通接受上海和南京的辐射能力明显低于苏锡常、镇江和扬州地区，其产业以船舶及重装备、电子、化工、建筑为主导，经济效益明显低于金融、商贸、文化创意等现代服务业，因而导致南通市 C_d 值持续下降。

（3）处于同一协调发展阶段的不同地区，其协调发展的本质可能存在显著差异。南京市和湖州市的动态协调度值始终在 $0.90 \leqslant C_d \leqslant 1.00$ 的范围内，即两市一直处于优质协调发展阶段，但两者存在本质的差异。主要表现在南京市土地集约利用指数和经济发展指数都比较高（以 2012 年为例，两者分别为 0.467 4 和 0.533 7），属于高水平的优质协调发展阶段；相比而言，湖州市的土地集约利用指数和经济发展指数都相对较低（2012 年两者分别为 0.231 1 和 0.252 1），属于低水平的优质协调发展阶段。其主要原因在于南京作为国家创新型城市，积聚了大量科技和人才资源，其先进制造业和现代服务业发展水平高，而且土地得到了合理的规划与有效的利用，产业发展的经济社会效益突出，因而两者处于高水平优质协调阶段。相比之下，湖州主要以制造业为主，其发展水平和效益均相对较低，而且湖州的现代服务业的发展规模和水平也无法与南京市相提并论，因而湖州市土地集约利用指数和经济发展指数均要明显低于南京。因此，对于处在同一协调发展阶段的不同城市，必须结合土地集约利用指数和经济发展指数，才能更好地判别它们之间的内在差异。

第六章　金融集聚与经济发展的协同效应

第一节　金融集聚与区域经济的共生耦合

一、华东地区金融集聚与区域经济耦合

（一）研究背景

近年来，金融集聚因其独特的魅力引起了国内外学者的关注。从国外的研究来看，现有研究通过分析金融结构与金融运行的空间差异和具体分布状态，来揭示金融发展空间结构变动的规律。地理经济学派以收益递增与外部规模经济为核心，通过核心—边缘模型、演化城市系统模型和产业集中的建造，来构建和拓展金融体系内生的空间集聚与分散理论。从国内的研究来看，滕春强（2006）认为，金融企业集群为区域经济的发展提供了持久的竞争动力，并从内源动力和激发动力两个方面分析了区域金融企业的动力机制与竞争优势。刘军等（2007）的研究显示金融集聚通过金融集聚、金融辐射及金融功能三个方面影响经济增长。陈文锋和平瑛（2008）运用区位熵和格兰杰因果关系检验法，研究了上海市1990~2006 年金融产业集聚与经济增长的内在联系，结果发现金融产业集聚与经济增长之间存在长期协整关系。

目前，国内既有的研究主要侧重金融集聚的效应，对金融集聚与经济发展的耦合性研究较少。“华东地区”作为全国六大经济协作区之一，具有商品生产发达，轻工、机械、电子工业发达的优势，是中国技术、经济、文化方面的翘楚。本小节以华东地区 6 省 1 市为研究对象，运用耦合关联度、耦合协调度对金融集聚与经济发展的耦合关系进行测度，并揭示金融集聚和经济发展的协调程度。

（二）指标与数据

金融集聚与经济发展的耦合关系评价指标体系是研究金融集聚与经济发展耦合阶段的有效工具。为了使评价结果全面、准确、客观，本节借鉴大量相关文献，并遵循科学性、实用性、可量化、重点性等原则，将金融集聚系统细化为 3 个一级指标和 13 个二级指标；将经济发展系统分解为 3 个一级指标和 8 个二级指标，该指标体系如表 6-1 所示，数据分别来自 2008~2012 年的华东地区 6 省 1 市的统计年鉴。

表 6-1 金融集聚与经济发展的耦合关系评价指标体系

系统	一级指标	二级指标	变量
金融集聚系统 X	金融规模指标 X_1	年末金融机构存款余额/亿元	X_{11}
		年末金融机构贷款余额/亿元	X_{12}
		储蓄余额/亿元	X_{13}
		年保费收入/亿元	X_{14}
		金融业从业人员数量/人	X_{15}
		金融产业总值占 GDP 比重/%	X_{16}
		金融业法人单位数/个	X_{17}
	金融效率指标 X_2	金融相关率（FIR）/%	X_{21}
		金融机构存贷比/%	X_{22}
		保险密度/（元/人）	X_{23}
		保险深度/%	X_{24}
	金融环境指标 X_3	固定资产投资额/亿元	X_{31}
		物价指数/%	X_{32}
经济发展系统 Y	经济规模指标 Y_1	地区生产总值/亿元	Y_{11}
		地方财政收入/亿元	Y_{12}
		社会消费品零售额/亿元	Y_{13}
	经济效益指标 Y_2	地方财政收入占 GDP 比重/%	Y_{21}
		人均 GDP/元	Y_{22}
		城镇居民人均可支配收入/元	Y_{23}
	外部环境指标 Y_3	货运周转量/（亿吨·千米）	Y_{31}
		邮电业务量/亿元	Y_{32}

注：金融相关率（FIR）=金融机构存贷款总和/GDP

（三）实证分析

为了消除变量在水平和量纲上的影响，对原始数据进行标准化，本节采用极差标准化法，标准化后的数据介于 0~1。由于选取的指标都具有正效应，故采用正效应极差标准化公式 $x_{ij}' = \left(x_{ij} - \max x_{ij}\right) / \left(\max x_{ij} - \min x_{ij}\right)$。其中，$i$=1，

2,…，m；j=1，2，…，n；i 为评价样本且 m 为评价样本数；j 为指标且 n 为指标数；$\max x_{ij}$ 和 $\min x_{ij}$ 分别为系统第 j 项指标在所有样本中的最大值和最小值。对金融集聚系统和经济发展系统的指标均按此公式进行标准化。

根据耦合关联度模型、耦合协调度模型和熵权法确定权重模型计算得出连续5年华东地区6省1市的耦合关联度 C_{ai} 和耦合协调度 D_{ai}，其中 a=1，2，3，4，5，分别代表2007年、2008年、2009年、2010年、2011年这五年；C_{ai} 和 D_{ai} 分别为 a 年 i 省市的耦合关联度和耦合协调度，具体如表6-2和表6-3所示。

表6-2　连续5年华东地区金融集聚与经济发展的耦合关联度

参数	上海	江苏	浙江	福建	江西	安徽	山东
耦合关联度 C_{1i}	0.992 3	0.938 1	0.927 8	0.807 2	0.812 6	0.663 8	0.828
耦合关联度 C_{2i}	0.997	0.995 1	0.941 6	0.964 1	0.985 5	0.949 2	0.967 4
耦合关联度 C_{3i}	0.973 6	0.999 8	0.997 4	0.99	0.999 0	0.992 5	0.995 4
耦合关联度 C_{4i}	0.990 4	0.999 5	0.998 1	0.992 7	0.999 2	0.999 7	0.999 1
耦合关联度 C_{5i}	0.999 6	0.999 7	0.999 9	0.999 9	0.999 8	0.994 1	0.999 9

表6-3　连续5年华东地区金融集聚与经济发展的耦合协调度

参数	上海	江苏	浙江	福建	江西	安徽	山东
耦合协调度 D_{1i}	0.585 4	0.352 6	0.314 0	0.363 8	0.278 6	0.276 6	0.385 6
耦合协调度 D_{2i}	0.641 6	0.625 3	0.592 4	0.566 5	0.607 3	0.558 1	0.647 3
耦合协调度 D_{3i}	0.712 0	0.611 8	0.630 0	0.635 8	0.678 6	0.741 4	0.727 8
耦合协调度 D_{4i}	0.817 3	0.836 0	0.865 4	0.836 0	0.863 0	0.872 7	0.879 5
耦合协调度 D_{5i}	0.925 2	0.924 6	0.878 4	0.918 4	0.922 5	0.864 4	0.905 2

再使用熵权法对已求得的5年华东地区金融集聚与经济发展的耦合关联度 C_{1i}、C_{2i}、C_{3i}、C_{4i}、C_{5i} 和耦合协调度 D_{1i}、D_{2i}、D_{3i}、D_{4i}、D_{5i} 作为指标进行赋权，从而得到总的耦合关联度和耦合协调度计算公式：

$$C=\omega_1\times C_{1i}+\omega_2\times C_{2i}+\omega_3\times C_{3i}+\omega_4\times C_{4i}+\omega_5\times C_{5i} \tag{6-1}$$

$$D=\omega_1'\times D_{1i}+\omega_2'\times D_{2i}+\omega_3'\times D_{3i}+\omega_4'\times D_{4i}+\omega_5'\times D_{5i} \tag{6-2}$$

根据式（6-1）和式（6-2）可得表6-4。

表6-4　华东地区金融集聚与经济发展的耦合关联度和耦合协调度

属性	上海	江苏	浙江	福建	江西	安徽	山东
耦合关联度 C_i	0.992 4	0.939 5	0.927 8	0.810 8	0.816 7	0.670 5	0.831 2
耦合协调度 D_i	0.984 8	0.369 4	0.332 9	0.379 9	0.301 3	0.300 3	0.404 6

根据表6-4和耦合类型的划分标准，可以得出华东地区6省1市金融集聚和

经济发展耦合发展阶段，如表 6-5 所示。

表 6-5　华东地区金融集聚和经济发展的耦合发展阶段

属性	上海	江苏	浙江	福建	江西	安徽	山东
耦合发展阶段	高度耦合	高度耦合	高度耦合	高度耦合	高度耦合	中度耦合	高度耦合
耦合协调类型	极度协调	中度协调	中度协调	中度协调	中度协调	中度协调	中度协调

从表 6-5 可以看出，华东地区 6 省 1 市的金融集聚与经济发展呈现出两种耦合阶段和两类耦合协调关系。上海处于极度协调的高耦合阶段，江苏、浙江、福建、江西、山东处于中度协调的高耦合阶段，安徽处于中度协调的中度耦合阶段。由此可知，华东地区金融集聚与经济发展的非均衡性较为严重，上海的耦合度较优，安徽处于明显的劣势，在中度协调的高耦合阶段的省份中，江西又稍落后于其他省。

自 2007 年以来，金融集聚与经济发展的耦合关联度总体上呈上升趋势，从耦合阶段来看，华东地区大多数省市如上海、江苏、浙江、福建、江西、山东均已处于高度耦合阶段。这说明华东地区的金融集聚处于成熟阶段，金融集聚已成为该地区经济发展的核心竞争力。这一现象主要跟这一时期华东地区的金融业法人单位数迅速增长，金融业从业人员数量大幅度增加，金融产业总值占 GDP 比重上升较快，金融集聚效应显著有关。但就金融集聚与经济发展的耦合协调度而言，华东地区只有上海是极度协调，其余省份均属中度协调。这说明华东地区金融集聚水平在较大程度上落后于经济发展的水平，从而影响了该地区金融集聚与经济协调发展程度。不过，从该地区连续 5 年的耦合协调度看，该地区的耦合协调度是逐年改善的。所以，应该加快该地区的金融集聚，发挥好金融集聚对经济发展的带动作用，以改善该地区各省市的耦合协调度。

1. 上海应发挥其国内金融中心地位，辐射周边城市的发展

从表 6-4 分析结果可知，上海在金融集聚与经济发展的耦合度上表现较好。所以，上海应借助上海浦东综合配套改革试点的契机，依靠上海自身努力和国家层面的大力支持，加大金融改革创新力度，不断加强陆家嘴金融贸易区的金融集聚和辐射功能，在巩固其国内金融中心地位的基础上，重点打造人民币金融产品定价中心，推动国际化金融中心建设。但上海在加快金融集聚，改善金融集聚与经济发展的耦合协调度的同时，应积极主动地带动华东地区耦合度较差的省市的金融发展。

2. 各省应该构建具有各自发展特色的金融中心

由前述的实证结果可知，华东地区金融集聚与经济发展的非均衡性比较严重，各省市要缩小这种差距，除了依靠上海对周边城市的辐射作用，还应努力构

建具有各自发展特色的金融中心，加快金融集聚，改善金融集聚与经济发展的耦合协调度。首先，要依据各省市的发展规律与特点，将能够发挥各省市比较优势的金融产业环节作为重点发展对象，因地制宜，实现各金融中心的差异化发展。同时，要促进金融产业间和产业内的合理分工，形成金融资源的合理布局，推动金融机构总部及金融产品的高端环节向金融中心集聚，由此促成我国多层次的金融中心体系建设。其次，多层次的金融中心体系应包含三个层次，首层是国际型的金融中心，应以上海为目标，然后是国家级的金融中心和国内区域性的金融中心。福建、江苏、浙江属于沿海发达省份，在打造其省会城市福州、南京、杭州成为区域性金融中心的同时，应努力加强金融创新，加快金融制度改革，集聚金融人才、完善基础设施，加快建设成国家级的金融中心，以增强对周边城市的金融辐射能力。而对于江西、安徽这两个中部地区省份，则应该大力发展地区金融中心，促进金融集聚，带动地区经济发展，同时，接受沿海发达城市的金融辐射，加快经济发展进程。

3. 促进金融企业集群良性互动发展

目前，我国的金融体系主要以国有金融机构为主导，这些主导金融企业是全能型的，专业化程度较低，容易导致金融企业的重复竞争和恶性竞争。因此，在华东地区金融发展进程中，应该采取措施引导该地区金融企业向专业化方向发展，促进金融企业产品功能差异化，从而实现金融产业价值链的经营。首先，应树立大金融的概念，打造完整的金融产业链。通过政府引导、市场运作使现有的金融企业形成合理分工的发展趋势。对于一些规模大、实力强的金融企业，应该鼓励其通过整合核心业务、外包非核心业务的方式培育其核心竞争力；而对于一些中小型金融企业，应鼓励其积极进行边缘业务和产品创新，加强与大型金融企业的合作，在互补中增强整体竞争能力，通过大小金融企业之间相互促进，推动金融企业集群发展与金融中心的形成。其次，应该不断完善金融市场功能，通过政府积极引导，促使金融产业集群内的金融企业融合发展，建立银行业、保险业、证券业之间的协作和沟通机制，形成多种类型金融企业互动发展局面，努力打造具有国际竞争力的大型金融集团。

二、中部六省省会城市金融集聚与经济增长耦合

（一）研究背景

金融发展与经济增长之间的关系是一个非常重要的课题，西方学者对这个问题的研究由来已久。就金融集聚影响因素而言，现有研究分别从不对称信息（Porteous，1995；Clark and Wójcik，2003）、非标准化信息（Zhao et al.，

2002）以及地域依赖（Sala-i-Martin，1994；Pred，1984）三个角度阐述了地理因素对金融发展的重要影响。此外，从金融集聚形成动因角度分析，部分学者认为信息流是金融中心发展的先决条件，而金融业也可被理解为“高增值”的信息服务业（Porteous，1995，1999）。此外，一些学者用聚集效益与外部规模经济效益的理论分析解释金融中心的成因。Kindleberger（1973）认为银行与高度专业化的金融中介的集聚形成了现有的金融服务中心，银行与金融服务中心充当了空间价值转移和交易的媒介与桥梁。Porteous（1999）进行了金融中介的区位研究，使用了复杂的计量经济研究方法，并从历史的角度进行了深入分析，探讨了银行集聚对区域非平衡发展的作用及竞争性金融中心的对抗。Li 和 Vernon（2001）则认为，金融机构的聚集提供了近距离的交流与沟通的便利，吸引了那些以较快互动速度为必要条件的行业。Brülhate 和 Sbergami（2009）利用 105 个国家 1960~2000 年的跨国数据进行了分析，结果发现在达到一个临界水平之前，集聚有利于经济增长。

中部地区金融产业正处于快速发展的过程，研究中部六省省会城市金融集聚与区域经济增长耦合发展可为当前的研究提供一个重要视角。国内学者对产业发展及城市集聚耦合与经济增长已做出了深入研究。张凤超和袁清瑞（2001）对区域金融成长进行研究，在一定意义上也揭示了金融集聚的动因，他们认为区域金融成长内含于区域经济发展状态的形成与变化之中，经济状态为区域金融提供成长条件和空间；同时，区域金融成长的水平和能力也为支持该地区经济发展提供内在动力。苏雪串（2004）认为产业集群有利于提升城市竞争力从而促进城镇化，城镇群的发展是城镇化达到一定阶段的必然产物。官锡强（2005）指出产业集群促进区域经济产业链条化、企业生态化和产业关联性的耦合。产业集群是形成城市群的基础，促进城镇化水平的提高，城市群的发展促进产业集群的塑造并实现领域性价值。张冰和金戈（2008）以杭州庆春路金融街为例对金融集聚现象进行研究，认为金融集聚是由外部经济和区位优势而引起的自发行为，政府只有长期致力于完善金融市场，才能进一步提升地区金融的集聚程度。陈雁云（2011）通过实证分析，发现产业与城市集聚的耦合优势将对地区经济增长产生一定的促进作用。

（二）耦合匹配度判别标准

表 6-6 为中部六省省会城市金融集聚与经济发展耦合系统匹配程度划分表。

表 6-6 耦合系统匹配度分类体系与判别标准表

一级分类层次	D 值	二级分类层次	U_1 和 U_2 之间的关系	协调类型
匹配耦合	0.90~1.00	优势耦合匹配	$U_1 > U_2$	经济增长滞后型
	0.80~0.89	高级耦合匹配		
	0.70~0.79	中级耦合匹配		
	0.60~0.69	初级耦合匹配		

续表

一级分类层次	D 值	二级分类层次	U_1 和 U_2 之间的关系	协调类型
临界耦合	0.50~0.59	勉强耦合匹配	$U_1=U_2$	同步型
	0.40~0.49	濒临耦合失谐		
失谐耦合	0.30~0.39	轻度耦合失谐	$U_1<U_2$	金融集聚滞后型
	0.20~0.29	中度耦合失谐		
	0.10~0.19	严重耦合失谐		
	0.00~0.09	极度耦合失谐		

（三）实证分析

1. 耦合关联度指标体系的选取

指标体系是综合评价的重要依据，应该遵循科学性、实用性、多层次、可量化、独立性、系统性等原则。由于金融业主要分为证券业、银行业和保险业等三个产业经营，因此本节选取某个区域内金融总体规模、银行业、证券业和保险业等四个方面的发展指标来对金融集聚进行度量，基本上反映了该区域内金融集聚的状况。对于经济增长指标，本节使用总体指标结合分项指标来衡量经济增长水平。经济增长的分项指标表现在国内外贸易、经济增长社会发展和经济增长的可持续性，这些指标反映了一个区域经济增长的量和质两个方面。因此，选取经济增长总量、国内外贸易、经济增长社会和经济增长可持续四个方面指标对区域经济增长进行衡量，所建指标体系如表 6-7 所示。

表 6-7　金融集聚与经济增长耦合关联度评价指标体系

耦合系统	准则层	指标层	u	λ
金融集聚子系统 U_1	金融总体规模 X_1	金融业生产增加值 X_{11}/亿元	U_{11}	0.093 8
		金融从业人员 X_{12}/万人	U_{12}	0.095 9
		金融业固定资产投资 X_{13}/万元	U_{13}	0.040 2
		金融业法人单位数 X_{14}/个	U_{14}	0.090 0
		金融业区位熵 X_{15}	U_{15}	0.028 8
	银行业 X_2	年末金融机构存款余额 X_{21}/亿元	U_{16}	0.097 2
		年末金融机构贷款余额 X_{22}/亿元	U_{17}	0.095 2
		城乡居民储蓄年末余额 X_{23}/万元	U_{18}	0.095 3
	证券业 X_3	上市公司数量 X_{31}/家	U_{19}	0.097 7
		上市公司总市值 X_{32}/亿元	U_{110}	0.096 6
	保险业 X_4	年保费收入 X_{41}/亿元	U_{111}	0.095 7
		保险密度 X_{42}/（元/人）	U_{112}	0.027 8
		保险深度 X_{43}/%	U_{113}	0.045 7

续表

耦合系统	准则层	指标层	u	λ
区域经济增长子系统 U_2	经济增长总量指标 Y_1	地区生产总值 Y_{11}/亿元	U_{21}	0.108 7
		地区生产总值增长率 Y_{12}/%	U_{22}	0.058 4
		地方财政一般预算收入 Y_{13}/亿元	U_{23}	0.106 1
		全社会固定资产投资 Y_{14}/亿元	U_{24}	0.106 1
	国内外贸易指标 Y_2	进出口总额 Y_{21}/亿美元	U_{25}	0.101 4
		实际利用外资额 Y_{22}/万美元	U_{26}	0.102 7
		社会消费品零售总额 Y_{23}/万元	U_{27}	0.104 8
	经济增长社会指标 Y_3	总就业人数除以总人口数 Y_{31}	U_{28}	0.061 2
		恩格尔系数 Y_{32}	U_{29}	0.103 1
		职工平均工资 Y_{33}/元	U_{210}	0.026 2
	经济增长可持续指标 Y_4	工业固体综合利用率 Y_{41}/%	U_{211}	0.085 2
		森林覆盖率 Y_{42}/%	U_{212}	0.082 8
		科技综合竞争力 Y_{43}	U_{213}	0.091 6

资料来源：2011~2013 年中部六省的统计年鉴与中部六省省会城市的统计年鉴；《中国城市统计年鉴 2011~2012》；《中国金融年鉴》；中经网数据库

2. 耦合匹配度测算

首先，运用 SPSS 19.0 软件对 13 个指标进行主成分分析，得到各主成分的方差贡献率和累计贡献率如表 6-8 所示。在此，根据以下两个标准提取公因子：①特征值大于 1；②累计方差贡献率大于 85%。前 4 个公因子的特征值分别为 8.072、2.159、1.349 和 1.003，均大于 1，且它们的累计方差贡献率为 96.796%，达到了 85%的标准。据此，可以认为前 4 个公因子基本描述了所有变量的变化，因此提取的公因子为 4 个。

表 6-8　金融集聚子系统中解释各主成分的方差贡献率和累计方差贡献率

成分	初始特征值			提取平方和载入			旋转平方和载入		
	合计	方差贡献率	累计方差贡献率	合计	方差贡献率	累计方差贡献率	合计	方差贡献率	累计方差贡献率
1	8.072	62.093%	62.093%	8.072	62.093%	62.093%	7.64	58.768%	58.768%
2	2.159	16.611%	78.704%	2.159	16.611%	78.704%	2.119	16.301%	75.07%
3	1.349	10.378%	89.081%	1.349	10.378%	89.081%	1.574	12.11%	87.179%
4	1.003	7.715%	96.796%	1.003	7.715%	96.796%	1.25	9.617%	96.796%

4 个主成分的方差贡献率如下：

主成分 1 的方差相对贡献率：$C_1 = \dfrac{8.072}{8.072 + 2.159 + 1.349 + 1.003} = 0.642$

主成分 2 的方差相对贡献率：$C_2 = \dfrac{2.159}{8.072 + 2.159 + 1.349 + 1.003} = 0.172$

主成分 3 的方差相对贡献率：$C_3 = \dfrac{1.349}{8.072 + 2.159 + 1.349 + 1.003} = 0.107$

主成分 4 的方差相对贡献率：$C_4 = \dfrac{1.003}{8.072 + 2.159 + 1.349 + 1.003} = 0.080$

同时，SPSS 19.0 软件在对其进行主成分分析时给出了 4 个主成分特征向量，对其取绝对值，得到结果如表 6-9 所示。

表 6-9　金融集聚子系统中主成分特征向量绝对值

指标	主成分 1	主成分 2	主成分 3	主成分 4
金融业生产增加值	0.919	0.038	0.371	0.029
金融从业人员	0.944	0.051	0.317	0.052
金融业固定资产投资	0.152	0.970	0.027	0.078
金融业法人单位数	0.737	0.531	0.364	0.112
金融业区位熵	0.150	0.126	0.023	0.943
年末金融机构存款余额	0.932	0.107	0.295	0.166
年末金融机构贷款余额	0.912	0.222	0.021	0.278
城乡居民储蓄年末余额	0.956	0.001	0.195	0.174
上市公司数量	0.926	0.316	0.146	0.003
上市公司总市值	0.932	0.169	0.064	0.292
年保费收入	0.964	0.005	0.207	0.114
保险密度	0.092	0.131	0.987	0.025
保险深度	0.193	0.818	0.191	0.323

将指标的特征向量绝对值和对应主成分方差相对贡献率相乘，即可得到对应指标源于对应主成分的权系数。然后将每个指标的所有权系数累加起来即可得到该指标的总权系数，归一化处理后便可得到该指标的权重。经过计算，整理得到各指标权重如表 6-10 所示。

表 6-10　金融集聚子系统中变量的权系数及权重

指标	源于主成分 1 的权系数	源于主成分 2 的权系数	源于主成分 3 的权系数	源于主成分 4 的权系数	变量总权系数	变量总权重
金融业生产增加值	0.590 0	0.006 5	0.039 7	0.002 3	0.638 6	0.093 8
金融从业人员	0.606 0	0.008 8	0.033 9	0.004 2	0.652 9	0.095 9
金融业固定资产投资	0.097 6	0.166 8	0.002 9	0.006 2	0.273 6	0.040 2
金融业法人单位数	0.473 2	0.091 3	0.038 9	0.009 0	0.612 4	0.090 0
金融业区位熵	0.096 3	0.021 7	0.002 5	0.075 4	0.195 9	0.028 8
年末金融机构存款余额	0.598 3	0.018 4	0.031 6	0.013 3	0.661 6	0.097 2
年末金融机构贷款余额	0.585 5	0.038 2	0.002 2	0.022 2	0.648 2	0.095 2

续表

指标	源于主成分 1 的权系数	源于主成分 2 的权系数	源于主成分 3 的权系数	源于主成分 4 的权系数	变量总权系数	变量总权重
城乡居民储蓄年末余额	0.613 8	0.000 2	0.020 9	0.013 9	0.648 7	0.095 3
上市公司数量	0.594 5	0.054 4	0.015 6	0.000 2	0.664 7	0.097 7
上市公司总市值	0.598 3	0.029 1	0.006 8	0.023 4	0.657 6	0.096 6
年保费收入	0.618 9	0.000 9	0.022 1	0.009 1	0.651 0	0.095 7
保险密度	0.059 1	0.022 5	0.105 6	0.002 0	0.189 2	0.027 8
保险深度	0.123 9	0.140 7	0.020 4	0.025 8	0.310 9	0.045 7

3. 对区域经济增长子系统中各指标权重的确定

参照上述金融集聚子系统各指标权重的确定方法，同样运用 SPSS 19.0 软件，提取了 3 个主成分。经过相同的计算方法，最终得到区域经济增长子系统中各指标的权重如表 6-11 所示。

表 6-11 区域经济增长子系统中变量的权系数及权重

指标	源于主成分 1 的权系数	源于主成分 2 的权系数	源于主成分 3 的权系数	变量总权系数	变量总权重
地区生产总值	0.546 1	0.044 7	0.035 4	0.626 2	0.108 7
地区生产总值增长率	0.064 3	0.265 4	0.006 9	0.336 6	0.058 4
地方财政一般预算收入	0.570 1	0.018 7	0.022 4	0.611 2	0.106 1
全社会固定资产投资	0.395 3	0.145 2	0.070 6	0.611 1	0.106 1
进出口总额	0.498 8	0.042 5	0.043 1	0.5843	0.101 4
实际利用外资额	0.553 1	0.032 5	0.006 2	0.591 9	0.102 7
社会消费品零售总额	0.551 4	0.012 2	0.040 2	0.603 7	0.104 8
总就业人数除以总人口数	0.071 3	0.233 4	0.047 8	0.352 6	0.061 2
恩格尔系数	0.415 1	0.134 1	0.044 6	0.5938	0.103 1
职工平均工资	0.000 6	0.006 5	0.143 6	0.150 7	0.026 2
工业固体综合利用率	0.214 0	0.239 4	0.037 4	0.490 8	0.085 2
森林覆盖率	0.211 7	0.174 7	0.091 0	0.477 4	0.082 8
科技综合竞争力	0.412 2	0.020 6	0.094 9	0.527 7	0.091 6

4. 各指标数据标准化与耦合匹配度计算

由于表 6-7 所选指标体系的数据具有不同的数据量纲，为了消除不同数据量纲带来的影响，需要先把原始数据按照某种关系式归一化到某一无量纲区间。在此，本节选取功效系数法对原始数据进行标准化处理，将功效系数的值域确定为 [0，1]。功效系数法的计算公式为

$$u'_{ij} = \left(u_{ij} - b_j\right) \Big/ \left(a_j - b_j\right)$$

其中，$a_j = \max\limits_{1 \leqslant i \leqslant n} u_{ij}$；$b_j = \min\limits_{1 \leqslant i \leqslant n} u_{ij}$。将标准化处理后的数据和权重代入功效函数，

计算出2010~2012年中部六省省会城市两个子系统各指标的功效值，累加得到U_1和U_2。将U_1和U_2代入耦合度函数与耦合匹配度函数，得到C、T和D的值，并对2010~2012年中部六省省会城市金融集聚与区域经济增长耦合匹配度（D）进行排名（表6-12）。

表6-12　2010~2012年中部六省省会城市金融集聚与区域经济增长的耦合匹配度及类型

年份	省会城市	U_1	U_2	C	T	D	排名	耦合匹配度类型
2012	武汉	0.913 4	0.964 2	0.999 6	0.933 7	0.966 1	1	优势耦合匹配同步型
	郑州	0.601 9	0.659 4	0.999 0	0.624 9	0.790 1	2	中级耦合匹配同步型
	长沙	0.574 0	0.669 4	0.997 1	0.612 2	0.781 2	3	中级耦合匹配同步型
	合肥	0.027 3	0.356 3	0.514 3	0.158 9	0.285 9	6	中度耦合失谐金融集聚滞后型
	南昌	0.345 1	0.433 6	0.993 5	0.380 5	0.614 9	4	初级耦合匹配同步型
	太原	0.282 0	0.099 4	0.878 0	0.209 0	0.428 4	5	濒临耦合失谐经济增长滞后型
2011	武汉	0.907 8	1.003 8	0.998 7	0.946 2	0.972 1	1	优势耦合匹配同步型
	郑州	0.629 3	0.606 9	0.999 8	0.620 4	0.787 6	2	中级耦合匹配同步型
	长沙	0.517 8	0.685 7	0.990 2	0.585 0	0.761 1	3	中级耦合匹配金融集聚滞后型
	合肥	0.366 5	0.592 2	0.971 9	0.456 8	0.666 3	4	初级耦合匹配金融集聚滞后型
	南昌	0.048 3	0.327 5	0.669 1	0.159 9	0.327 1	6	轻度耦合失谐金融集聚滞后型
	太原	0.293 4	0.178 4	0.969 8	0.247 4	0.489 8	5	濒临耦合失谐经济增长滞后型
2010	武汉	0.947 1	0.962 2	1.000 0	0.953 2	0.976 3	1	优势耦合匹配同步型
	郑州	0.616 7	0.407 3	0.978 9	0.532 9	0.722 3	3	中级耦合匹配经济增长滞后型
	长沙	0.472 4	0.819 9	0.963 2	0.611 4	0.767 4	2	中级耦合匹配金融集聚滞后型
	合肥	0.252 0	0.652 8	0.896 5	0.412 3	0.608 0	4	初级耦合匹配金融集聚滞后型
	南昌	0.123 4	0.349 8	0.878 1	0.214 0	0.433 5	6	濒临耦合失谐金融集聚滞后型
	太原	0.365 9	0.194 6	0.952 1	0.297 4	0.532 1	5	勉强耦合匹配经济增长滞后型

三、结果分析

本节主要对2012年中部六省金融集聚与经济增长之间的耦合协调类型进行分析，并结合2010年和2011年的耦合协调类型进行对比，结果如下所示。

（1）武汉金融集聚与区域经济增长之间的耦合较好，其2010~2012年3年的耦合匹配度都达到了0.9以上，为优势耦合匹配。另外，其协调度也很好，其中，2012年金融集聚功效值为U_1=0.913 4，区域经济增长功效值为U_2=0.964 2，金融集聚与经济增长是同步的（$U_1 \approx U_2$），武汉属于优势耦合匹配同步型。

（2）郑州金融集聚与区域经济增长之间的耦合匹配度在 2010~2012 年均为 0.7 以上，为中级耦合匹配。其中，2012 年金融集聚功效值为 U_1=0.601 9，区域经济增长功效值为 U_2=0.659 4，金融集聚与经济增长是同步的（$U_1 \approx U_2$），郑州在 2012 年和 2011 年属于中级耦合匹配同步型，在 2010 年属于中级耦合匹配经济增长滞后型。

（3）长沙金融集聚与区域经济增长之间为中级耦合匹配，其耦合匹配度在 2010~2012 年均为 0.7 以上。虽然长沙为中级耦合匹配，但 2010 年和 2011 年其协调度并不是十分理想，属于金融集聚滞后型（$U_1 < U_2$），其金融集聚发展滞后，不能跟上经济增长的步伐，即金融集聚对经济增长的贡献较小，而到 2012 年，金融集聚与经济增长才达到同步。

（4）合肥和南昌的金融集聚与区域经济增长在 2010~2012 年都为耦合失谐型，金融集聚与区域经济增长的协调类型都为金融集聚滞后型（$U_1 < U_2$），但耦合匹配度合肥市在 2010~2011 年要高于南昌，而在 2012 年要低于南昌。

（5）太原的金融集聚与区域经济增长在 2010~2012 年也为耦合失谐类型，且太原的金融集聚与区域经济增长的协调类型为经济增长滞后型（$U_1 > U_2$）。

第二节　金融集聚与产业结构升级

一、灰色关联度分析原理与方法

灰色关联度分析是对一个系统发展变化态势的定量描述和比较的方法，目的是寻求系统中各要素间的主要关系，找出影响目标值的重要因素，分析和确定要素间的影响程度，其基本思想是根据序列曲线几何形状的相似程度来判断其联系是否紧密，曲线越接近，相应序列之间关联度就越大，反之就越小。

设系统行为特征序列为 $X_0 = (x_{01}, x_{02}, \cdots, x_{0n}), X_1 = (x_{11}, x_{12}, \cdots, x_{1n}), \cdots, X_m = (x_{m1}, x_{m2}, \cdots, x_{mn})$，令 $\gamma_{0i} = (1/n)\sum_{k=1}^{n}\gamma_{oi}(k)$，则：

$$\gamma_{0i}(k) = \frac{\min_i \min_k |x_{0k} - x_{ik}| + \xi \max_i \max_k |x_{0k} - x_{ik}|}{|x_{0k} - x_{ik}| + \xi \max_i \max_k |x_{0k} - x_{ik}|} \tag{6-3}$$

其中，i（$=1,2,\cdots,m$）为第 i 个系统行为要素；k（$=1,2,\cdots,n$）为第 k 个评价单元；ξ 为分辨系数，这里取 $\xi = 1/2$。则称 γ_{0i} 为系统行为要素 X_i 与系统主行为要素 X_0 的灰色关联度。它反映了系统行为要素 X_i 对系统主行为要素 X_0 的影响程度或要素对主行为的贡献程度。为了消除量纲的影响，需先对初始数据进行标准化，本节选取初值化标准化方法。

二、实证分析结果

将中部六省资源环境经济系统作为研究对象，以各省域生态效率评价值作为系统主行为要素 X_0，评价产业结构对生态效率的影响。选取以下三个指标作为系统行为要素：X_1 为第一产业占 GDP 比重（以下简称一产占比），X_2 为第二产业占 GDP 比重（以下简称二产占比），X_3 为第三产业占 GDP 比重（以下简称三产占比）。选取 2001~2010 年六省域的截面数据共 60 个样本进行评价。得到 γ_{01}=0.587 483，γ_{02}= 0.729 11，γ_{03}=0.653 255。由以上结果可以看出 $\gamma_{02}>\gamma_{03}>\gamma_{01}$，即对中部六省整体来说，二产占比对生态效率的影响最大，其次是三产占比，最后是一产占比。因此，要改善中部六省的生态效率水平，对第二产业进行升级重组效果最显著。

分别对安徽、河南、湖北、湖南、江西、山西六个省份 2001~2010 年的 10 个样本数据进行评价，得到各省份产业结构与生态效率水平的关联度（表 6-13）。由表 6-13 可知，除江西外，其余省份三次产业占比与生态效率的关联度从大到小依次为二产、三产、一产。二产占比对生态效率的影响显著高于一产和三产，河南、湖南和山西三省二产占比与生态效率的关联度甚至超过了 0.9，这说明第二产业内部资源利用水平和污染物排放治理对生态效率的提高举足轻重。江西省三产占比对生态效率的关联度超过了二产，所以要提高该省的生态效率，就要大力发展第三产业。

表 6-13　中部六省三次产业占 GDP 比重与区域生态效率的灰色关联度分析结果

参数	河南	江西	安徽	湖南	湖北	山西
γ_{01}	0.523 5	0.539 2	0.533 8	0.535 4	0.574 9	0.565 5
γ_{02}	0.926 6	0.541 0	0.872 5	0.908 1	0.752 4	0.914 3
γ_{03}	0.691 2	0.652 1	0.772 2	0.741 8	0.648 7	0.607 1

第三节　金融集聚与经济发展空间差异

一、研究背景与作用机理

中国经济发展长期存在着区域间非均衡增长现象，区域经济的非均衡发展可以溯源于 20 世纪 80 年代，东部沿海地区成为改革开放的前沿阵地，得到了优先发展。这种非均衡性发展导致了劳动力、资本等要素在区域内部及区域之间的流动。要素的这种单向流动趋势加速了区域经济极化现象的产生和发展。进入 20 世纪 90 年代以后，东部沿海地区经济快速发展而中西部内陆相对滞后，产生“东部隆起”“中部塌陷”“西部拖尾”的现象。随着“东部隆起”过程中产业集聚的循环累积因果机制增强，东部沿海对中、西部内陆的影响越来越大，中、西部的生产要素加速流向东部，中、西部自身的经济发展受到的负面影响越来越大。随着西部大开发政策的出台，国家财税政策向西部地区倾斜，大量的人财物流入西部地区，西部地区经济增长开始提速。中部地区经济增长陷入塌陷的局面，经济总量远远落后于东部，经济增长速度又慢于西部。进入 21 世纪以来，中央从区域经济发展的整体战略出发，逐步出台区域经济协调发展的政策，其主要思路是东部地区在“率先发展”基础上，继续发挥经济特区、上海浦东新区的作用，持续推进西部大开发，振兴东北地区等老工业基地，促进中部地区崛起。区域经济开始向协调发展的方向转变，东部与中西部之间的经济相对差距不断缩小。

金融与经济关系问题是学者研究的热点问题，金融发展水平差异与经济增长差异之间的关系也是国内外学者研究的重点对象。王舒健和李钊（2007）利用 SURE 模型实证研究表明，金融发展差异与经济增长差异呈正向非对称的互动关系，并指出中国金融发展与经济增长的整体关系表现为“需求追随”，金融发展受到较大抑制，金融发展对经济增长的促进作用未能充分体现。尹宗成和丁日佳（2008）运用泰尔指数法和协整检验方法对 1978~2005 年中国区域金融发展水平和经济增长差异动态均衡关系进行研究，发现两者之间存在着长期均衡关系，金融发展水平的差异是导致区域经济增长差异的原因。丁艺等（2009）研究了金融集聚对区域经济增长的作用途径，指出金融集聚通过外部规模经济效益、技术创新、金融外溢效应、提高金融资源使用效率和自我强化机制效益等途径对实体经济产生影响。张世晓（2010）利用协整与 VAR 模型研究发现，区域金融集聚与区域经济增长之间存在协同发展的趋势，区域金融集聚与区域经济增长之间存在互为因果的关系。

如图 6-1 所示，金融集聚通过“极化效应”和“涓流效应”影响区域金融发展，从而作用于实体经济，对经济发展差异产生重要的影响，由此引发的区域金融集聚差异与区域经济差异的互动关系，是亟须研究的问题。在上述背景下，结合中国东部和中西部地区区域间经济差异与金融集聚差异的实际情况，收集 1990~2012 年东部和中西部各省份的经济金融相关统计数据，运用泰尔熵，研究 1990~2012 年东部和中西部地区区域间经济差异与金融集聚差异的变动，利用 VAR 模型分析两者之间的互动关系，并给出实证结果相关分析。

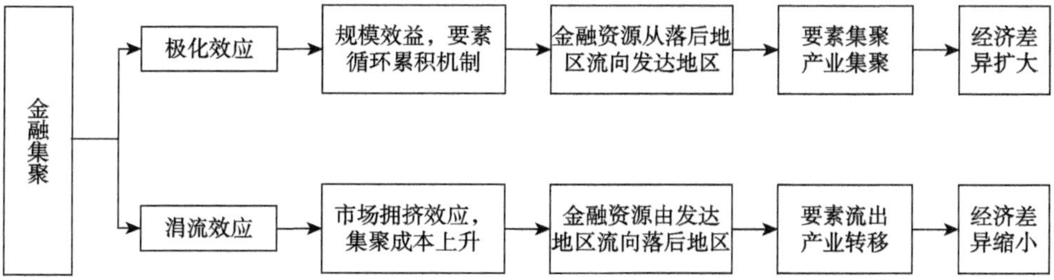

图 6-1　金融集聚效应

二、研究方法

为科学地衡量金融集聚差异与经济差异，本节主要利用赫芬达尔-赫尔希曼指数（Herfindahl-Hirschman Index，HHI）与主成分分析法计算全国东部、中西部的金融集聚度，再利用泰尔熵计算东部、中西部地区的金融集聚差异；泰尔熵用于衡量我国经济差异，将泰尔熵一阶分解，把全国经济差异分解为东部、中西部区域内部差异与区域间差异。

泰尔系数又称泰尔熵，最早是由泰尔等于 1967 年提出的。泰尔系数包括两个泰尔系数分解指标（T 和 L），两者的不同在于泰尔 T 指标以 GDP 比重加权，泰尔 L 指标以人口比重加权，下面的分解公式只就泰尔 T 指标展开。其中泰尔 T 的计算公式为

$$T=\sum_{i=1}^{N}y_i\lg\frac{y_i}{p_i} \tag{6-4}$$

其中，N 为地区数；y_i 为 i 地区的 GDP 占全国 GDP 总量的份额；p_i 为 i 地区的人口数占全国的份额。泰尔 T 指标越大，就表示各地区间经济发展水平差异越大；反之，泰尔 T 指标越小，就表示各地区之间经济发展水平差异越小。

对泰尔系数进行一阶段分解，就可以将全国总体差异分解为东部和中西部两大地带间的差异和两大地带内各省之间的差异，其计算公式为

$$T_{\text{全国}}=T_{\text{区域间}}+T_{\text{区域内}}=\sum_{i=1}^{2}y_i\lg\frac{y_i}{p_i}+\sum_{i=1}^{2}y_i\left[\sum_{j}y_{ij}\lg\frac{y_{ij}}{p_{ij}}\right] \tag{6-5}$$

而对于东部与中西部地区之间的金融集聚差异的衡量，则为

$$T=\sum_{i=1}^{2}\text{hhi}_i\lg\frac{\text{hhi}_i}{y_i} \tag{6-6}$$

其中，i 为 1，2；hhi 为各区域 HHI 指数与全国 HHI 指数的比例；y_i 为 i 地区的 GDP 占全国 GDP 总量的份额。

三、实证分析

（一）数据来源说明

根据国家统计局 2011 年的最新划分办法，将我国的经济区域划分为东部、中部、西部和东北部四大地区。东北三省样本量较小，为了更好地研究我国区域金融集聚差异与经济差异之间的关系，本节将东北三省纳入东部地区，东部地区包括北京、天津、河北、上海、江苏、浙江、福建、山东、广东、海南、辽宁、吉林和黑龙江，中部地区包括山西、安徽、江西、河南、湖北，西部地区包括湖南、内蒙古、广西、重庆、四川、贵州、云南、西藏、陕西、甘肃、青海、宁夏和新疆。

结合国内外学者关于经济差异与金融集聚的研究成果与指标数据的可获得性，经济差异的衡量选用各省份的 GDP 与人口计算泰尔熵指数；选用城乡居民储蓄余额、金融机构存款余额、贷款余额、保费收入、保费支出、金融从业人员数等 6 个指标来计算各区域的金融集聚水平，并利用泰尔熵指数来衡量东部、中西部地区的金融集聚差异；数据主要来源于《新中国六十年统计资料汇编》、《中国人口和就业统计年鉴》、1990~2012 年的《中国统计年鉴》和《中国金融年鉴》，以及相应年份的各省（自治区、直辖市）统计年鉴和经济年鉴。

（二）经济差异与金融集聚差异分析

1. 中国区域经济增长差异评价结果

1990 年以来，我国经济全面快速增长的同时，区域经济差异也日渐扩大，不仅是 GDP 总量的差异逐渐扩大，GDP 增长速度也呈现出比较明显的分化趋势。以各省域为基本单元，通过计算泰尔系数及对泰尔系数进行一阶段分解，可以比较清晰地看出 1990~2012 年我国经济增长的差异，也可以将全国总体差异分解为我国东部、中西部区域间的差异和各区域内部的差异。全国泰尔熵为东部、中西部区域间泰尔熵与区域内泰尔熵之和，其中区域内泰尔熵为东部地区泰尔熵与中西部地区泰尔熵之和。

1990~2012 年，我国经济差异总体呈现出前期扩大，后期逐渐缩小的“倒 U”的趋势；1990~2003 年全国经济差异稳步扩大，2003 年这种差异（0.31）达到峰值；2003 年之后经济差异逐步缩小，这是中西部地区经济发展速度与经济总量与东部地区差距缩小的结果。以 2003 年为分界点，可以看出，全国经济差异扩大速度快于经济差异缩小速度，其中在 1992~1993 年差异上升幅度最高，这是由于1992~1993年区域间泰尔熵存在着一个陡升的过程。与1992年相比，1993

年东部地区的 GDP 总量占全国 GDP 总量由 60.6%上升到 63.3%，而中西部地区 GDP 总量占全国 GDP 总量由 39.4%陡降到 36.7%，因此区域间经济差异在这一年间扩幅最大。2003 年以后，东部地区 GDP 份额下降，而中西部地区份额却上升，两者之间的差距缩小，并且区域内经济差异也有所下降。所以，全国经济差异在 2003 年后呈现缩小的态势。

与全国总体经济差异相比，东部、中西部区域间的经济差异表现为一条更为平缓的“倒 U 形”曲线，区域间经济差异的峰值（0.15）出现在 2000 年；类似地，区域内差异也呈现“倒 U 形”，峰值出现在 2003 年，达到 0.16。1990~2012 年，全国经济差异主要由区域内部差异造成，区域内部差异占总体经济差异的贡献率总体高于区域间的差异贡献率，只有 1992 年和 2000 年区域间的差异贡献率大于区域内部差异贡献率。区域内差异贡献率绝大多数年份在 50%以上，最高时达到 55.2%；而区域间的贡献率则普遍不足 50%，最低时贡献率仅为 45.3%。这说明区域内差异与区域间差异贡献率存在着一个相对稳定的变化空间。

区域内泰尔熵可以分解为东部地区泰尔熵与中西部地区泰尔熵。东部地区内部差异也呈现“倒 U 形”，表明东部地区差异前期扩大，后期缩小。而中西部地区的内部差异则为极其平缓的“U 形”，前期缓慢缩小，后期缓慢上升。东部地区经济差异明显大于中西部地区的经济差异，东部地区经济差异主导了区域内经济差异，而中西部地区的贡献率较低。东部地区各省份经济也存在着很大的差异，这种差异主导着我国经济差异。

2. 中国区域金融集聚差异分析

结合数据的可获取性，本节采用 1990~2012 年全国分地区各省份城乡居民储蓄余额、金融机构存款余额、贷款余额、保费收入、保费支出、金融从业人员数等 6 个金融资源指标分别计算各地区的六个指标的 HHI 指数，进而依据这 6 个 HHI 指数采用主成分分析法对各地区的金融集聚度进行综合评价。经计算，对全国的六项指标的 HHI 指数取 3 个主成分，方差累计贡献率达到了 86.66%，然后用 3 个主成分方差贡献率与累计贡献率之比作为权重进行加权平均，得出这 6 个指标的综合主成分，代表全国的金融集聚度，来度量金融集聚水平，东部、中西部地区金融集聚度计算方法相同，结果如表 6-14 所示。

表 6-14　1990~2012 年中国各地区金融集聚度

年份	全国	东部	中西部	年份	全国	东部	中西部
1990	392	226	128	1995	404	301	114
1991	393	256	139	1996	379	344	113
1992	391	277	129	1997	376	345	103
1993	422	285	123	1998	376	353	104
1994	414	281	114	1999	366	360	99

续表

年份	全国	东部	中西部	年份	全国	东部	中西部
2000	355	374	102	2007	335	425	92
2001	368	363	98	2008	329	435	94
2002	365	388	100	2009	329	431	95
2003	352	403	90	2010	329	439	103
2004	351	398	90	2011	331	440	105
2005	355	403	87	2012	332	431	101
2006	346	412	88				

从计算出来的金融集聚度来看，1990~2012 年全国的金融集聚水平前期上升，后期下降，而东部地区金融集聚水平不断提高，中西部地区的金融集聚水平与全国的金融集聚过程相反，前期下降，后期提升。从金融集聚度来看，全国金融集聚水平在 1999 年之前都高于东部地区，2000 年后被东部地区逐步赶超并且差距越来越大，中西部地区金融集聚水平总体滞后，金融资源相对分散。东部地区经济快速发展的同时伴随着金融集聚水平的不断上升，金融集聚所带来的要素循环累积效应会吸引中西部要素不断向东部地区流动，这会加剧东部地区与中西部地区之间的经济差异。中西部地区的金融集聚趋势前期下降，2005 年以后集聚水平缓慢提升。

1990~2012 年，东中西部地区之间金融集聚泰尔熵曲线是一条还未成型的“倒 U 形”曲线；东中西部金融集聚差异在 2005 年之前一直是在扩大，只有在 2000~2001 年一年间有暂时的缩小，2005 年金融集聚差异（0.33）最大，之后这种差异平稳缩小。在 2005 年，东部地区集聚水平仍延续着上升的趋势，而中西部地区金融集聚水平在 2005 年达到最低水平，这也就能解释为什么金融集聚差异会在 2005 年达到峰值。以 1997 年为节点，1997 年之前区域间金融集聚差异扩大速度快，1997 年以后这种扩大幅度有所放缓。

对比东部和中西部区域间的经济差异与金融集聚差异，两者都表现为一条前期上升后期下降的“倒 U 形”曲线，只不过两者的峰值出现时间存在差异，由此可见，两者虽然在数值上存在差异，但在各个年份的演变趋势上的总体特征是一致的，但各个年份之间起伏波动趋势都有极大的相似性。

（三）基于 VAR 的分析

从上文的理论分析中可以看出，经济差异与金融集聚差异存在着很强的相关性，是否存在长期稳定的关系还需要计量模型来检验。VAR 模型是当前应用比较广泛的处理经济变量的分析与预测模型。本节运用 VAR 模型分析区域间经济差异与金融集聚差异的动态关系。

1. 模型设定

结合理论分析，构建VAR模型如下：

$$\begin{cases} \text{DE}_t = C_1 + \alpha_{1t}\text{DE}_{t-1} + \beta_{1t}\text{DFA}_t + \varepsilon_{1t} \\ \text{DFA}_t = C_2 + \alpha_{2t}\text{DFA}_{t-1} + \beta_{2t}\text{DE}_t + \varepsilon_{2t} \end{cases} \tag{6-7}$$

其中，C_1，C_2为固定影响参数；t为1990年，1991年，…，2012年；DE_t为1990~2012年东部、中西部区域间经济泰尔熵；DFA_t为1990~2012年东部、中西部金融集聚区域间泰尔熵；α_{1t}，α_{2t}，β_{1t}，β_{2t}为方程回归参数；ε_{1t}，ε_{2t}为随机误差项。

2. 模型设定形式检验

结合表6-15，依据AIC、SC值越小越好的准则，构建DE与DFA之间的VAR（1）模型。

表6-15　滞后期数选择

lag	logL	LR	FPE	AIC	SC	HQ
0	90.731 45	NA	$1.08\times^{-6}$	−8.066 496	−7.967 310	−8.043 131
1	143.697 6	91.486 96*	1.26×10^{-8}	−12.517 96*	−12.220 41*	−12.447 87*

*表示在10%的显著性水平下显著

在对时间序列的经济变量进行研究时，首先应对时间序列数据进行平稳性检验。对DE、DFA两组时间序列变量使用ADF单位根检验，判定这两组序列的平稳性。表6-16报告了单位根检验结果。

表6-16　单位根检验结果

变量	检验形式	T统计量	检验结果
DE	（c，0，t）	−1.72	不通过
d（DE）	（c，1，t）	−5.47	通过***
LDDFT	（c，0，t）	−0.26	不通过
d（LDDFT）	（c，1，0）	−4.42	通过**

、*分别表示在5%和1%的显著性水平下显著

注：检验形式（c，m，t）中，c表示包括常数项（0为不包括），t表示包括趋势项（0为不包括），m表示滞后m阶

从表6-16中的单位根检验结果可以看出，东部、中西部区域间经济差异（DE）、区域间金融集聚差异（DFA）都是一阶单整，符合协整检验的要求。所以可以对DE、DFA的VAR（1）模型进行Johansen协整检验（表6-17）。

表6-17　Johansen协整检验结果

模型	原假设	特征值	Trace统计量	5%临界值	P值
DE与DFA	None	0.55	17.7	15.49	0.022**
	Atmost1	0.035	0.74	3.84	0.38

**表示在5%的显著性水平下显著

表 6-17 的 Johansen 协整检验结果表明，在 5%的显著水平上，对不存在协整关系的原假设，Trace统计量 17.7>15.49，拒绝原假设；对最多存在一个协整的原假设，Trace 统计量 0.74 < 3.84，接受原假设。这表明在 5%置信度水平下，区域间经济差异（DE）与区域间金融集聚差异（DFA）之间存在一个协整关系，可以判定这二者之间确实存在一种长期均衡关系。

3. VAR 模型估计

在选取滞后阶数及相关检验的基础上，对 DE 与 DFA 的 VAR（1）模型进行估计，模型结果如下：

$$\begin{cases} \mathrm{DE}_t = 0.014 + 1.17\mathrm{DE}_{t-1} - 0.13\mathrm{DFA}_{t-1} \\ \mathrm{DFA}_t = 0.026 + 0.7\mathrm{DFA}_{t-1} + 0.48\mathrm{DE}_t \end{cases} \tag{6-8}$$

从式（6-8）中可以看出，滞后一期的区域间经济差异每变动 1 个单位，会使本期的区域间经济差异同方向变动 1.17 个单位，说明经济差异的滞后值对当期值有很大的影响，经济差异的扩大与缩小存在连续的趋势。滞后一期的区域间金融集聚差异每变动一个单位，会使本期的区域间经济差异反方向变动 0.13 个单位，说明滞后一期的金融集聚差异的扩大反而会缩小经济差异。式（6-8）表明，区域间经济差异的变化主要依赖于自身滞后值的变化，而区域间金融集聚差异对其的影响为较弱的负效应。

滞后一期的区域间金融集聚差异每变动 1 个单位，会使本期的区域间金融集聚差异同方向变动 0.7 个单位，金融集聚差异的变化对自身滞后一期数值具有很强的依赖性。而滞后一期的区域间经济差异每变动一个单位，会使本期的区域间金融集聚差异同方向变动 0.48 个单位，说明滞后一期的经济差异的扩大伴随着金融集聚差异的扩大，短期内金融集聚差异与经济差异具有同升同降的变动趋势。

第四节　金融集聚与城乡居民收入差距

一、影响机制

（一）金融集聚对城乡居民收入差异的直接影响

金融集聚可以体现在银行业、证券业、保险业和金融就业密度集聚这四个方面，简单来说金融集聚主要体现在资本和货币市场、金融单位、金融人才资源以及金融信息的集聚，图 6-2 展示了金融集聚对城乡居民收入差距的影响机制。

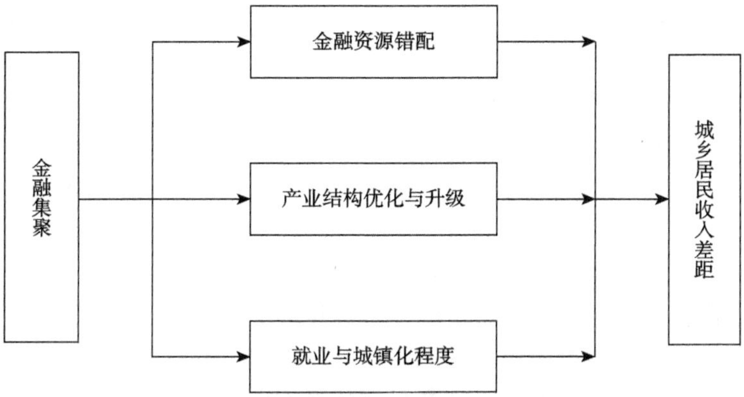

图 6-2　金融集聚对城乡居民收入差异的影响机制

首先，在集聚程度较高的区域，金融机构发展较快，金融体系发展较成熟，金融市场信息完全。在此情况下，信贷、投资、融资更为安全，也使得投资融资规模扩大，进而影响整体居民收入分配。在京津冀、长三角、珠三角这些发展较快的城市群，居民自身在资本积累上就高于西部一些城市群，金融业的聚集更有利于他们得到高收益的回报，这些都直接流向与居民生活密切相关的经济活动中，进而影响居民收入差异。在金融聚集程度不高的区域，由于信息的不完全，会提高投资融资的风险性。而这时，金融机构一般会提高投资融资需求者的条件要求，以减少风险，增加安全性。同时，一些资本积累不够或是急需资金的居民或企业机构无法达到金融机构所设置的条件，而不能进行投资、融资或是收入再分配，进而影响收入差距。金融集聚程度的提高会带来更多的资金融通，同时也会给金融机构带来强大的竞争压力，从而引发创新和新的发展机会。金融机构在对金融产品服务的开发和创新中，大大提升了社会资金的增值能力，不仅可以使金融机构可获取更高的利润和竞争优势，还可以直接降低金融服务的门槛要求，从而增加居民和企业机构进入金融行业获得资本增值的机会。这些都会提高资源的合理配置，使个人或群体在资本增值中受益，从而影响区域间的收入差异。金融资源与金融服务在城乡之间差距很大，城市地区金融资源集聚明显，金融需求量大，城乡之间金融资源分配不均衡，加大了城乡之间居民收入差距。随着城乡一体化的建成，金融资源也逐渐向农村转移，农村居民受金融影响加大，城乡之间的差异也在逐渐减小。

其次，金融集聚程度的加强对周围区域金融溢出效应加大，调整金融结构，从而影响产业结构。金融集聚提高了金融机构投资融资能力并改善了资本分配方式，另外还通过生产性融资与消费性融资带动了产业结构的升级。产业结构优化过程中，第一产业、第二产业与第三产业发展逐渐平衡，从而带来大量就业机会，吸引农村过剩的劳动力，从而提高农村居民收入；同时，第三产业中教育等行业加强，有效增强人力资本，这些因素的同时作用会缩小城乡之间居民收入差异，也就是说金融集聚通过产业结构升级与优化影响城乡之间居民收入差异。

最后，金融集聚的增强会加快城镇化的进程。大量劳动力流入城镇，提高了农村居民收入，同时，高集聚程度的区域就业等各种机会大大增加，在逐利的动机下，资本更能创造和发现获利及增值的机会。另外，就业机会的增加会吸引更多的人才聚集，而劳动力的流入会直接造成居民收入的提升。因此，物质资本、劳动力、人力资本等生产要素是影响收入差距的重要因素。由于市场初始发展条件和生产要素趋利流动性，在集聚程度高的区域，生产要素边际效益高，能够促进居民收入的增加。随着城镇化的推进，越来越多的乡村居民涌入城镇工作，很大程度上抬高了整体收入水平，从而影响城乡之间收入差异。区域间的金融辐射也会影响收入差距，金融集聚程度高，金融辐射能力也越强，辐射范围更广，处于高集聚程度区域的邻近区域金融发展更好，从而获取更高的收入利润。

（二）城乡居民收入差异对金融集聚的直接影响

金融集聚可以影响城乡之间居民收入差异，而城乡之间居民收入的差异也会带来金融集聚的变化。收入差距体现的是高收入与低收入的差距，反映了社会总收入的不均等，基于收入水平，社会人口划分为明显的两部分，即高收入者与低收入者。受可用资金、投资消费理念、个人财富值的影响，两种经济主体会有不同的经济行为，这些行为特征和理念都会对金融集聚产生影响。城乡居民收入差异对金融集聚的影响如图 6-3 所示。

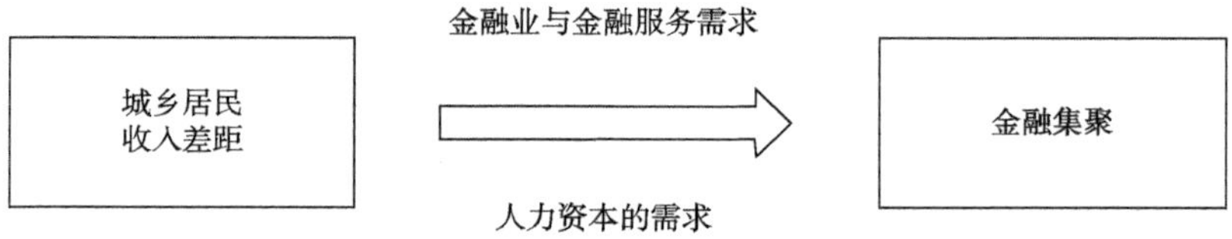

图 6-3　城乡居民收入差异对金融集聚的直接影响机制

一般来说，高收入人群的风险承受能力比低收入人群要好，这部分主体倾向于将闲置资金用于投资、借贷、社会再生产等，对金融需求较大，消费所占比重较少。而低收入人群偏向于更为安全、风险较小的投资和消费，很少或者从不利用金融服务来投资、融资、贷款等。除去日常生活开销外，积累的余量资金往往以货币形式储存以备应急支付或大额开销。伴随着日益扩大的收入差距，这两部分群体之间差距也会越来越大。在我国低收入人群占绝大部分的情形下，社会总资产的配置会出现融资借贷偏强、货币储蓄额偏大的局面。对于承载高收入群体的区域来说，银行业、保险业和证券业相比偏低收入区域发展得更为快速，人们对金融服务的需求也不断加大，这将导致金融就业力度加大。对于各城市群来说，城镇居民收入普遍高于农村居民收入，城镇居民对银行业、保险业、证券业的需求相比农村居民要高，城镇居民更偏向于将闲置资金投向金融行业以寻求资本再收入，而农村居民更倾向于将资金留下，以备急用。

高收入区域对人力资本有较高的需求，会吸引更多的劳动者来此工作生活。人力资源或劳动力的集中会使金融服务加强，相应的银行业密度将会提升，使得原本金融发展较快的地区集聚程度加大，而原本发展较慢的区域集聚程度降低。同时人才的流入会带来金融行业的竞争压力和获利机会，使得金融机构不断更新产品与服务，强大的竞争压力也使金融行业不断发展。

二、模型构建

（一）基于熵理论的金融集聚测度

目前衡量金融集聚程度的方法主要有两种，即分别运用指标体系和集聚指数来评定估计。指标体系评估法是指通过分析选取和建立适宜的金融指标体系，运用不同的评估方法度量研究对象的金融集聚综合水平。集聚指数的评价指标包括区位熵、赫希曼指数、基尼系数等。根据各城市金融数据的可得性，我们选取区位熵作为金融集聚的测度指标。

区位熵是在基尼系数的基础上生成的测度地方产业专业化水平的指标，所以也被称为地方专业化指数，计算公式如下：

$$\beta_{ij}=\frac{q_{ij}/q_j}{q_i/q} \tag{6-9}$$

其中，q_{ij} 为区域 j 的 i 产业的生产总值；$q_j=\sum_{i=1}^{n}q_{ij}$ 为区域 j 的所有工业生产总值；$q_i=\sum_{j=1}^{n}q_{ij}$ 为产业 i 的全国总生产总值；$q=\sum_j\sum_i q_{ij}$ 表示全国所有工业总生产总值。

区位熵所要呈现的是地方产业结构中专业化部门的专业化水平，反映的是相对水平，并且是所研究的地区与较高层次的地区在产业构成上的差异程度。区位熵趋近于 1 表示该行业的集聚程度相对较低；区位熵超过 1 表示该行业的集聚程度相对较高。区域内该产业区位熵指数越大，集聚程度越高。该方法有限定，假定各种行业的劳动生产率在地区和全国是相同的，地区和全国的生产与消费模式是相似的。如果地区的某一产业劳动生产率比全国的低，那么在该地区这一产业的每单位产品用工人数就会高于全国平均水平，这样，区位熵就会高估该产业在该区域的集中程度。

本节从银行业、证券业、保险业、金融就业密度四个方面来测度金融集聚差异程度。

银行业区位熵：

$$B_{it}=\frac{D_i/p_i}{D/P} \tag{6-10}$$

其中，D_i为i城市群的城乡居民储蓄存款余额；p_i为i城市群的常住人口总数；D为全国城乡居民储蓄存款余额；P为全国人口总数。

证券业区位熵：

$$S_{it}=\frac{s_i/p_i}{s/P} \tag{6-11}$$

其中，s_i为i城市群的境内上市公司（A、B 股）总数；p_i为i城市群的人口总数；s为全国境内上市公司（A、B 股）总数；P为全国人口总数。

保险业区位熵：

$$\mathrm{IN}_{it}=\frac{I_i/p_i}{I/P} \tag{6-12}$$

其中，I_i为i城市群的保费收入；p_i为i城市群常住人口总数；I为全国保费收入总额；P为全国人口总数。

金融就业密度区位熵：

$$\mathrm{FI}_{it}=\frac{D_i/p_i}{D/P} \tag{6-13}$$

其中，D_i为i城市群的金融城镇单位从业人数；p_i为i城市群的人口总数；D为全国金融城镇单位从业总人数；P为全国人口总数。

（二）基于熵理论的城乡收入差距测度

测度收入差异的方法有很多种，可以分为绝对差异测度与相对差异测度。绝对差异测度包括极差、标准差、加权标准差、平均差等，它们都是直接反映区域间收入的具体差距。相对差异测度有泰尔指数、基尼系数、加权变异系数等，它们反映的是收入差异的相对水平，适宜进行对收入分配差异的比较。基于基尼系数是对整体收入差距的度量，且对中间阶层收入较为敏感，故本节采用对高收入与低收入变化较为敏感的泰尔指数度量城乡居民收入差异。

泰尔指数计算方法如下：

$$\mathrm{EQ}_t=\sum_{n=1}^{2}\left(\frac{p_{nt}}{p_t}\right)\ln\left(\frac{p_{nt}}{p_t}\bigg/\frac{c_{nt}}{c_t}\right)=\left(\frac{p_{1t}}{p_t}\right)\ln\left(\frac{p_{1t}}{p_t}\bigg/\frac{c_{1t}}{c_t}\right)+\left(\frac{p_{2t}}{p_t}\right)\ln\left(\frac{p_{2t}}{p_t}\bigg/\frac{c_{2t}}{c_t}\right) \quad (6\text{-}14)$$

其中，n=1，2 分别为城镇地区和农村地区；p_{nt} 为 t 时期各城市群城镇常住人口（n=1）或者农村常住人口（n=2）；p_t 为 t 时期全国总人口；c_{nt} 为 t 时期各城市群城镇总收入（n=1）或者农村总收入（n=2）；c_t 为 t 时期全国总收入。

（三）数据来源

本节选用京津冀、长三角、珠三角、辽中南、山东半岛、海峡西岸、成渝、中原、关中和长江中游这十大城市群 1996~2015 年数据进行实证分析。数据来源于各城市群覆盖的省市的统计年鉴、《中国统计年鉴》、各省市国民经济与社会发展公报、各省市金融运行报告和同花顺数据库。

三、实证分析

（一）十大城市群金融集聚测度

根据前文的计算方法可以算出各城市群相应区位熵。可得银行业区位熵、证券业区位熵、保险业区位熵、金融就业密度区位熵结果如下。

1. 银行业区位熵

计算可得 1996~2015 年各城市群银行业区位熵如表 6-18 所示。

表 6-18　1996~2015 年各城市群银行业区位熵

城市群	2015 年	2014 年	2013 年	2012 年	2011 年	2010 年	2009 年	2008 年	2007 年	2006 年
京津冀	1.59	1.64	1.68	1.75	1.80	1.84	1.91	1.92	1.91	1.90
长三角	1.89	1.87	1.92	1.95	2.03	2.07	2.16	2.17	2.15	2.28
珠三角	1.85	2.03	2.11	2.15	2.23	2.32	2.44	2.65	2.81	2.97
辽中南	1.49	1.46	1.44	1.45	1.55	1.48	1.54	1.56	1.57	1.65
山东半岛	1.32	1.27	1.25	1.25	1.24	1.26	1.29	1.30	1.31	1.28
海峡西岸	1.00	1.04	1.08	1.06	1.09	1.12	1.19	1.18	1.20	1.22

续表

城市群	2015 年	2014 年	2013 年	2012 年	2011 年	2010 年	2009 年	2008 年	2007 年	2006 年
成渝	1.08	1.06	1.03	1.00	0.97	0.93	0.91	0.88	0.86	0.86
中原	0.89	0.81	0.80	0.77	0.76	0.76	0.81	0.81	0.84	0.86
关中	1.16	1.09	1.08	1.07	1.06	1.05	1.03	0.99	0.99	1.03
长江中游	0.83	0.80	0.78	0.75	0.74	0.72	0.71	0.70	0.71	0.71
城市群	2005 年	2004 年	2003 年	2002 年	2001 年	2000 年	1999 年	1998 年	1997 年	1996 年
京津冀	1.91	2.07	2.13	1.95	1.97	1.98	2.04	1.98	1.95	1.98
长三角	2.31	2.29	2.30	2.08	1.98	1.97	2.03	2.03	1.98	1.99
珠三角	3.11	3.10	3.11	3.12	3.06	3.08	3.12	3.27	3.19	3.15
辽中南	1.70	1.79	1.82	1.78	1.83	1.91	1.92	1.92	1.86	1.87
山东半岛	1.30	1.30	1.32	1.35	1.38	1.38	1.39	1.41	1.42	1.49
海峡西岸	1.22	1.24	1.25	1.23	1.21	1.18	1.26	1.28	1.25	1.23
成渝	0.85	0.85	0.85	0.85	0.83	0.80	0.74	0.67	0.64	0.65
中原	0.88	0.89	0.91	0.92	0.93	0.92	0.91	0.90	0.86	0.87
关中	1.04	1.04	1.00	1.02	1.00	0.98	0.88	0.84	0.79	0.88
长江中游	0.71	0.72	0.72	0.72	0.69	0.68	0.65	0.63	0.64	0.65

从表6-18中可以看出，从整体来看，京津冀、长三角、珠三角、辽中南、山东半岛和海峡西岸这 6 个城市群银行业集聚程度普遍较高，特别是京津冀、长三角、珠三角这三大城市群，集聚水平稳居前三，区位熵指数在 1.5~3。除关中以外的中部地区城市群，如成渝、中原和长江中游集聚指数都不高，常年处于 1 以下；尤其是长江中游城市群，除 2014 和 2015 年外都位于 0.8 以下。从时间上来看，集聚程度较高的几大城市群在前十年集聚程度有上升的趋势，2006 年以后趋于平稳或有所降低，而成渝、中原、关中和长江中游在二十年里有缓慢上升的趋势。横向来看，长江中游与成渝起点相同，但明显成渝比长江中游发展要快，成渝近几年集聚程度明显提高，而长江中游集聚程度虽然有所加大，但依然较低。同样，关中比中原发展迅速，关中在 2001 年集聚程度就达到了一定水平。珠三角集聚程度最高，这与它的沿海地理位置有关，资本流通与聚集更快。

综合区位熵指数和上述分析，东部的京津冀、长三角、珠三角、海峡西岸、山东半岛、辽中南等城市群银行业集聚程度普遍很高，西部城市群成渝、关中集聚程度中等，中部城市群中原、长江中游集聚程度偏低。

2. 证券业区位熵

分析表 6-19 可以得出，从城市群来看，长三角与珠三角证券业集聚程度最高，京津冀、辽中南、山东半岛、海峡西岸集聚程度中等，成渝、关中、长江中游集聚程度偏低，中原集聚程度最低。从时间上来看，集聚程度最高的长三角与珠三角大体保持上升的趋势，证券业发展迅速；京津冀和辽中南集聚程度有着先升后降的趋势；山东半岛集聚程度有加强的趋势，海峡西岸、成渝、长江中游却有集聚程度降低的趋势，中原、关中发展波动不大。对比各城市群，近几年成渝、关中、中原、长江中游集聚程度相似，成渝稍高，都处在 1 以下，在 2005 年都有一个低潮期。可以看出，在前期各城市群证券业的集聚程度差别相对来说并不大，区位熵指数大多处在 1~2，而后期集聚程度高的长三角、珠三角明显比关中、长江中游集聚程度要高出许多，证券业的发展分布不均。

表 6-19　1996~2015 年各城市群证券业区位熵

城市群	2015 年	2014 年	2013 年	2012 年	2011 年	2010 年	2009 年	2008 年	2007 年	2006 年
京津冀	1.93	1.91	1.88	1.89	1.87	1.87	1.83	1.78	1.86	1.98
长三角	3.53	3.44	3.41	3.41	3.37	3.21	3.25	3.24	3.24	3.25
珠三角	3.51	3.54	3.50	3.53	3.45	3.40	3.26	3.21	3.25	3.17
辽中南	1.03	1.05	1.01	1.04	1.08	1.09	1.20	1.26	1.26	1.33
山东半岛	1.54	1.80	1.88	1.88	1.89	1.84	1.78	1.82	1.71	1.81
海峡西岸	1.74	1.75	1.75	1.75	1.75	1.80	1.78	1.85	1.74	1.81
成渝	0.99	0.97	0.98	0.98	1.02	1.09	1.13	1.15	1.21	1.31
中原	0.81	0.79	0.80	0.81	0.83	0.76	0.76	0.74	0.74	0.73
关中	0.80	0.85	0.83	0.82	0.85	0.94	0.91	0.92	0.86	0.86
长江中游	0.80	0.82	0.84	0.86	0.87	0.89	0.94	0.94	0.98	1.00
城市群	2005 年	2004 年	2003 年	2002 年	2001 年	2000 年	1999 年	1998 年	1997 年	1996 年
京津冀	1.93	1.86	1.89	1.73	1.72	1.62	1.57	1.41	1.32	1.02
长三角	3.11	3.22	3.16	3.04	3.02	3.02	2.88	2.89	2.91	2.92
珠三角	3.29	3.16	3.17	3.19	3.20	3.24	3.28	3.32	3.35	3.38
辽中南	0.98	1.46	1.65	1.70	1.82	1.90	1.05	1.04	1.04	1.03
山东半岛	1.75	1.70	1.68	1.75	1.67	1.67	0.98	0.98	0.98	0.99
海峡西岸	1.85	1.78	1.83	1.93	1.95	2.08	2.16	2.16	2.16	2.16
成渝	0.98	1.37	1.36	1.37	1.44	1.41	1.52	1.51	1.53	1.80
中原	0.61	0.84	0.74	0.73	0.71	0.67	0.79	0.78	0.79	0.98
关中	0.78	1.00	0.99	1.00	0.97	1.03	0.91	0.91	0.92	1.16
长江中游	0.73	1.07	1.01	1.04	1.03	1.01	0.97	0.97	0.99	1.24

综合以上分析，证券业发展不平衡，集聚程度有高有低，同一个城市群集聚程度时高时低，发展速度相对都比较平缓。

3. 保险业区位熵

分析表6-20可以得出，从城市群来看，长三角、珠三角、京津冀、山东半岛保险业集聚程度较高，区位熵指数接近 2 甚至超过 2；辽中南、成渝、海峡西岸、中原、关中集聚程度中等，区位熵指数接近 1 或大于 1；长江中游集聚程度最低，区位熵指数一直在 1 附近。从时间上来看，京津冀、长三角、珠三角、辽中南、海峡西岸 1996~2015 年集聚程度有降低的趋势，区位熵指数从 3、4 降到 2 附近，而山东半岛和长江中游集聚程度先降后升，成渝、中原、关中都有加强集聚程度的趋势。可以注意到，发展初期保险业集聚程度有很明显的差距，高的区位熵指数可达 6.30 和 4.49，低的区位熵指数只有 1.13；后期保险业分布趋于平衡，虽然还存在差距，但各城市群集聚程度慢慢均衡。

表 6-20　1996~2015 年各城市群保险业区位熵

城市群	2015 年	2014 年	2013 年	2012 年	2011 年	2010 年	2009 年	2008 年	2007 年	2006 年
京津冀	1.86	1.86	1.89	1.94	1.94	2.12	2.14	2.13	2.38	2.36
长三角	2.22	2.28	2.30	2.36	2.32	2.47	2.55	2.48	2.70	2.92
珠三角	2.09	2.10	1.98	1.99	2.03	2.02	2.14	2.34	2.38	2.99
辽中南	1.11	1.05	0.96	0.96	1.03	1.15	1.16	1.26	1.20	1.26
山东半岛	1.94	1.89	1.96	1.91	1.90	1.85	1.88	1.80	1.86	1.84
海峡西岸	1.29	1.36	1.35	1.25	1.24	1.21	1.31	1.34	1.39	1.41
成渝	1.40	1.39	1.42	1.43	1.46	1.44	1.41	1.36	1.25	1.13
中原	1.62	1.58	1.64	1.67	1.80	1.67	1.61	1.68	1.46	1.41
关中	1.25	1.25	1.28	1.24	1.26	1.21	1.22	1.15	1.10	1.06
长江中游	0.94	0.92	0.91	0.91	0.92	0.91	0.89	0.90	0.79	0.79
城市群	2005 年	2004 年	2003 年	2002 年	2001 年	2000 年	1999 年	1998 年	1997 年	1996 年
京津冀	2.86	2.30	2.40	2.39	2.20	2.04	2.15	2.30	3.94	2.82
长三角	3.03	3.27	3.38	3.39	3.47	3.29	3.35	3.35	4.59	4.49
珠三角	2.91	2.91	2.82	3.01	3.44	3.55	2.55	2.94	4.60	6.30
辽中南	1.28	1.33	1.76	1.86	1.94	1.90	2.10	2.21	3.50	3.74
山东半岛	2.15	2.29	2.29	2.31	2.30	2.21	2.17	2.14	3.27	3.16
海峡西岸	1.64	1.71	1.70	1.77	1.79	1.81	1.86	1.91	2.75	2.96
成渝	1.02	1.00	0.99	0.95	0.97	1.03	0.99	0.81	1.13	1.25
中原	1.36	1.45	1.30	1.27	1.00	1.05	1.02	1.06	1.32	1.44
关中	1.01	0.98	0.99	1.03	1.04	0.99	1.00	1.05	1.44	1.53
长江中游	0.81	0.81	0.79	0.81	0.83	1.01	0.96	0.90	1.13	1.13

综合以上分析可知，除去长江中游保险业集聚程度最低，其他城市群保险业发展较好，长三角、珠三角、京津冀和山东半岛集聚程度最高。

4. 金融就业密度区位熵

分析表 6-21 可以看出，从城市群来说，各个城市群区位熵指数基本都大于 1，京津冀、长三角、山东半岛金融就业密度集聚程度很高，珠三角、辽中南、海峡西岸、关中集聚程度中等，成渝、中原、长江中游集聚程度较低。从时间上来看，京津冀、长三角、关中集聚程度都有加强的趋势，珠三角、辽中南、山东半岛、中原集聚程度都有不同程度的降低，另外，海峡西岸、成渝、长江中游集聚程度变化不大。整体来说，在前期，山东半岛、珠三角、辽中南集聚程度最高；而后期，京津冀、长三角慢慢发展起来，集聚程度增加。整体各城市群之间金融就业密度集聚程度差距在缩小，慢慢趋于均衡分布。

表 6-21　1996~2015 年各城市群金融就业密度区位熵

城市群	2015 年	2014 年	2013 年	2012 年	2011 年	2010 年	2009 年	2008 年	2007 年	2006 年
京津冀	2.24	2.15	2.09	2.07	2.01	1.99	2.03	2.04	2.01	2.01
长三角	2.28	2.29	2.24	2.24	2.18	2.12	2.19	2.22	2.22	2.23
珠三角	1.78	1.81	1.92	2.15	2.18	2.09	2.08	2.20	2.22	2.30
辽中南	1.64	1.64	1.60	1.58	1.73	1.62	1.68	1.85	1.88	1.91
山东半岛	2.09	2.10	1.98	1.90	2.10	2.16	2.25	2.17	2.09	2.09
海峡西岸	1.46	1.45	1.41	1.41	1.36	1.40	1.45	1.41	1.38	1.47
成渝	1.23	1.27	1.33	1.31	1.25	1.31	1.28	1.24	1.22	1.21
中原	1.26	1.30	1.38	1.36	1.45	1.47	1.56	1.63	1.82	1.78
关中	1.57	1.50	1.47	1.46	1.46	1.57	1.50	1.30	1.33	1.39
长江中游	1.02	1.03	1.02	1.00	1.03	1.06	1.05	1.04	1.08	1.07
城市群	2005 年	2004 年	2003 年	2002 年	2001 年	2000 年	1999 年	1998 年	1997 年	1996 年
京津冀	1.90	1.89	1.86	1.54	1.54	1.48	1.54	1.54	1.57	1.58
长三角	2.19	2.15	2.17	2.11	2.02	1.94	1.90	1.74	1.70	1.66
珠三角	2.39	2.35	2.31	2.34	2.29	2.27	2.25	2.23	2.21	2.18
辽中南	1.90	1.92	1.98	2.11	2.18	2.26	2.35	2.43	2.51	2.59
山东半岛	2.13	2.20	2.26	2.39	2.47	2.54	2.62	2.69	2.77	2.85
海峡西岸	1.50	1.47	1.47	1.51	1.52	1.52	1.53	1.53	1.53	1.53
成渝	1.29	1.24	1.22	1.25	1.24	1.24	1.22	1.18	1.16	1.14
中原	1.82	1.85	1.84	1.90	1.90	1.89	1.89	1.89	1.88	1.87
关中	1.42	1.41	1.43	1.45	1.44	1.42	1.41	1.39	1.37	1.36
长江中游	1.08	1.12	1.12	1.12	1.08	1.05	1.02	0.99	0.96	0.93

综合以上分析，结合银行业、证券业、保险业和金融就业密度四方面可以看出，京津冀、长三角、珠三角、山东半岛金融集聚程度高，金融业发展较快，资

本流通迅速；海峡西岸、辽中南金融集聚程度中等，银行业发展较好，其他行业相对较弱；成渝、关中、中原和长江中游金融集聚程度低，特别是长江中游城市群，金融业发展缓慢，集聚程度不高，相对较落后。这与我国现状较符合，东部沿海城市群由于空间地理位置优势、人力资本、政府政策调控和资源配置等因素发展比中部地区要好。伴随着近几年国家政府对中、西部金融的重视，一系列的政策实施使得中部和西部城市群发展慢慢达到平均水平，集聚程度高的城市群对周围的城市群也有辐射效应，带动周围的成渝、关中等城市群发展。

（二）十大城市群城乡收入差距分析

根据式（6-14），计算各城市群城乡居民收入差异评价指数 EQ 如表 6-22 所示。

表 6-22　1996~2015 年各城市群城乡居民收入差异泰尔指数 EQ

城市群	2015 年	2014 年	2013 年	2012 年	2011 年	2010 年	2009 年	2008 年	2007 年	2006 年
京津冀	0.115	0.111	0.119	0.124	0.132	0.145	0.152	0.157	0.154	0.155
长三角	0.043	0.045	0.052	0.056	0.058	0.062	0.069	0.074	0.075	0.075
珠三角	0.032	0.042	0.044	0.046	0.049	0.053	0.066	0.084	0.072	0.089
辽中南	0.035	0.039	0.045	0.047	0.048	0.053	0.058	0.059	0.062	0.060
山东半岛	0.055	0.066	0.077	0.089	0.090	0.096	0.099	0.098	0.096	0.092
海峡西岸	0.066	0.073	0.097	0.102	0.108	0.112	0.115	0.115	0.114	0.107
成渝	0.084	0.105	0.119	0.109	0.154	0.171	0.173	0.178	0.184	0.172
中原	0.079	0.084	0.087	0.093	0.096	0.108	0.114	0.113	0.113	0.115
关中	0.123	0.143	0.150	0.159	0.167	0.189	0.206	0.199	0.203	0.205
长江中游	0.069	0.073	0.083	0.049	0.102	0.112	0.119	0.120	0.126	0.119

城市群	2005 年	2004 年	2003 年	2002 年	2001 年	2000 年	1999 年	1998 年	1997 年	1996 年
京津冀	0.150	0.142	0.150	0.143	0.141	0.132	0.122	0.115	0.109	0.091
长三角	0.075	0.077	0.075	0.069	0.071	0.069	0.075	0.059	0.061	0.062
珠三角	0.078	0.059	0.090	0.081	0.090	0.085	0.081	0.079	0.075	0.077
辽中南	0.060	0.060	0.061	0.056	0.055	0.053	0.051	0.053	0.057	0.059
山东半岛	0.087	0.086	0.088	0.082	0.082	0.071	0.064	0.066	0.068	0.068
海峡西岸	0.100	0.095	0.089	0.082	0.070	0.059	0.050	0.044	0.037	0.027
成渝	0.158	0.180	0.161	0.144	0.161	0.159	0.056	0.146	0.145	0.145
中原	0.124	0.124	0.130	0.093	0.069	0.054	0.050	0.051	0.050	0.047
关中	0.203	0.200	0.202	0.197	0.183	0.181	0.112	0.102	0.111	0.117
长江中游	0.117	0.102	0.125	0.108	0.104	0.098	0.087	0.078	0.077	0.071

根据表 6-22 可以看出，各城市群泰尔指数都大于 0，泰尔指数越大说明城乡居民收入差异越大。从城市群来看，京津冀、成渝、关中城乡居民收入差距较大，长三角、珠三角、辽中南、山东半岛城乡居民收入差距较小，海峡西岸、中原、长江中游城乡居民收入差距中等。从时间上来看，各城市群泰尔指数都呈现先增大后缩小的趋势，也就是说各城市群城乡居民收入差距呈现先扩大后缩小的趋势，这也比较符合“倒 U”理论。在发展的初期，我国经济持续推行以城市为中心的发展模式，重点发展工业，忽视了农业和农村的发展，同时农村生产要素落后，人力物质资本匮乏，进而造成城乡居民收入差距扩大。当国家政府意识到此问题，推行了一系列相关政策，同时城镇化程度加强，金融资源转向农村发展，使得城乡居民收入差距缩小。

（三）金融集聚对城乡收入差距影响的空间计量分析

首先运用 Matlab 7.0 软件及 elhorst_model 和 jplv7 程序包进行两个拉格朗日乘数形式 LM-error、LM-LAG 以及稳健的 Robust LM-error 和 Robust LM-LAG 的检验，结果如表 6-23 所示。

表 6-23 拉格朗日乘子统计量计算结果

参数	t 统计量	P 值	显著性
LM-LAG	3.575 6	（0.059）*	显著
Robust LM-LAG	11.824 8	（0.001）***	显著
LM-error	6.968 5	（0.008）***	显著
Robust LM-error	15.217 7	（0.000）***	显著
结论	空间误差模型更优		

*、**、***分别表示在 10%、5%和 1%的显著性水平下显著

依据给出的选择准则，宜选用空间误差模型（spatial error model，SEM）进行计量分析，建立模型如下：

$$\mathbf{EQ} = \beta_1 \boldsymbol{B} + \beta_2 \boldsymbol{S} + \beta_3 \mathbf{IN} + \beta_4 \boldsymbol{F} + \beta_5 \mathbf{IS}_2 + \beta_6 \mathbf{IS}_3 + \beta_7 \mathbf{TAX} + \beta_8 \mathbf{URB} + \boldsymbol{\varepsilon} \tag{6-15}$$

$$\boldsymbol{\varepsilon} = \lambda \boldsymbol{W} \boldsymbol{\varepsilon} + \boldsymbol{u} \tag{6-16}$$

其中，$\beta_1, \beta_2, \cdots, \beta_8$ 为相应的解释变量的系数；**EQ** 为被解释变量矩阵，即城乡之间居民收入差异指标的泰尔指数；$\boldsymbol{B}, \boldsymbol{S}, \mathbf{IN}, \boldsymbol{F}, \mathbf{IS}_2, \mathbf{IS}_3, \mathbf{TAX}, \mathbf{URB}$ 分别为解释变量与控制变量矩阵，即金融集聚指标与各控制变量指标。$\boldsymbol{\varepsilon}$ 为空间随机误差项向量；λ 为随机误差项的空间自回归系数，度量了相邻地域的变量值 **EQ** 对本地域变量值 **EQ** 的影响程度；$\boldsymbol{W}$ 为 $n \times n$ 的空间权重矩阵；$\boldsymbol{u}$ 为区域内随机扰动项。根据时间固定效应、空间固定效应以及时空双固定效应的模型拟合结果如表 6-24 所示。

表 6-24 空间误差模型的固定效应模型回归结果

变量	空间固定效应系数和 P 值	时间固定效应系数和 P 值	双固定效应系数和 P 值
ρ	0.580 995（0.000）***	0.311 999（0.000）***	0.481 353（0.000）***
B	0.023 178（0.015）**	−0.034 820（0.000）***	0.027 913（0.002）***
S	0.007 075（0.288）	0.003 037（0.508）	−0.014 940（0.024）*
IN	−0.002 722（0.341）	0.026 060（0.000）***	0.009 066（0.008）***
F	−0.023 963（0.014）**	0.011 795（0.141）	−0.034 969（0.000）***
$\mathbf{IS_2}$	3.084 700（0.000）**	−0.324 400（0.000）***	1.784 422（0.014）**
$\mathbf{IS_3}$	1.639 449（0.034）*	0.353 093（0.005）***	−2.880 257（0.002）***
TAX	−4.360 021（0.078）*	1.183 845（0.000）***	−1.837 637（0.482）
URB	−0.047 253（0.024）*	−0.195 000（0.000）***	−0.127 724（0.000）***
R^2	0.862 0	0.659 8	0.890 0
lg$L$	532.927 35	451.489 15	574.152 73

*、**、***分别表示在 10%、5%和 1%的显著性水平下显著

根据表 6-24 的结果可以看出，时空双固定效应拟合结果最好，R^2 值为 0.890 0，各变量有较高的显著度，空间自回归系数 ρ 为 0.481 353，反映了变量具有一定的空间相关性。这表明城乡居民收入的差异性在一定程度上通过自回归的形式作用于其他地区。空间自回归系数为正，说明城乡居民收入差异表现出正相关，即一个城市群的城乡居民收入差距缩小会带动其他城市群的居民收入差距的缩小，城乡居民收入差异在空间上表现溢出作用。注意到证券业区位熵（S）、金融就业密度区位熵（F）、第三产业增加值占 GDP 比（IS_3）、财政支出（TAX）、城镇化率（URB）的系数均为负，说明证券业集聚程度、金融就业密度、第三产业产业结构、财政支出和城镇化率对城乡居民收入差异的影响呈负增长，即证券业和金融就业密度集聚程度越高、第三产业越快发展、财政支出越高、城镇化程度越高越能降低城乡居民收入差异。从估计的参数大小来看，第三产业的发展对缩小经济差距作用最显著，其次是财政支出和城镇化率，每增加一单位财政支出和城镇化程度，会使城乡居民收入差距分别缩小 1.837 637、0.127 724 个单位，证券业和金融就业密度集聚程度影响相对较小。同时，银行业区位熵、保险业区位熵和第二产业增加值占 GDP 比值的系数为正，表明对城乡居民收入的差距有扩张作用，第二产业的作用最大。从数据上看，为缩小城乡居民收入的差距应加强第三产业的构建，提高城镇化程度，大力发展证券业，吸引金融就业，加大财政支出。

第五节　金融集聚与生态经济发展

一、研究方法

（一）指标体系建立

从金融总体规模、银行业、证券业和保险业四个方面衡量金融集聚水平；从生态环境效益、资源能源效率、经济效益和循环经济四个方面衡量生态效率水平，建立了评价指标体系（表 6-25）。所有数据均来自 2008~2011 年《中国统计年鉴》、《中国城市统计年鉴》、《中国环境统计年鉴》和《中国金融年鉴》，以及各省统计年鉴。

表 6-25　金融集聚与生态效率耦合协调关联度评价指标体系

耦合系统	准则层	指标层	U_{ij}	权重	类型
金融集聚子系统 U_1	金融总体规模	金融业生产总值/亿元	U_{11}	0.105 1	+
		金融从业人员/万人	U_{12}	0.060 0	+
		金融业固定资产投资/亿元	U_{13}	0.072 4	+
		金融业法人单位数/个	U_{14}	0.056 5	+
		金融业区位熵	U_{15}	0.078 3	+
	银行业	年末金融机构存款余额/亿元	U_{16}	0.084 6	+
		年末金融机构贷款余额/亿元	U_{17}	0.082 5	+
		城乡居民储蓄年末余额/亿元	U_{18}	0.066 4	+
	证券业	上市公司数量/家	U_{19}	0.093 5	+
		股票市价总值/亿元	U_{110}	0.114 7	+
	保险业	年保费收入/亿元	U_{111}	0.073 1	+
		保险密度/（元/人）	U_{112}	0.085 9	+
		保险深度/%	U_{113}	0.027 1	+
生态效率子系统 U_2	生态环境效益	单位 GDP 废水排放/（吨/万元）	U_{21}	0.027 7	−
		单位 GDP 废气排放/（标准立方米/元）	U_{22}	0.029 8	−
		单位 GDP 固废排放/（吨/亿元）	U_{23}	0.035 2	−
		单位 GDP 烟尘排放/（吨/亿元）	U_{24}	0.066 0	−

续表

耦合系统	准则层	指标层	U_{ij}	权重	类型
生态效率子系统 U_2	资源能源效率	单位 GDP 能耗/（吨标准煤/万元）	U_{25}	0.038 2	−
		单位 GDP 水耗/（米^3/元）	U_{26}	0.029 4	−
		GDP/建设用地面积/（亿元/千米^2）	U_{27}	0.087 6	+
	经济效益	人均 GDP/元	U_{28}	0.136 5	+
		全社会固定资产投资/亿元	U_{29}	0.118 1	+
		工业总产值/万元	U_{210}	0.197 4	+
	循环经济	工业固体废物综合利用率/%	U_{211}	0.042 1	+
		生活垃圾无害化处理率/%	U_{212}	0.064 3	+
		森林覆盖率/%	U_{213}	0.127 5	+

注："+"表示正向指标，"−"表示负向指标

（二）指标权重计算

为减少主观因素的影响，选用熵权法这一相对更加客观的赋权方法。求取权重的具体过程如下。

（1）对指标数据进行归一化处理，得到归一化后的数据 u''_{ij}，具体过程为

对于正向指标u_{ij}，令：

$$u''_{ij}=\left[\frac{u_{ij}-\min\limits_{1\leqslant i\leqslant n}u_{ij}}{\max\limits_{1\leqslant i\leqslant n}u_{ij}-\min\limits_{1\leqslant i\leqslant n}u_{ij}}\right]\times 0.9+0.1 \tag{6-17}$$

对于逆向指标u_{ij}，令：

$$u''_{ij}=\left[\frac{\min\limits_{1\leqslant i\leqslant n}u_{ij}-u_{ij}}{\max\limits_{1\leqslant i\leqslant n}u_{ij}-\min\limits_{1\leqslant i\leqslant n}u_{ij}}\right]\times 0.9+0.1 \tag{6-18}$$

（2）计算第 j 个指标下的第 i 个子系统占该指标的比重（p_{ij}）：

$$p_{ij}=\frac{u''_{ij}}{\sum\limits_{i=1}^{n}u''_{ij}} \tag{6-19}$$

（3）计算第 j 个指标的熵值（e_j），如下：

$$e_j=-k\sum_{i=1}^{n}p_{ij}\ln p_{ij} \tag{6-20}$$

其中，调节系数 $k=1/\ln(n)>0$。

（4）计算第 j 个指标的差异系数。对第 j 个指标，其值的差异越大，对方案

评价的作用就越大，熵值就越小。

定义差异系数为 $g_j=\frac{1-e_j}{m-E_e}$、$E_e=\sum_{j=1}^{m}e_j$，当$0\leqslant g_j\leqslant 1$，$\sum_{j=1}^{m}g_j=1$。

（5）求权重。

$$w_j=\frac{g_j}{\sum_{j=1}^{m}g_j}=g_j,\ j=1,2,\cdots,m \tag{6-21}$$

由于$\sum_{j=1}^{m}g_j=1$，故差异系数就是所求权重，计算所得具体权重见表 6-25。

（三）功效函数

设U_1与U_2分别为金融集聚与生态效率子系统序参量，$u_{ij}(i=1,2;j=1,2,\cdots,m)$为两个子系统内部的基础观测指标。定义$U_i=\sum_{j=1}^{m}\lambda_{ij}u_{ij}''$为众多观测指标组成的两个子系统的外在发展功效，其中λ_{ij}为各指标的权重，有$\sum_{j=1}^{m}\lambda_{ij}=1$；$u_{ij}''$为第 i 个子系统的第j个指标经过归一化后的标准化数值，其归一化方法与上文中一致。

（四）耦合度模型

耦合是指两个或两个以上的系统或运动方式之间通过各种相互作用而彼此影响以至联合起来的现象，是在各子系统间的良性互动下，相互依赖、协调、促进的动态关联关系。借鉴物理学中的容量耦合概念及容量耦合系数模型，得到 n 维系统相互作用耦合度模型：

$$C_n=n\left(\frac{U_1U_2\cdots U_n}{\Pi\left(U_i+U_j\right)}\right)^{\frac{1}{n}} \tag{6-22}$$

本节中只有两个子系统，经过降维处理后得到二维耦合度函数：

$$C_2=2\sqrt{\frac{U_1U_2}{(U_1+U_2)(U_2+U_1)}} \tag{6-23}$$

其中，耦合度值 $C\in[0,1]$。当 C 趋向于 0 时，耦合度极小，系统之间或内部要素之间处于失谐或无关状态，系统将向无序发展。当C趋向于1时，耦合度极大，系统之间或内部要素之间达到良性共振耦合，系统也将趋于新的有序结构。

（五）耦合协调度模型

构建系统耦合协调度模型，以期有效判别不同省域金融集聚与生态效率交互耦合的协调程度。

建立的耦合协调度函数为

$$\begin{cases} D = \left(C \times T\right)^{k} \\ T = aU_1 + bU_2 \end{cases} \tag{6-24}$$

其中，D 为耦合协调度；C 为系统之间的耦合度；T 为系统之间的综合调和指数，它反映了两系统之间的整体协调效应或协同贡献；k、a、b 为待定系数，按照一般情况，k 取值为 0.5，另外，考虑到金融集聚与生态效率具有相同的重要性，a、b 取值均为 0.5。

根据系统间耦合协调度 D 以及 U_1 和 U_2 之间的关系，识别出中国省域金融集聚与生态效率耦合协调发展评判标准与基本类型（表 6-26）。

表 6-26　金融集聚与生态效率耦合协调度分类

大类	协调发展度 D	小类	基本类型	
			U_1 和 U_2 的对比关系	协调发展类型
	$0.9 < D \leqslant 1$	优质协调发展（Ⅰ）	（A）$U_1 - U_2 > 0.1$	优质协调发展类生态效率滞后型（ⅠA）
			（B）$U_2 - U_1 > 0.1$	优质协调发展类金融集聚滞后型（ⅠB）
			（C）$0 \leqslant \lvert U_1 - U_2 \rvert \leqslant 0.1$	优质协调发展类金融集聚生态效率同步型（ⅠC）
	$0.8 < D \leqslant 0.9$	良好协调发展（Ⅱ）	（A）$U_1 - U_2 > 0.1$	良好协调发展类生态效率滞后型（ⅡA）
			（B）$U_2 - U_1 > 0.1$	良好协调发展类金融集聚滞后型（ⅡB）
			（C）$0 \leqslant \lvert U_1 - U_2 \rvert \leqslant 0.1$	良好协调发展类金融集聚生态效率同步型（ⅡC）
	$0.7 < D \leqslant 0.8$	中级协调发展（Ⅲ）	（A）$U_1 - U_2 > 0.1$	中级协调发展类生态效率滞后型（ⅢA）
			（B）$U_2 - U_1 > 0.1$	中级协调发展类金融集聚滞后型（ⅢB）
			（C）$0 \leqslant \lvert U_1 - U_2 \rvert \leqslant 0.1$	中级协调发展类金融集聚生态效率同步型（ⅢC）
	$0.6 < D \leqslant 0.7$	初级协调发展（Ⅳ）	（A）$U_1 - U_2 > 0.1$	初级协调发展类生态效率滞后型（ⅣA）
			（B）$U_2 - U_1 > 0.1$	初级协调发展类金融集聚滞后型（ⅣB）
			（C）$0 \leqslant \lvert U_1 - U_2 \rvert \leqslant 0.1$	初级协调发展类金融集聚生态效率同步型（ⅣC）
勉强协调发展	$0.5 < D \leqslant 0.6$	勉强协调发展（Ⅴ）	（A）$U_1 - U_2 > 0.1$	勉强协调发展类生态效率滞后型（ⅤA）
			（B）$U_2 - U_1 > 0.1$	勉强协调发展类金融集聚滞后型（ⅤB）
			（C）$0 \leqslant \lvert U_1 - U_2 \rvert \leqslant 0.1$	勉强协调发展类金融集聚生态效率同步型（ⅤC）

续表

大类	协调发展度 D	小类	基本类型	
			U_1 和 U_2 的对比关系	协调发展类型
濒临失调发展	$0.4<D\leqslant 0.5$	濒临失调衰退（Ⅵ）	（A）$U_1-U_2>0.1$	濒临失调衰退类生态环境受损型（ⅥA）
			（B）$U_2-U_1>0.1$	濒临失调衰退类金融集聚受损型（ⅥB）
			（C）$0\leqslant\lvert U_1-U_2\rvert\leqslant 0.1$	濒临失调衰退类金融集聚生态效率受损型（ⅥC）
失调发展	$0.3<D\leqslant 0.4$	轻度失调衰退（Ⅶ）	（A）$U_1-U_2>0.1$	轻度失调衰退类生态环境受损型（ⅦA）
			（B）$U_2-U_1>0.1$	轻度失调衰退类金融集聚受损型（ⅦB）
			（C）$0\leqslant\lvert U_1-U_2\rvert\leqslant 0.1$	轻度失调衰退类金融集聚生态效率受损型（ⅦC）
	$0.2<D\leqslant 0.3$	中度失调衰退（Ⅷ）	（A）$U_1-U_2>0.1$	中度失调衰退类生态环境受损型（ⅧA）
			（B）$U_2-U_1>0.1$	中度失调衰退类金融集聚受损型（ⅧB）
			（C）$0\leqslant\lvert U_1-U_2\rvert\leqslant 0.1$	中度失调衰退类金融集聚生态效率受损型（ⅧC）
	$0.1<D\leqslant 0.2$	严重失调发展（Ⅸ）	（A）$U_1-U_2>0.1$	严重失调衰退类生态环境受损型（ⅨA）
			（B）$U_2-U_1>0.1$	严重失调衰退类金融集聚受损型（ⅨB）
			（C）$0\leqslant\lvert U_1-U_2\rvert\leqslant 0.1$	严重失调衰退类金融集聚生态效率受损型（ⅨC）
	$0\leqslant D\leqslant 0.1$	超级严重失调衰退（Ⅹ）	（A）$U_1-U_2>0.1$	超级严重失调衰退类生态环境受损型（ⅩA）
			（B）$U_2-U_1>0.1$	超级严重失调衰退类金融集聚受损型（ⅩB）
			（C）$0\leqslant\lvert U_1-U_2\rvert\leqslant 0.1$	超级严重失调衰退类金融集聚生态效率受损型（ⅩC）

二、结果与分析

将标准化后的数据和求取的权重代入功效函数，计算各省域两个子系统的功效值，并累加得到 U_1 和 U_2。将 U_1 和 U_2 代入耦合度函数和耦合协调度函数，计算得到 C、T 和 D 的值，最终得到4年间31个省域金融集聚与生态效率耦合协调发展状况（表6-27）。

表6-27　各省金融集聚与生态效率耦合协调关系状况

年份	北京	天津	河北	山西	内蒙古	辽宁	吉林	黑龙江	上海	江苏	浙江
2007	ⅡA	ⅣB	ⅣB	ⅤC	ⅤB	ⅣB	ⅤB	ⅤB	ⅢC	ⅡB	ⅡB
2008	ⅡA	ⅣB	ⅣB	ⅤC	ⅤB	ⅣB	ⅤB	ⅤB	ⅢC	ⅡB	ⅡB
2009	ⅡC	ⅣB	ⅣB	ⅤC	ⅤB	ⅣB	ⅤB	ⅤB	ⅡC	ⅡB	ⅡB
2010	ⅡB	ⅣB	ⅣB	ⅤB	ⅣB	ⅣB	ⅤB	ⅤB	ⅢC	ⅡB	ⅡB
年份	安徽	福建	江西	山东	河南	湖北	湖南	广东	广西	海南	重庆
2007	ⅣB	ⅣB	ⅤB	ⅢB	ⅣB	ⅣB	ⅣB	ⅡC	ⅤB	ⅥB	ⅤB

续表

年份	安徽	福建	江西	山东	河南	湖北	湖南	广东	广西	海南	重庆
2008	ⅤB	ⅣB	ⅤB	ⅢB	ⅣB	ⅣB	ⅣB	ⅡC	ⅤB	ⅤB	ⅤB
2009	ⅣB	ⅣB	ⅤB	ⅢB	ⅣB	ⅣB	ⅣB	ⅡC	ⅤB	ⅤB	ⅤB
2010	ⅣB	ⅢB	ⅣB	ⅢB	ⅣB	ⅣB	ⅣB	ⅡC	ⅤB	ⅤB	ⅣB
年份	四川	贵州	云南	西藏	陕西	甘肃	青海	宁夏	新疆		
2007	ⅣB	ⅥB	ⅤB	ⅥB	ⅤB	ⅥB	ⅥB	ⅥC	ⅥC		
2008	ⅣB	ⅥB	ⅤB	ⅥB	ⅤB	ⅥB	ⅥB	ⅥC	ⅥC		
2009	ⅣB	ⅤB	ⅤB	ⅥB	ⅣB	ⅥB	ⅥB	ⅥC	ⅥC		
2010	ⅣB	ⅤB	ⅤB	ⅥB	ⅣB	ⅥB	ⅥB	ⅥB	ⅥC		

从分析结果上看，中国省域金融集聚与生态效率的耦合协调程度从类型Ⅱ到类型Ⅵ跨越了 5 个等级，且在这 4 年中各省都保持相对稳定的耦合协调程度。因此，根据表6-27，将31个省域按照其耦合协调程度的相对大小分为5个等级进行分析。

1. 良好协调发展类

北京、浙江、广东、江苏 4 省（直辖市）为良好协调发展类型，它们都位于沿海地带，经济和金融业都比较发达，其金融集聚效应达到了一个极高的地步，同时，它们也非常注重生态建设，使得其耦合协调度比较高。

2. 中级协调发展类

处于中级协调发展类型的省（直辖市）只有上海和山东，也都沿海分布。上海金融业非常发达，也非常注重生态建设，表现为同步发展型，在 2009 年还上升为良好协调发展类。而山东金融业虽不太发达，但其环境优美，生态建设较好，因此四年间都表现为金融集聚滞后型。

3. 初级协调发展类

处于初级协调发展类型的有天津、河北、辽宁、安徽、福建、河南、湖北、湖南、四川和陕西 10 个省（直辖市）。除四川和陕西两省外，其他省（直辖市）大多数位于东部地区。这 10 个省（直辖市）生态效率较高，但金融业不太发达，因此都表现为金融集聚滞后型。

4. 勉强协调发展类

处于勉强协调发展类型的省（自治区、直辖市）也较多，具体有山西、内蒙古、吉林、黑龙江、江西、广西、海南、重庆、贵州和云南 10 个省（自治区、直辖市）。山西金融业较落后，生态建设也比较落后，表现为同步发展型。其他省（自治区、直辖市）金融业落后，而生态建设稍好，表现为金融集聚滞后型。

内蒙古、江西、重庆、海南和贵州5省（自治区、直辖市）的耦合协调度表现出了上升趋势。另外，山西在2007~2009年为同步发展型，而2010年则变为金融集聚滞后型，说明山西近年来更加重视生态建设，大力提高生态效率，使得生态效率的发展速度超过了金融集聚的发展速度。

5. 濒临失调衰退类

位于中国西北地区的西藏、甘肃、青海、宁夏和新疆5省（自治区）为濒临失调衰退类型。西藏、甘肃和青海为金融集聚滞后型，这三个省（自治区）金融业和生态效率都比较落后，但相比而言，金融业更加落后；而宁夏和新疆的生态建设和金融业都非常落后，表现为同步发展型。

第六节　金融集聚、经济增长与生态效率

一、指标体系

借鉴前文研究成果，本节从金融总体规模、银行业、证券业和保险业四个方面衡量金融集聚水平；从民生改善、社会发展和科技创新三个方面衡量经济发展水平；从生态环境效益、资源能源效率、经济效益和循环经济四个方面衡量生态效率水平，利用CNKI数据库对2003~2015年金融集聚测度的115篇文献、经济发展测度的287篇文献和生态效率测度的127篇文献进行频度统计，从中选择近年来研究者使用频度较高的测度指标，建立了评价指标体系（表6-28）。鉴于部分关键指标的可获得性，研究起点时间确定为2005年，所有数据分别来自2006~2014年《中国统计年鉴》、《中国环境统计年鉴》、《中国能源统计年鉴》和《中国金融年鉴》，各省统计年鉴以及同花顺iFinD数据库。

表6-28　金融集聚、经济发展与生态效率系统评价指标体系

子系统	准则层	指标层	X_{ij}	权重	类型
金融集聚系统 U_1	总体规模	金融机构本外币存款/亿元	X_{101}	0.087 6	+
		金融机构本外币贷款/亿元	X_{102}	0.079 4	+
		金融业增加值/亿元	X_{103}	0.097 6	+
		金融业固定资产投资完成额/亿元	X_{104}	0.106 5	+
		金融业城镇单位从业人员/万人	X_{105}	0.064 9	+
	银行	城乡居民年末储蓄存款余额/亿元	X_{106}	0.068 9	+
		商业银行不良贷款率/%	X_{107}	0.015 9	−

续表

子系统	准则层	指标层	X_{ij}	权重	类型
金融集聚系统 U_1	证券	股票发行规模/亿元	X_{108}	0.105 7	+
		债券交易规模/亿元	X_{109}	0.181 5	+
	保险	保费收入/亿元	X_{110}	0.076 7	+
		保险密度/（元/人）	X_{111}	0.073 9	+
		保险深度/%	X_{112}	0.041 4	+
经济发展系统 U_2	民生改善	居民消费价格指数	X_{201}	0.081 2	−
		社会消费品零售总额/亿元	X_{202}	0.182 2	+
		居民消费水平指数	X_{203}	0.083 5	+
	社会发展	第三产业增加值指数	X_{204}	0.110 3	+
		人均 GDP/万元	X_{205}	0.352 4	+
	科技创新	市场技术成交额/亿元	X_{206}	0.190 5	+
生态效率系统 U_3	生态环境效益	单位 GDP 废水排放/（吨/万元）	X_{301}	0.077 9	−
		单位 GDP 二氧化硫排放/（吨/万元）	X_{302}	0.040 8	−
		单位 GDP 工业固体废物排放/（吨/万元）	X_{303}	0.045 1	−
		单位 GDP 烟尘排放/（吨/万元）	X_{304}	0.067 7	−
	资源能源效率	单位 GDP 电耗/（千瓦时/元）	X_{305}	0.039 2	−
		单位 GDP 水耗/（米^3/元）	X_{306}	0.022 3	−
		单位 GDP 城建用地/（千米^2/亿元）	X_{307}	0.061 7	−
	经济效益	总资产贡献率/%	X_{308}	0.050 9	+
		本年应交增值税/亿元	X_{309}	0.158	+
		工业增加值/亿元	X_{310}	0.145 5	+
	循环经济	工业污染治理完成投资/亿元	X_{311}	0.135 9	+
		生活垃圾无害化处理率/%	X_{312}	0.024 4	+
		造林总面积/千公顷	X_{313}	0.130 8	+

二、研究方法

空间计量分析的面板模型有空间滞后模型和空间误差模型，空间滞后模型意味着一个地区经济增长的所有解释变量都会通过空间传导机制作用于其他地区，而空间误差模型反映了区域外溢是随机冲击作用的结果。这两个模型的基本形式如下。

空间滞后模型：

$$\boldsymbol{y}=\rho\left(\boldsymbol{I}_T\otimes\boldsymbol{W}_N\right)y+\boldsymbol{X\beta}+\boldsymbol{\varepsilon} \tag{6-25}$$

空间误差模型（SEM）：

$$\boldsymbol{y}=\boldsymbol{X\beta}+\lambda\left(\boldsymbol{I}_T\otimes\boldsymbol{W}_N\right)\boldsymbol{\mu}+\boldsymbol{\varepsilon} \tag{6-26}$$

其中，ρ和λ分别为空间自回归系数和空间误差系数；$\boldsymbol{\mu}$为随机误差项向量；$\boldsymbol{\varepsilon}$为服从正态分布随机误差向量；$\boldsymbol{I}_T$为T维单位时间矩阵；$\boldsymbol{W}_N$为$N\times N$的空间权重矩阵。

空间权重矩阵是空间计量模型的关键，也是区域空间单元相互影响方式的体现。本节选用的$\boldsymbol{W}_N$是经济空间权重矩阵，由地理空间权重矩阵 $\boldsymbol{W}_1$（地理坐标）和经济权重矩阵 $\boldsymbol{W}_2$ 构成。其中，地理空间权重矩阵 $\boldsymbol{W}_1$ 经过样本单元地理坐标中的经纬度转化而来，经济权重矩阵 $\boldsymbol{W}_2$ 是由各省 GDP 样本年所占比重的均值组成的对角矩阵。这样，空间权重矩阵就综合考虑了经济因素和地理因素。

$$\begin{aligned}\boldsymbol{W}_N&=\boldsymbol{W}_1\times\boldsymbol{W}_2\\&=\boldsymbol{W}_1\times\operatorname{diag}\left(\frac{\frac{1}{t_1-t_0+1}\sum_{t=t_0}^{t_1}y_{1t}}{\sum_{i=1}^{N}y_i},\frac{\frac{1}{t_1-t_0+1}\sum_{t=t_0}^{t_1}y_{2t}}{\sum_{i=1}^{N}y_i},\cdots,\frac{\frac{1}{t_1-t_0+1}\sum_{t=t_0}^{t_1}y_{Nt}}{\sum_{i=1}^{N}y_i}\right)\end{aligned} \tag{6-27}$$

其中，t为时间期数；N为研究地区数；$y_{it}\left(i=1,2,\cdots,N;t=t_0,\cdots,t_1\right)$为第$i$个地区$t$时期的经济指标，如文中的第$i$个地区$t$时期的GDP。

三、结果与分析

（一）金融集聚、经济发展和生态效率的空间可视化分布

依据前述“熵权法”测算出的 31 个省域的金融集聚、经济发展和生态效率的指标综合评价值，在 Excel 中建立 2005~2013 年各省域金融集聚、经济发展和生态效率的属性数据库，并通过 ArcGIS 10.2 软件实现空间数据与属性数据的关联，按 Jenks 自然间断点分级法将生态效率分为四个等级（台湾地区不在研究范围之内，数据设定为 0），四个等级颜色由浅入深依次标记为低值区Ⅰ[0.000 0，0.329 1]、次低值区Ⅱ[0.329 2，0.462 5]、中等值区Ⅲ[0.462 6，0.570 5]和较高值区Ⅳ[0.570 6，0.787 3]，得到空间可视化图。两条相邻的柱状图从左到右刻画的

分别是各省域金融集聚度和经济发展水平的空间可视化特征。

广东、江苏和山东为生态效率较高值省份；北京、广东、上海、江苏和浙江为金融集聚度和经济发展水平较高的省（直辖市），并且东部省份的金融集聚度、经济发展水平和生态效率相对也较高。

（二）空间面板计量分析

空间计量分析的目的是找出三大关键指标综合值之间的函数关系和空间自相关系数，将空间函数中的变量参数和空间自相关系数引入系统动力学流图模型。运行 MATLAB 空间面板模型程序，输出参数如表 6-29 所示。OLS 模型的拟合优度 R^2 和 DW 检验值都较小，可能遗漏了空间自相关问题，导致估计结果的不可靠。而考虑了空间效应的 SLM、SEM 模型，拟合优度 R^2 有明显改善，并且空间自回归系数 ρ 和空间误差系数 λ 均在 1%的水平上显著，因此估计出来的结果更为合理。

表 6-29　空间面板模型参数比较

模型类别	普通最小二乘模型（OLS）			空间滞后模型（SLM）			空间误差模型（SEM）		
变量	经济发展	金融集聚	生态效率	经济发展	金融集聚	生态效率	经济发展	金融集聚	生态效率
经济发展	—	1.086 2***	0.161 5	—	0.173***	−0.001	—	0.174***	−0.025
金融集聚	0.601 9***	—	0.362 1***	0.288***	—	−0.108	0.263***	—	−0.128*
生态效率	0.050 9	0.206 0***	—	−0.017	−0.057	—	−0.026	−0.059	—
拟合优度	0.758 6	0.775	0.354 9	0.928	0.978	0.959	0.917	0.978	0.949
自然对数似然函数值				369.1	422.1	403.2	368.44	422.1	403.8
杜-瓦统计量	1.640 8	2.040 4	1.584 4	空间自回归系数			空间误差系数		
莫兰指数	0.194 0	0.062 4	0.048 7	0.403***	0.059	0.490***	0.404***	0.050	0.50***

*、**、***分别表示在 10%、5%、1%的显著性水平下显著

空间面板模型揭示了金融集聚、经济发展水平和生态效率均存在一定程度上的空间依赖性，经济发展水平的莫兰值越大，其空间依赖性越强，空间自相关系数约为 0.40，生态效率的空间自相关系数约为 0.50；金融集聚、经济发展水平和生态效率之间的关系为：生态效率⇔金融集聚⇔经济发展。这些关系中蕴含的机理以及经济发展水平和生态效率的空间溢出效应为系统动力学建模提供了必要的支撑。

（三）流率基本入树建模

金融集聚、经济发展和生态效率系统之间的关系错综复杂，而还原论与整体论相结合为探索系统复杂性指明了方向。流率基本入树逐步仿真方法以

还原论思想为指导，通过分别建树，分别建仿真方程，逐步仿真，然后整体仿真。因此，利用整体论与还原论相结合的思想方法，可以对某些问题进行有效的研究。

流图模型共设 3 组流位流率对，设置仿真步长为 0.25 年，2005 年为仿真初始时间，2025 年为仿真分析结束时间，模拟总时段为 84。流率基本入树建模时，确定第一棵树的流位变量为金融集聚度 $L_1(t)$，金融集聚度变化率 $R_1(t)$ 为流率变量；外生变量有保险密度 Den（t）、城镇化率 Urb（t）、经济发展水平 $L_2(t)$、生态效率 $L_3(t)$，银行不良贷款率 NPL（t）为辅助变量。第二棵树的流位变量为经济发展水平 $L_2(t)$，经济发展水平变化率 $R_2(t)$ 为流率变量，同时引入空间影响因子作为增补变量；外生变量有金融集聚度 $L_1(t)$、单位 GDP 能耗 Ene（t）、人均国内生产总值 PGDP（t）、单位 GDP 二氧化硫排放 $SO_2(t)$。第三棵树的流位变量为生态效率 $L_3(t)$，生态效率变化率 $R_3(t)$ 为流率变量，引入空间影响因子作为增补变量；外生变量有金融集聚度 $L_1(t)$、城镇化率 Urb（t）、单位 GDP 能耗 Ene（t）、人均国内生产总值 PGDP（t）。

建立流图模型仿真（图 6-4）时，先依据历史数据运用计量经济方法和参考前述空间面板模型变量参数（表 6-29）确定流率变量方程，对于未通过显著性检验的外生变量，考虑通过逻辑函数间接作用于流率变量，以东部地带建模为例，三棵树的流率变量方程如下。

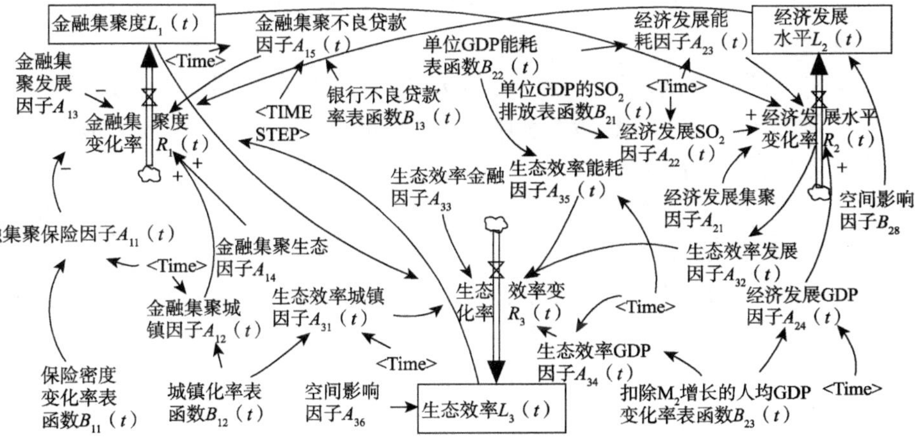

图 6-4　金融集聚、经济发展水平和生态效率流图模型

$$
\begin{aligned}
R_1(t) = & -2.970\,0\mathrm{Den}(t) - 1.344\,4\mathrm{Urb}(t) - 1.703\mathrm{NPL}(t) + 1.167\,4L_2(t) - 6.577\,1L_3(t) \\
& \quad -0.911\,2 \qquad -0.834\,8 \qquad -0.871\,1 \qquad 3.495\,3^{**} \qquad -2.855\,1^{*} \\
& \left(R^2 = 0.106\,0\right) \left(R^2 = 0.090\,6\right) \left(R^2 = 0.092\,4\right) \left(R^2 = 0.753\,3\right) \left(R^2 = 0.731\,0\right)
\end{aligned}
\tag{6-28}
$$

式（6-28）中，只有经济发展和生态效率通过了统计意义上的显著性检验（5%和 10%），而经济意义上可以理解为：经济发展正向作用于金融集聚度变化率，保险密度、城镇化率（拟合度偏低）、不良贷款率和生态效率反向作用于金融集聚度变化率。城镇化和生态效率的提升吸收了巨额的金融资源，而保险资金又不可避免地追求资金的安全性，从而降低了金融集聚度。

$$R_2(t)=0.155\,6L_1(t)-0.039\,5\mathrm{SO}_2(t)+0.003\mathrm{PGDP}(t)-0.023\,8\mathrm{Ene}(t)$$
$$\begin{array}{cccc} 12.029\,8^{***} & -0.353\,8 & 0.182\,5 & -0.167\,1 \\ (R^2=0.973) & (R^2=0.017\,6) & (R^2=0.004\,7) & (R^2=0.004\,0) \end{array} \quad (6\text{-}29)$$

式（6-29）中，只有金融集聚通过了显著性统计检验（1%），而从经济角度，金融集聚度正向作用于经济发展变化率（高拟合度），人均 GDP 微弱正向作用于经济发展变化率，客观上二氧化硫排放和单位 GDP 能耗都是经济发展的负向指标。

$$R_3(t)=1.703\,5\mathrm{Urb}(t)+0.198L_1(t)+0.035\,4\mathrm{PGDP}(t)-0.300\mathrm{Ene}(t)$$
$$\begin{array}{cccc} 2.456\,1^{*} & 2.824\,5^{**} & 2.354^{*} & -1.835\,7 \\ (R^2=0.601\,3) & (R^2=0.711\,4) & (R^2=0.580\,8) & (R^2=0.457\,2) \end{array} \quad (6\text{-}30)$$

式（6-30）中，只有单位GDP能耗未通过显著性统计检验，城镇化显著正向作用于生态效率变化率，金融集聚和人均 GDP 均有利于生态效率的提升。金融集聚为生态效率的提升提供充足的金融资源，随着人均 GDP 的提高，国民素质不断得到改善。

以建第一棵树为例，只有流位变量 L_2（t）和 L_3（t）显著，于是考虑其他两个外生变量 Den（t）、Urb（t）和辅助变量 NPL（t）通过三个表函数的逻辑函数形式间接作用于 R_1（t），如：

IF THEN ELSE（"保险密度变化率表函数 B_{11}（t）"（Time）>=DELAY1I（"保险密度变化率表函数 B_{11}（t）"（Time），0.25，0），1.02，0.98）

IF THEN ELSE（"城镇化率表函数 B_{12}（t）"（Time）>=DELAY1I（"城镇化率表函数 B_{12}（t）"（Time），0.25，0），1.02，0.98）

IF THEN ELSE（"银行不良贷款率表函数 B_{13}（t）"（Time）>=DELAY1I（"银行不良贷款率表函数 B13（t）"（Time），TIME STEP，0），0.98，1.02）

在逐棵建树和运用 Venple51 逐树仿真过程中，本书经过多次调试发现，引入了空间面板模型（表 6-29）所确定的空间自回归系数作为流图模型中的空间影响因子后，可以较大地缩短仿真调试的时间，并且从仿真结果看，模型模拟的结果也比较好，模拟值与真实值之间的误差绝大部分都在 5%以内，从误差变化的趋势看，不存在显著的系统性偏差，说明模型的拟合度较好，因此，可以认为模型是有效的。

（四）参数调控仿真评价

参数调控仿真评价关注的是金融集聚度、经济发展水平和生态效率其中之一发生变化时，另外两个变量的变化趋势，仿真结果如下。

金融集聚度提高 10%，东、中、西部的经济发展水平年均增长率分别为 0.2%、0.16%和 0.28%；生态效率年均增长率分别为 0.272%、0.069%和 0.391%。由于金融集聚度的提高，“十四五”期间经济发展水平和生态效率的增长幅度比“十三五”更大，金融发展具有长期效应。

经济发展水平提高 10%，东、中、西部的金融集聚度年均增长率分别为 0.85%、1.04%和 0.59%；生态效率年均增长率分别为 2.02%、2.13%和 2.89%。经济发展水平持续提高，“十四五”期间金融集聚度和生态效率的增长幅度相比“十三五”时期更大。从经济发展能够促进金融发展和提升生态效率的角度分析，经济发展有利于人民生活水平和生活质量的提高，促进环境友好型社会的建立。

生态效率提高 10%，东、中、西部的金融集聚度年均增长率分别为 −0.96%、−1.5%和−0.67%；经济发展水平年均增长率分别为 1.65%、1.8%和 1.49%。由于生态效率的提升，“十四五”期间金融集聚度和经济发展水平的增长幅度比“十三五”更大。生态效率兼顾了生态和经济两个方面的效率，都需要不断的技术创新来支撑，这是庞大金融资源的投入过程。所以从中短期来看，生态效率和金融发展是矛盾的，但是生态效率提升又通过促进经济发展间接地刺激金融发展，长期来看，这是一个良性循环，关键在于政府和社会的取舍。

未来十年即“十三五”和“十四五”期间，各种情况下东、中、西三大地带金融集聚度、经济发展水平和生态效率的仿真输出结果如图 6-5 所示。每个分图中均显示了三条折线，有 7 个分图中的一条折线几乎与初始状态的折线重合，表明对应变量的变化对另一个变量的影响作用微弱。东部地带，生态效率对于金融集聚的作用弱于经济发展，金融集聚对于经济发展的作用弱于生态效率，金融集聚对于生态效率的作用弱于经济发展；中部地带，经济发展和生态效率作用于金融集聚的方向相反，生态效率作用于经济发展的力度强于金融集聚，经济发展作用于生态效率的力度强于金融集聚；西部地带，经济发展对于金融集聚、生态效率对于经济发展和经济发展对于生态效率的作用相对更大。

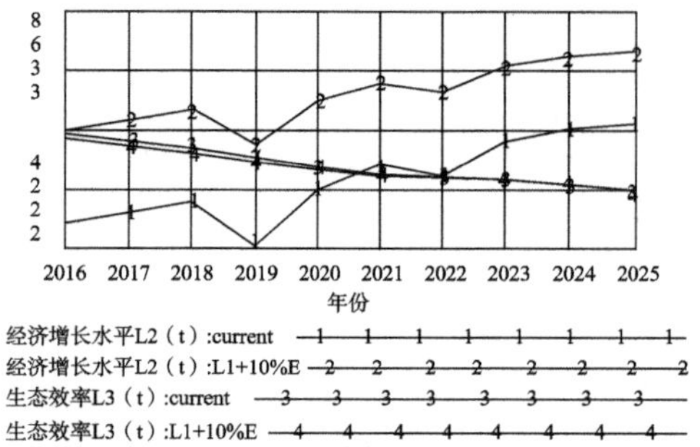

年份
经济增长水平L2（t）:current
经济增长水平L2（t）:L1+10%E
生态效率L3（t）:current
生态效率L3（t）:L1+10%E

（a）

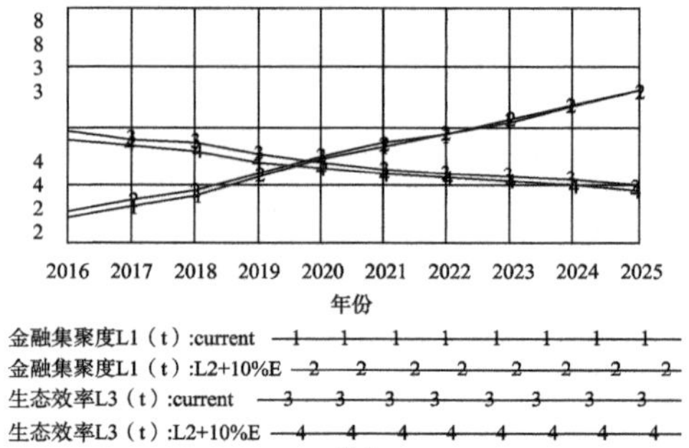

年份
金融集聚度L1（t）:current
金融集聚度L1（t）:L2+10%E
生态效率L3（t）:current
生态效率L3（t）:L2+10%E

（b）

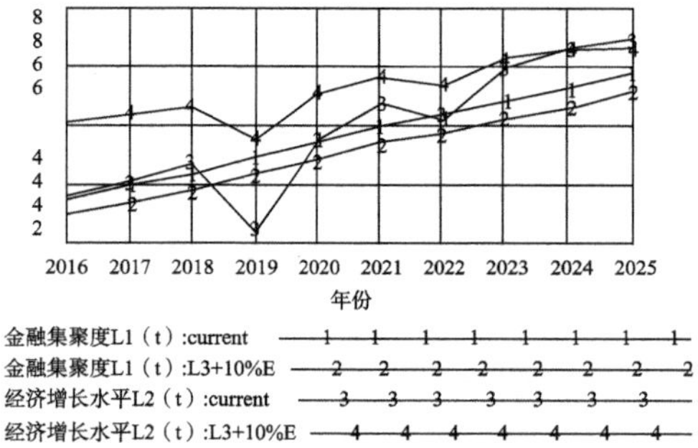

年份
金融集聚度L1（t）:current
金融集聚度L1（t）:L3+10%E
经济增长水平L2（t）:current
经济增长水平L2（t）:L3+10%E

（c）

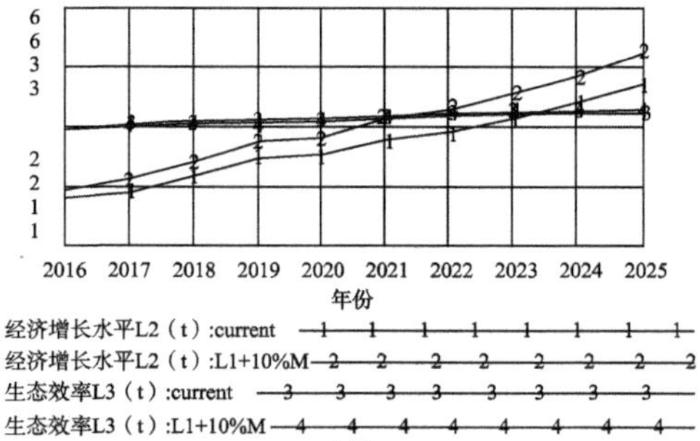

年份
经济增长水平L2（t）:current
经济增长水平L2（t）:L1+10%M
生态效率L3（t）:current
生态效率L3（t）:L1+10%M

（d）

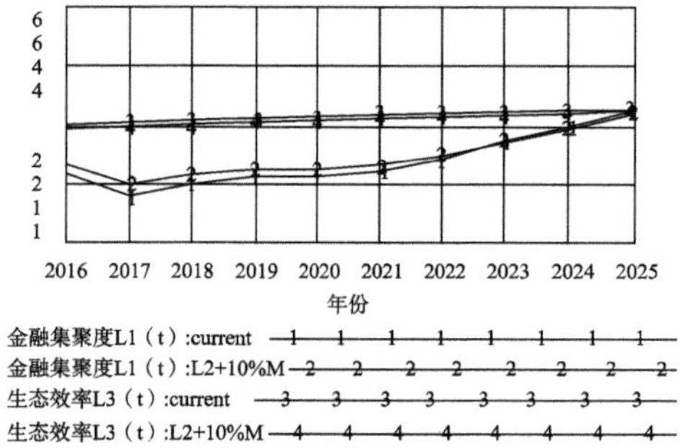

年份
金融集聚度L1（t）:current
金融集聚度L1（t）:L2+10%M
生态效率L3（t）:current
生态效率L3（t）:L2+10%M

（e）

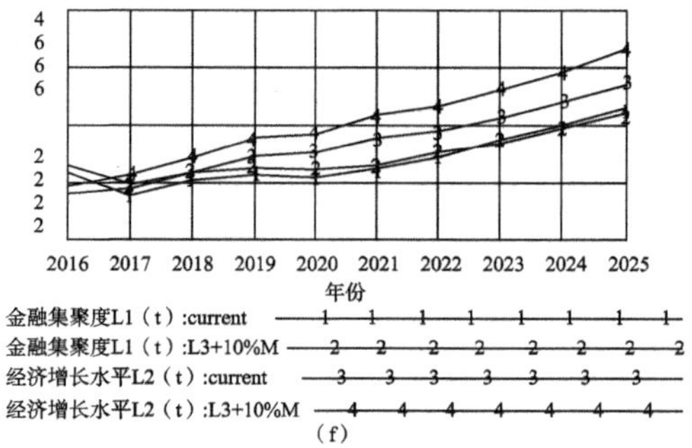

年份
金融集聚度L1（t）:current
金融集聚度L1（t）:L3+10%M
经济增长水平L2（t）:current
经济增长水平L2（t）:L3+10%M

（f）

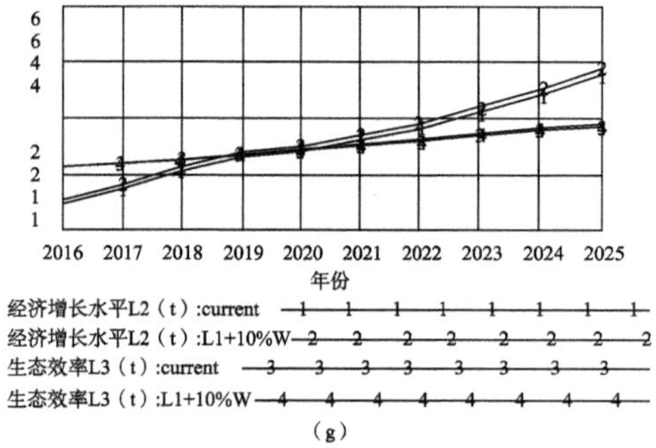

年份
经济增长水平L2（t）:current
经济增长水平L2（t）:L1+10%W
生态效率L3（t）:current
生态效率L3（t）:L1+10%W

（g）

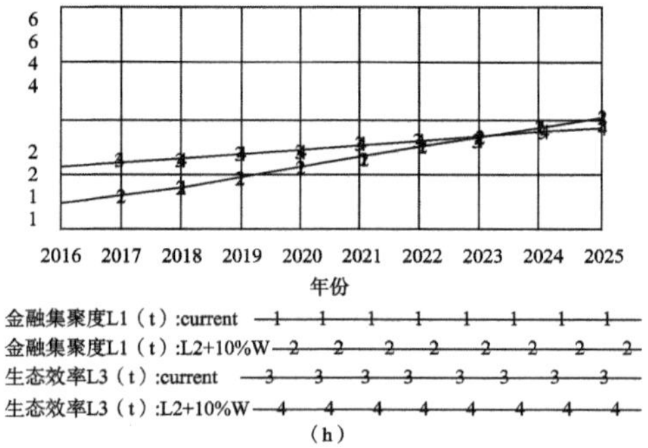

年份
金融集聚度L1（t）:current
金融集聚度L1（t）:L2+10%W
生态效率L3（t）:current
生态效率L3（t）:L2+10%W

（h）

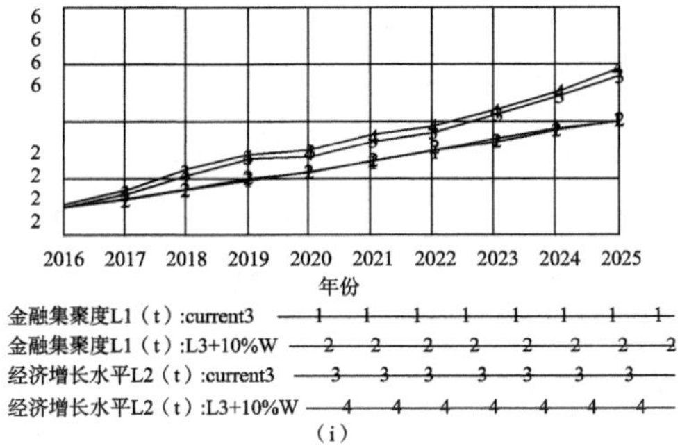

图 6-5　东、中、西三大地带金融集聚、经济发展水平和生态效率变化趋势图

四、结论与对策

本节探究了金融集聚、经济发展和生态效率三者间的关系，采用空间面板模型检验了它们的空间自相关性，并且将经济发展和生态效率的空间自相关系数作为空间影响因子引入系统动力学流图模型中，分别调控金融集聚、经济发展和生态效率的参数值，对我国东、中、西部地带的其他参数进行仿真。仿真结果比较符合经济和生态现实，从而对金融集聚、经济发展和生态效率的相互作用关系有了深入理解。

（1）经济发展和生态效率存在空间溢出效应，空间面板模型确实能够更好地刻画金融集聚、经济发展和生态效率的相互作用关系。整体而论，金融集聚、经济发展和生态效率三者之间存在互促关系，经济发展效应更加突出，金融集聚对生态效率提升的贡献度最大，生态效率的提升并不能促进金融集聚。

（2）金融集聚正向作用于经济发展水平，金融集聚使东部和西部地带生态效率有所提升，中部地带生态效率稍微有所下降，这表明了金融发展的重要作用以及中部地带金融发展较落后的事实；经济发展水平正向作用于金融集聚度和生态效率，发展是硬道理；生态效率正向作用于经济发展，反向作用于金融集聚，提升生态效率需要庞大金融资源支持，资源一旦耗尽和环境一旦被极大破坏，代价巨大。

（3）东部地带经济发展基础扎实，保持经济健康、可持续发展，对区域生态效率的提升空间很大，大力发展金融，激活民间资本的活力，也在一定程度上促进了生态效率的提升，适合推行“经济发展→金融集聚→生态效率提升”的演进模式。一方面，金融集聚对中部地带的经济发展和生态效率提升作用有限，经济发展确实促进金融集聚和生态效率的提升，生态效率对中部地带经济发展的促进作用最大；另一方面，中部地带金融发展虽然相对滞后，将来发展的着力点还是要跳出金融，重点提高区域经济发展水平和综合实力，相对弱化的生态效率需要提升，以经济发展和生态效率提升促进金融发展，推行“经济发展→生态效率提升→金融集聚”的演进模式。西部地带生态效率有待切实提升，而金融集聚对本区域的经济发展推动作用最大，经济发展水平对生态效率的贡献率最高，所以着力发展金融是当务之急，以金融发展促经济发展，提升区域生态效率，着力推行“金融集聚→经济发展→生态效率提升”的演进模式。

（4）相比“十三五”，“十四五”时期金融经济有更大的发展空间，生态效率面临更大的提升。随着经济的发展，国民素质的提高，企业的创新能力和人们环保意识的增强，生态环境必然有所改善，有望实现经济可持续发展。

第七章　金融集聚、要素流动与经济增长空间演变

第一节　内在作用机理

一、要素禀赋与要素集聚

中国经济发展存在着区域间非均衡增长的现象，东部、中西部等区域经济发展差异日渐凸显，国内外学者对地区经济发展差异做了大量的理论和实证研究。纵观这些研究，要素因素、政策因素、区位因素、产业因素、空间格局因素等是影响经济发展差异的主要原因，而要素禀赋和要素集聚一直是影响经济发展差异的主要因素。

经济增长要素指的是形成产出的各种投入因素，包括资本、劳动、技术、土地等。从微观意义上讲，以一个工厂的产出而言，投入的要素主要是资本、劳动、技术、土地；而从宏观意义上讲，要素指的是推动经济增长的各种因素，既包括资本、劳动、技术、土地等要素，也包括经济制度、经济规模等。

人类的经济活动会形成一定的集聚，与此同时要素在参与人类经济活动的过程中也会集聚在某一特定区域，从而产生要素集聚。要素集聚有利于发挥其集聚效应所产生的规模效应，从而促进地区经济发展。要素集聚既包括区外要素向区内聚集，也包括区内要素向不同层次极点的聚集。要素流是区域要素聚集的主要出现形式，如资金流、人口流、信息流、技术流及物质流等，这些要素流在空间上的聚集往往会带来区域内城市群的形成及城市功能和区域内土地利用类型的变化。要素流的聚集一方面提高了区域内要素的集聚程度，另一方面也会改变各种要素流动的方向和级别。

要素集聚构成了区域经济和全球化经济的基础特征，它作为一种特有的资源配置与优化方式，是生产要素在区域和全球范围实现优化配置的具体体现。无论是要素的区域流动还是国际流动都存在着结构性的偏向，主要表现为劳动力、土

地、自然资源等低级要素的流动不充分甚至基本不能流动，而资本、优秀人才、技术等高级要素极易流动。一般情形为拥有高级要素的国家或地区的要素会向拥有低级要素的区域流动，这是要素流动的结构性偏向导致的。这种结构性偏向会使要素流动的基本形式是以资本、技术及优秀人才为主。这种流动的核心特征是：流动性较强的要素向拥有流动性较低要素的地区或国家流动，后者则成为要素的聚集地，进而成为世界工业品的主要生产基地和出口基地，最终成为新的经济增长基地。

二、要素集聚与经济增长

国外学者对要素集聚与经济增长的研究由来已久，主要包括马歇尔的外部经济理论、韦伯的成本节约理论、胡佛的最佳规模理论、波特的“钻石体系”理论、克鲁格曼的中心–外围理论。

经济史上第一位对产业集聚现象进行专题讨论的经济学家是马歇尔，他在其经典论著《经济学原理》中提出了外部经济理论。在书中，他提出了地方性工业的概念，即具有分工性质的工业集中在特定地区，并把大量企业集聚的地方称为工业区。这种地方性工业形成的最初原因是自然条件和宫廷的特许，而到了工业化时期，根本性的原因则是获取外部规模经济的好处。

马歇尔认为工业生产之所以会形成空间集中是由于厂商追求外部经济，从而形成了他的外部经济理论。他认为当企业生产规模扩大时会产生外部经济与内部经济这两类经济效应。内部经济是指生产规模的扩大而使得企业资源成本下降、管理效率提升；外部经济是指由于整个产业的发展而使与该企业相关的部门的成本下降。当相关的生产厂商在地域上相互接近时，生产要素随之集聚，各厂商都能够从中获得利益，而这种得益的大小依赖于产业、区域的生产规模。

韦伯在其著作《工业区位论》中对区位三角形理论进行了补充和扩展。区位三角形理论认为，企业做出基本的区位选择首先考虑的是运输成本，而劳动力成本和集聚要素的差异会引起企业偏离基本区位选择。韦伯指出包括“集聚要素和分散要素”的集聚因素，能够将生产集中于特定的区域。

胡佛认为产业集聚区域便是一种产生规模经济的区域，这种区域被称为规模经济区。规模经济区有三个层次：单个公司部门的规模经济；单个公司规模经济；单个产业规模经济。胡佛提出产业集聚存在一个最佳规模，这是他对产业集聚研究的最大贡献。对任何一个产业而言，在一定区位上集聚的企业太多，会由于某些原因使集聚区域的整体效应不佳；同时，如果集聚的企业数量不足，同样也不能达到理想的集聚规模，整体效应同样不佳。

波特重构了产业集聚的新竞争经济理论，他的贡献在于对产业集聚影响企业竞争力的机理进行了研究。他结合其独特的“钻石体系”的国家竞争优势分析，认为产业集聚可以提高微观企业竞争力，从而提高区域产业竞争优势。在他看来，产业集聚是在特定区域中相互关联的一群企业和相关机构的集中，这些集群企业不同于科层组织或垂直一体化组织，相互之间处于独立、非正式的关系，是一种比较松散的价值体系，该集群形成的空间领域具有灵活性强、效率高的竞争优势。产业集聚体可以通过三种方式提高区域产业竞争优势：①提高集群企业的生产力；②对新进入的企业采取鼓励支持的态度，提升集群竞争力；③提高区域创新能力，为未来的增长奠定坚实的基础。波特认为，产业在特定区域上的聚集，能够对产业的竞争优势产生广泛而积极的影响，促进区域竞争，保持和增加区域经济增长的速度。

克鲁格曼则在深层次上揭示了区域经济增长与产业集聚之间的相互关系及其内在机理。他在规模报酬递增、不完全竞争的市场结构的基础上，构建了关于产业集聚的制造业中心-农业外围的区域经济增长模型。他认为是规模报酬递增、生产要素流动与运输成本最小化等因素的共同作用形成了产业集聚，经过严密的数学论证，制造业存在集聚所带来的中心-外围的区域经济增长格局被证实。在他的中心-外围模型中，强调产业集聚引起的经济联系效应，并形成吸引产业与要素进一步集聚的向心力；但运输成本的存在，会产生一种抵御产业集聚的离心力。从这个角度看，克鲁格曼的研究弥补了马歇尔和韦伯观点的不足。

三、金融集聚与区域经济差异化发展

1990 年以来，我国经济全面快速增长的同时，区域经济发展差异也日渐扩大，不仅是 GDP 总量的差异逐渐扩大，GDP 增长速度也呈现出比较明显的分化趋势。通过计算泰尔系数及对泰尔系数进行一阶段分解，可以比较清晰地看出我国经济增长的差异，也可以将全国总体差异分解为我国东部、东北部、中部、西部地区四大区域间的差异和各区域内部的差异。

西方学者对区域经济发展差异的成因研究可归纳为：发展战略、农村工业化、区域发展政策、全球化、经济自由化、产业结构转变、外商直接投资、边界效应等方面。我国学者对形成经济差异的原因进行了深入的研究，探讨不同成因的影响效应，归纳起来主要集中在以下几个方面：经济溢出效应，产业结构及其转换能力，外商直接投资，政府政策、制度、行为等。

金融发展水平差异作为金融发展的一个重要层面，与经济增长差异之间的关系是国内外学者研究的重点内容之一。金融集聚会吸引逐利性要素向其靠拢，加剧金融中心城市的极化效应。因此，金融集聚引发的区域金融配置不均衡与要素禀赋差异是否是区域经济非均衡增长的影响因素，是值得研究的问题。

金融集聚通过“极化效应”和“涓流效应”影响区域金融发展，从而作用于实体经济，对经济发展差异产生重要的影响，由此引发区域金融差异与区域经济差异的互动关系。金融集聚作为金融发展的一个重要层面，与经济增长的关系也是国内外学者研究的重点对象。Zhao 等（2004）运用全球 91 个国家的数据研究金融部门发展和收入差距之间的关系，结果表明，金融发展会显著降低一国收入分配差距。

国内学者关于金融集聚与经济增长的研究方兴未艾，在金融集聚和经济增长关系的实证研究方面取得了不错的成果。陈文锋和平瑛（2008）以上海市为研究对象，运用金融区位熵和格兰杰因果关系检验方法进行了研究，结果表明金融集聚是经济增长的格兰杰成因，并且金融产业集聚与经济增长之间存在长期的协整关系。丁艺等（2010）也是用了区位熵指数对金融聚集度进行了衡量，研究范围扩大到了全国 28 个省（自治区、直辖市），最后得出中国东、中、西部差异较大的金融集聚现象对区域经济的增长存在比较明显的促进作用。李林等（2011）利用空间计量方法对金融集聚与区域经济增长的空间效应进行了分析，通过建立空间计量模型检验了金融集聚对区域经济增长的空间溢出效应，其中银行业的集聚对区域经济增长的空间溢出效应最为明显。

第二节　金融集聚、要素流动与经济增长的空间计量分析

一、模型设定

从上文分析可知，我国东部、东北部、中部、西部经济发展差异比较明显。因此，数据的空间异质性致使金融集聚、资本要素、劳动要素与技术要素对各地区经济的作用程度和作用方向都可能存在不一致，同时，各地区之间经济联系比较密切。本节结合理论假设，将柯布-道格拉斯生产函数拓展为内涵金融集聚、资本、劳动力、技术等要素的内生经济增长模型，并采取对数形式构建面板数据模型如下：

$$\begin{aligned}\ln\mathrm{GDP}_{it} = \alpha_{it} + C + \beta_{i1}\ln\mathrm{HHI}_{it} + \beta_{i2}\ln\mathrm{CA}_{it} \\ + \beta_{i3}\ln\mathrm{ED}_{it} + \beta_{i4}\ln\mathrm{TA}_{it} + \varepsilon_{it}\end{aligned} \tag{7-1}$$

其中，C 为固定影响参数；i 为 1，2，…，5，分别代表全国、东部、东北部、中部、西部等地区；t=1，2，…，23，分别代表 1990~2012 年；α 和 β 为各地区回归参数；ε 为随机误差项。模型中的 lnGDP，…，lnTA，都为取对数后的结果，

其中 lnHHI 为金融集聚度，lnCA 为资本集聚度，lnED 为劳动要素禀赋指数，lnTA 为技术集聚度。

二、模型设定形式检验

面板数据模型形式设定的正确与否，直接影响到模型的有效性及与经济现实的吻合度。对于面板数据模型的设定形式采用Hausman检验确定是固定效应模型还是随机效应模型，在此基础上，构造相应的 F 统计量来判定模型是不变参数模型、固定影响模型还是变系数模型。

（一）Hausman 检验

Hausman 检验结果表明：P 值小于 1%，说明应建立固定效应模型（表 7-1）。

表 7-1 Hausman 检验结果

质量	参数	标准差	T 值	P 值
C	6.682 664	0.068 777	97.164 15	0.000 0***
HHI	−0.152 679	0.017 582	−8.683 680	0.000 0***
ED	0.085 294	0.019 829	4.301 550	0.000 0***
CA	0.080 338	0.009 783	8.212 000	0.000 0***
TA	0.829 327	0.008 020	103.401 7	0.000 0***
横截面随机效应			1.96×10^{-7}	0.000 0***
检测值	χ^2 统计量	自由度		P 值
横截面随机效应	1 187.984 443	4		0.000 0***

***表示在 1%的显著性水平下显著

（二）确定模型形式的 F 检验

经过 EViews 6.0 分别建立变系数模型、固定影响模型和不变参数模型，得出：$S_1=0.213$，$S_2=0.75$，$S_3=7.46$；$N=5$，$K=4$，$T=23$；进而计算可得：$F_2=138.5>F(20,90)$；$F_1=12.8>F(16,90)$。所以，应建立变参数模型。

（三）面板数据的单位根检验和协整检验

判定面板数据各序列是否平稳需要对面板数据进行单位根检验，从而进一步判定经济增长与金融集聚、资本要素、劳动要素、技术要素之间是否存在协整关系。同质单位根检验和异质单位根检验是面板数据单位根检验的两种方法。本节在借鉴两种检验方法的基础上侧重异质单位根检验过程，避免使用单一方法有可能带来的检验差错，考察参数估计的稳健性。检验结果表明，面板数据各变量序列的一阶差分没有单位根，一阶平稳。

在单位根检验的基础上，采用 Pedroni 和 Johansen 检验方法对样本数据进行协整检验，结果如表 7-2 所示。

表 7-2　Johansen 检验结果

假设	Fisher 统计量（足迹统计量）	P 值	Fisher 统计量（最大特征值统计量）	P 值
无	196.9	0.000 0	110.1	0.000 0
最多 1 个	117.5	0.000 0	91.16	0.000 0
最多 2 个	41.05	0.000 0	28.12	0.000 1
最多 3 个	22.9	0.011 1	21.53	0.017
最多 4 个	13.61	0.192	13.61	0.192

Johansen 检验结果显示存在三个协整关系，从表 7-2 的检验结果可以看出，我国各地区经济增长与金融集聚、资本要素、劳动要素、技术要素之间存在着协整关系。

三、模型估计

（一）实证结果

在上述面板数据模型形式设定和检验结果的基础上，考虑到模型可能存在截面异方差，采用Cross-section weights截面加权对面板数据进行参数估计，得到的实证结果如表 7-3 所示。

表 7-3　面板数据变系数模型估计

变量	全国	东部	东北	中部	西部
C	7.53（0.00）***				
α	8.86	−6.35	3.81	−15.4	9.07
lnHHI	−1.23（0.000）***	0.43（0.06）*	−0.66（0.000）***	0.07（0.610）	−0.641（0.000）***
lnCA	0.89（0.000）**	0.71（0.000）***	0.56（0.000）	0.45（0.000）***	0.73（0.000）***
lnED	−0.15（0.130）	0.62（0.680）	−0.28（0.070）*	3.47（0.000）***	−2.92（0.003）***
lnTA	0.07（0.060）*	0.16（0.110）	0.022（0.800）	0.18（0.000）***	0.40（0.000）***
R^2	0.999	0.998	0.993	0.998	0.996
调整 R^2		0.998	因变量方差		3.01
回归标准差		0.048	Sum squared resid		0.21
F 值		3 329	DW 统计量		1.45
P 值		0.000 000			

*、**、***分别表示在 10%、5%、1%的显著性水平下显著

注：括号内为 P 值

故我国各地区经济增长与金融集聚、资本要素、劳动要素、技术要素之间的模型如下（下标 1，2，3，4，5 分别代表全国、东部、东北部、中部、西部）：

$$
\begin{cases}
\ln GDP_1 = 8.86 + 7.53 - 1.23\ln HHI_1 + 0.89\ln CA_1 \\
\qquad -0.15\ln ED_1 + 0.07\ln TA_1 + \varepsilon_1 \\
\ln GDP_2 = -6.35 + 7.53 + 0.43\ln HHI_2 + 0.71\ln CA_2 \\
\qquad +0.62\ln ED_2 + 0.16\ln TA_2 + \varepsilon_2 \\
\ln GDP_3 = 3.81 + 7.53 - 0.66\ln HHI_3 + 0.56\ln CA_3 \\
\qquad -0.28\ln ED_3 + 0.022\ln TA_3 + \varepsilon_3 \\
\ln GDP_4 = -15.4 + 7.53 + 0.07\ln HHI_4 + 0.45\ln CA_4 \\
\qquad +3.47\ln ED_4 + 0.18\ln TA_4 + \varepsilon_4 \\
\ln GDP_5 = 9.07 + 7.53 - 0.641\ln HHI_5 + 0.73\ln CA_5 \\
\qquad -2.92\ln ED_5 + 0.4\ln TA_5 + \varepsilon_5
\end{cases}
\tag{7-2}
$$

（二）实证结果分析

从上述面板数据模型结果可以看出，各区域面板数据模型的拟合优度都在99%以上，说明整体面板数据模型对样本数据的解释能力较强，且大多数变量估计参数都通过了显著性检验。从表 7-3 可知，各地区金融集聚、资本要素、劳动要素、技术要素等因素对各地经济增长具有显著性的作用。如前文所述，各因素对经济增长的作用方向与作用程度都具有明显的差异。从金融集聚要素来看，东部地区和中部地区金融集聚对经济增长产生了正向的影响，相应的 HHI 系数分别为 0.43、0.07；而全国、东北部地区、西部地区系数则为负数，说明全国和东北部地区、西部地区金融集聚的程度低，更大程度上表现为金融资源分散，这对经济增长产生反向作用，这说明金融集聚水平越低，对经济增长的反向作用越明显。

各地区劳动要素对经济增长的作用也呈现出分化的状态。劳动要素正向作用最明显的是中部地区，东部地区也产生正向作用，相应的系数分别为 3.47 与 0.62，中部地区劳动要素系数通过了 1%的显著性检验；而全国、东北部地区与西部地区由于其本身劳动要素禀赋指数也相对较低，劳动要素对其经济增长产生了负向作用。东北部地区的劳动要素系数为−0.28，西部地区劳动要素负向作用最显著，劳动要素系数为−2.92，说明西部地区和东北地区劳动要素的边际贡献率已处于递减的阶段。

资本要素对经济增长的作用都是正向作用，而且全部通过了 5%的显著性检验，只是各地区的作用系数不一。资本要素对全国经济增长的正向作用系数最大，达到 0.89，这也与资本要素的边际贡献率处于递增状态相吻合。东部、西部、中部、东北部的作用系数依次为 0.71、0.56、0.45、0.73。资本作用系数与资本投入的不一致也表明资本要素对各地区经济增长受经济基础、资源禀赋差异以及其他要素投入差异的影响存在着差异性。

技术要素对经济增长的作用都是正向作用，除东部、东北部外，其余三个地区均通过了显著性检验。技术要素对经济增长的作用程度从大到小依次为西部、中部、东部、全国、东北部。这与技术要素的投入状况有一定的出入。由于西部地区经济发展水平相对处于垫底地位，经济基础脆弱，技术要素对经济增长的作用程度最高。东部、中部和全国技术要素对经济增长的作用程度大致相似。东部地区技术投入程度最高，经济发展水平最高，受边际效率规律影响，技术要素的作用度并不明显。东北部地区技术要素集聚度最低，作用系数也为负。从全国层面来看，技术要素的作用度也较明显。总体来看我国经济增长中技术要素的作用远远没有发挥出来。

从整体来看，金融集聚、资本要素、劳动要素、技术要素等因素对各地经济增长的贡献度差异明显。劳动要素对我国经济增长的贡献程度最高；金融集聚对经济增长的贡献程度也较明显，但作用方向受到各地区的经济发展阶段与发展模式影响；而资本要素与技术要素的贡献程度则相对稳定，正作用明显，资本要素对经济增长的作用度高于技术要素。

第三节　金融集聚、要素流动与经济增长的 SD 仿真分析

对金融集聚和要素流动相关理论的引入，为金融集聚、要素流动与区域经济增长的系统动力学模型构建奠定了理论基础。金融集聚度和要素流动程度的测度为其提供了数据支撑。系统动力学模型被誉为经济社会的“实验室”，其非线性和多回路复杂性的特点适合用于研究社会经济问题。本节在建立金融集聚、要素流动与区域经济增长的系统动力学因果关系图的基础上，分为金融集聚、要素流动和经济发展三个子系统对其系统结构和作用机制进行分析，探究金融集聚、要素流动对区域经济增长的影响。

一、系统动力学的相关介绍

（一）系统动力学的定义及基本原理

系统动力学由美国著名教授——福瑞斯特（Jay. W. Forrester）于 1956 年创立。系统动力学的核心是反馈，系统行为主要由系统内部的反馈结构和反馈机制决定。信息或者物质在系统的反馈回路里传递必然会造成“积累”现象，“积

累”的物质或信息产生压力或者动力促使系统运行。物质或信息在回路中传递到决策者，决策者再做出反应的这一过程需要时间，就必然会产生时间上的延迟，延迟使得系统产生震荡和不稳定，使得系统更加不易控制。但是系统的自适应性和自我修复能力又使得系统在受到外部重大干扰时，可以自我调节和化解，即系统本身存在一种动态平衡。这种动态平衡一方面来自于系统内部的反馈回路之间的相互作用，另一方面来自于外部环境对系统的支持作用。可以说，系统在内部和外部力量的作用下，以一种动态平衡的结构按照一定的规律演化发展。这就是系统动力学的基本原理。

系统动力学用反馈回路描述系统框架，用因果关系图和流图表示元素之间的逻辑关系，用方程描述元素之间的数量关系，最后用计算机软件对系统进行仿真分析。因而，系统动力学被称为“战略与政策实验室”，大多用于复杂系统研究，这类系统具有子系统数量多、子系统相互作用异常复杂以及各子系统间通常存在多层次的相互作用等特点。生态、经济、社会系统都属于复杂系统，这类系统的共同特点就是多重的反馈结构，且元素之间的关系多为非线性的，并且大多存在时滞效应。

系统动力学存在一定的局限性，它只是对现实系统的抽象及简化，根据问题出发选择合适的变量，寻找可获得的数据，并根据需要来量化变量间的关系，所构建的系统动力学模型并不是对现实系统的重构和还原。

（二）系统动力学的建模步骤

系统动力学建模存在很大的创造性，建模者可以根据自己的风格，选择适合自身的建模方法。但是一般来说，成功的建模者都有一个相对严格的步骤：①根据所要解决的问题确定系统动力学的边界；②提出关于问题因果关系的一个动态假说或理论；③构建模型验证提出的假设；④检测模型的模拟度；⑤根据研究结果提出政策设计及政策建议。

因此，本节为了揭示金融集聚和要素流动之间的互动性，反映其对区域经济增长的影响机理，采用了系统动力学的方法进行研究，步骤如下：第一，确定系统边界，建立金融集聚、要素流动对经济增长影响的因果关系图；第二，划分子系统，构建金融集聚、要素流动对区域经济增长影响的存量流图结构模型；第三，构建模型中主要变量的微分方程；第四，进行模型检验；第五，用所建模型对未来金融集聚、要素流动对区域经济增长影响作用进行仿真预测。

二、系统因果关系分析

反馈是系统动力学的核心概念，反馈结构和反馈机制决定了系统行为。因果关系图就是将系统结构以因果关系和反馈环的形式直观地表达出来，一方面简化系统结构便于读者理解复杂系统的作用机制，另一方面保留了系统的反馈核心，简明地表达了对系统所做的假设定义。根据前文对金融集聚过程和集聚效应的分析，以及对要素流动与经济增长关系的梳理，得到如图 7-1 所示的金融集聚、要素流动与区域经济增长因果关系图。

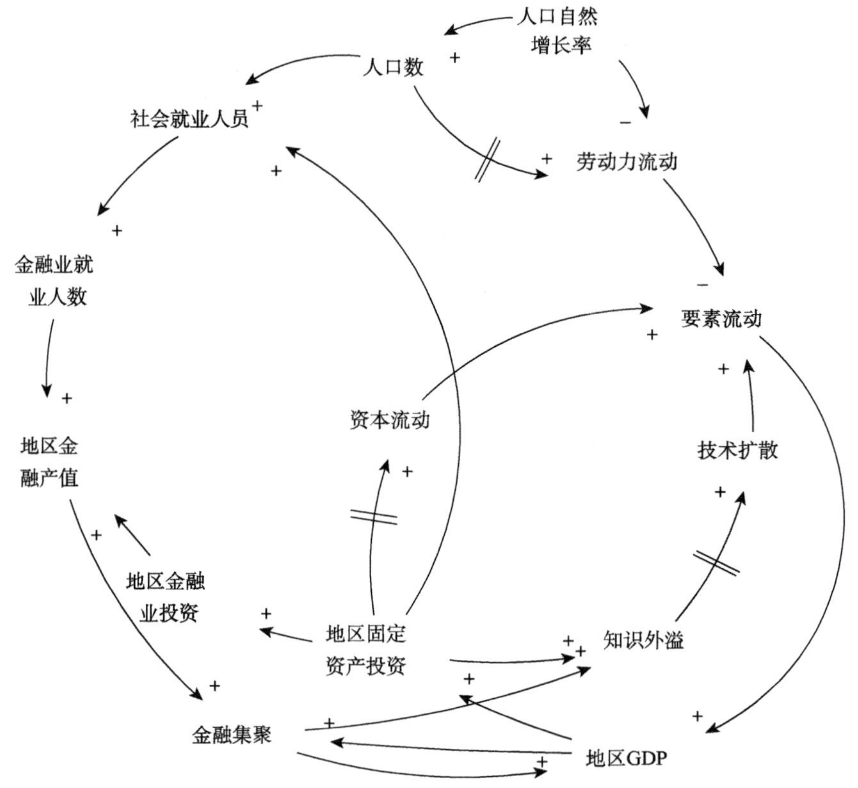

图 7-1 金融集聚、要素流动与区域经济增长因果关系

（一）相关性分析

首先，从定量的角度确定各变量之间的相关性。选取 2005~2014 年的人口数（RK）、地区 GDP（GDP）、地区金融产值（JRGDP）、社会就业人员（SHJY）、金融业就业人数（JRJY）、地区金融业投资（JRTZ）、地区固定资产投资（TZ）、知识外溢（ZSWY）、金融集聚（LQ）、要素流动（YSLD）、资本流动（CFT）、技术扩散（TFD）、劳动力流动（LEF）等 16 个指标作为系统研究指标。利用 SPSS 19.0 计算相关变量之间的相关系数，并以 5%为显著性标准进行 *T* 检验，结果如表 7-4 所示。

表 7-4　相关性分析表

变量	相关系数	显著性	变量	相关系数	显著性
JRTZ 与 JRGDP	0.906	0.000	CFT 与 YSLD	0.716	0.000
SHJY 与 RK	0.850	0.000	LQ 与 ZSWY	0.659	0.000
JRJY 与 JRGDP	0.925	0.000	LEF 与 RK	0.459	0.011
JRJY 与 SHJY	0.963	0.000	TFD 与 ZSWY	0.439	0.015
TZ 与 JRTZ	0.964	0.000	CFT 与 TZ	0.432	0.017
TZ 与 GDP	0.952	0.000	TFD 与 YSLD	0.362	0.049
TZ 与 ZSWY	0.920	0.000	GDP 与 YSLD	0.421	0.021
LQ 与 JRGDP	0.725	0.000	LEF 与 YSLD	−0.933	0.000
LQ 与 GDP	0.715	0.000			

由表7-4可知，以5%为显著性要求，表中所列示变量之间的相关系数都是显著的。劳动力流动（LEF）与要素流动（YSLD）之间是显著负相关，其他所列示变量之间在5%的显著性下均呈正相关。

（二）反馈环分析

相关性只能反映系统过去的行为，并不能表示变量之间的因果关系，即相关性不能完全代表系统的结构。故本节将从定性的角度分析图7-1中反馈环内各变量之间的因果关系和作用机理，从而确定系统结构。

第一个反馈环“地区 GDP→金融集聚→地区 GDP”主要刻画金融集聚和经济增长之间的相互促进关系。当经济发展到一定程度，随着经济增长速度的增加，产业结构升级转型，金融业在空间集聚，金融集聚的外部规模经济效应促使集聚区及周边地区经济增长。

与第一个反馈环相比，第二个反馈环“地区 GDP→地区固定资产投资→地区金融业投资→地区金融产值→金融集聚→地区 GDP”从投资对经济的拉动作用的角度刻画了金融集聚和经济增长之间的相互促进关系。在地区经济增长的驱使下，吸引大量政府投资和民间资本投资，刺激实体经济发展，而实体经济的发展必定带动金融业产值增长，促进金融集聚规模效应的实现，为实体经济持续增长提供金融支持。

第三个反馈环“地区 GDP→金融集聚→知识外溢→技术扩散→要素流动→地区 GDP”和第四个反馈环“地区 GDP→地区固定资产投资→知识外溢→技术扩散→要素流动→地区 GDP”主要刻画技术扩散与经济增长之间的相互促进作

用。经济增长促进金融集聚和投资增加，金融集聚的技术外溢效应为技术创新提供技术支持，投资增加为技术创新提供资金支持，所以两者从不同方面促进技术创新和技术扩散，技术扩散的同时必定带动其他要素的流动，要素流动为经济发展提供生产资料，促进经济增长。

第五个反馈环“地区 GDP→地区固定资产投资→地区金融业投资→地区金融产值→金融集聚→知识外溢→技术扩散→要素流动→地区 GDP”详细刻画了金融集聚、技术扩散与经济增长之间的相互促进作用，是第二个反馈环和第三个反馈环的综合。

第六个反馈环“地区 GDP→地区固定资产投资→资本流动→要素流动→地区 GDP”主要刻画了资本流动与经济增长之间的相互促进作用。地区生产总值较高时，政府就可以启动更多的项目来增加地区的固定资产投资，而政府主导的项目往往能拉动民间资本的投资，使资本大量流入。项目的推动和资本的流入也会带来劳动力流入和技术创新，使要素流动性增加，为地区经济发展带来新的增长点，进一步促进区域经济增长。

第七个反馈环“地区 GDP→地区固定资产投资→社会就业人员→金融业就业人数→地区金融产值→金融集聚→地区 GDP”从促进就业和吸引人才的角度刻画经济增长和金融集聚之间的相互促进关系。经济增长使政府可以启动更多的固定资产投资项目，拉动就业，良好的就业环境也为金融业输送更多人才，促进金融业发展和金融集聚，金融集聚的外部规模经济效应又进一步促进经济增长。

第八个反馈环“地区 GDP→地区固定资产投资→社会就业人员→金融业就业人数→地区金融产值→金融集聚→知识外溢→技术扩散→要素流动→地区 GDP”详细刻画了经济增长促进就业，就业拉动金融产业发展，金融集聚的扩散效应促进技术扩散，为经济发展提供新的增长点，是第七个反馈环和第三个反馈环的综合。

以上对各个反馈环的分析从理论上验证了图 7-1 所示因果关系图合理有效，可以看出金融集聚和要素流动都可以对经济增长有一定的促进作用，并且二者之间存在着互动关系，金融集聚的扩散效应可以促进技术扩散，而劳动力流动又通过就业来影响金融集聚。

三、构建系统动力学流图模型

因果关系图只能表达系统变量之间的相关性和反馈过程，而不能表示变量的性质，不能描述系统的管理和控制过程，这就需要引入存量和流量的概念。用存量表明系统的状态，并为决策和行动提供信息基础；用流量表示存量的时间变化，流入和流出之间的差异随着时间积累而产生存量。所以，在图 7-1 因果关系图的基础上，引入存量和流量的概念，构建系统动力学流图对系统进行更细致和深入的描述。

（一）变量的确定

系统变量设置如表 7-5 所示，表中第三列详细列出了每个变量所对应的统计年鉴中的指标名称。

表 7-5　系统流图变量表

序号	变量名	指标/公式	备注
1	人口数	年末人口数/万人	流位
2	地区 GDP	GDP/亿元	流位
3	地区金融产值	金融业产值/亿元	流位
4	人口增加值	年末人口数（t）–年末人口数（t–1）/万人	流率
5	地区 GDP 增加值	GDP（t）–GDP（t–1）/亿元	流率
6	地区金融产值增加值	金融业产值（t）–金融业产值（t–1）/亿元	流率
7	社会就业人员	就业人员数/万人	辅助变量
8	金融业就业人数	金融业就业人数/万人	辅助变量
9	地区金融业投资	金融业固定资产投资/亿元	辅助变量
10	地区固定资产投资	固定资产投资总额/亿元	辅助变量
11	知识外溢	专利申请授权数/项	辅助变量
12	地区生产总值增长率	[GDP（t）–GDP（t–1）]/GDP（t–1）	辅助变量
13	金融集聚	测算	辅助变量
14	要素流动	测算	辅助变量
15	资本流动	测算	辅助变量
16	技术扩散	测算	辅助变量
17	劳动力流动	测算	辅助变量
18	人口自然增长率	出生率–死亡率	表函数
19	全国 GDP	GDP/亿元	表函数
20	全国金融业产值	金融业产值/亿元	表函数
21	全国固定资产投资	固定资产投资/亿元	表函数
22	金融集聚影响因子	常数	调控参数
23	要素流动影响因子	常数	调控参数

（二）各子系统流图分析

本节研究的主要内容是金融集聚、要素流动对区域经济增长的影响，所以在建立金融集聚、要素流动对区域经济增长影响的系统动力学模型时，将其分解为金融集聚子系统、要素流动子系统和经济增长子系统。

（1）金融集聚子系统。金融集聚子系统最具代表性的变量肯定是金融集聚（LQ），但是考虑到流位描述的是物质、能量、信息等一段时间内的积累，所以，本节选用衡量区域金融业的发展水平最具代表性的指标地区金融业产值作为流位变量，金融业产值增加值作为流率变量来刻画金融集聚子系统。综合考虑到和其他子系统的关联性，本节从投资和就业人员两方面来考虑其对金融业产值增加值的影响。要素流动子系统通过输出劳动力来影响金融集聚，而固定资产投资直接影响着金融业投资，金融业产值占地区生产总值的比重直接决定着金融产业集聚的程度。因为本书研究的是区域经济增长，所以将全国 GDP 和全国金融业产值以表函数的形式作为外生变量置于系统中，故建立金融集聚子系统流图如图 7-2 所示。

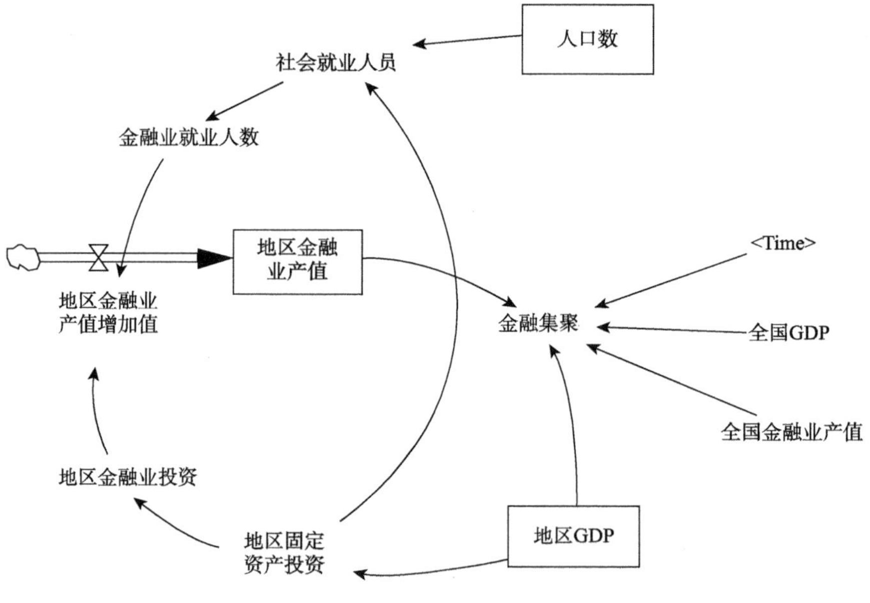

图 7-2　金融集聚子系统流图

（2）要素流动子系统。根据劳动力要素的构成，本节从劳动力流动、资本流动和技术扩散三个方面来刻画要素流动子系统。人具有主动性，社会活动都是由人的活动来引导的，所以将人口自然增长率以表函数的形式作为外生变量引入要素流动子系统中。外生的人口自然增长率决定人口数，而人口数的大小直接影响劳动力流动，考虑到流量的积累性，选用人口数作为流位变量，人口增加值作为流率变量来建立要素流动子系统流图。金融集聚和经济增长分别从知识外溢和固定资产投资两个方面影响要素流动水平，全国固定资产投资以表函数的形式作为外生变量影响资本流动规模，故要素流动子系统流图如图 7-3 所示。

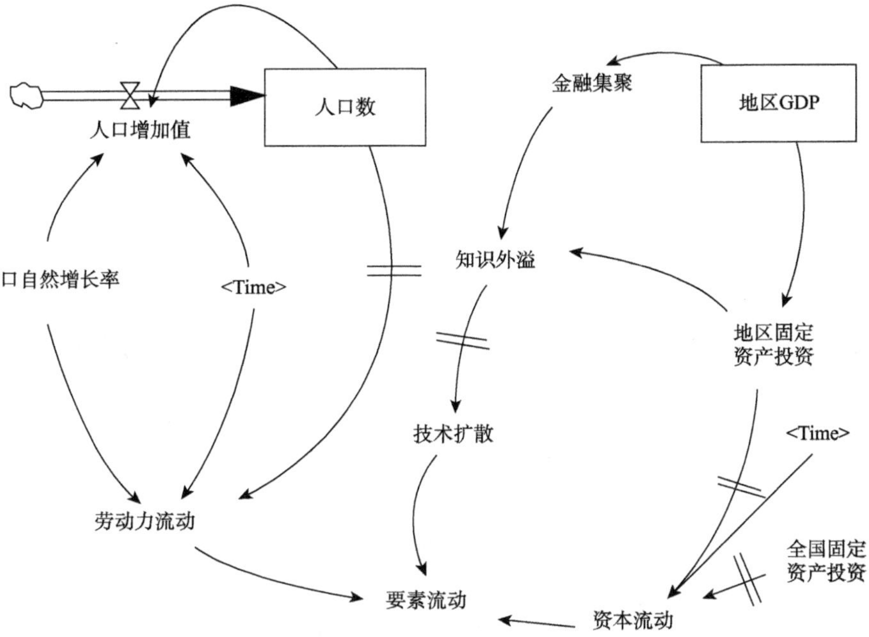

图 7-3　要素流动子系统流图

（3）经济增长子系统。经济增长最具代表性的指标是 GDP，相应地，刻画地区经济增长的指标是地区生产总值，为了更直观地区分，本节用地区 GDP 来代表地区生产总值，用全国 GDP 来代表国内生产总值。经济增长子系统以地区 GDP 为流位，地区 GDP 增加值为流率建立。地区 GDP 增加值除了受前一年地区 GDP 值的影响外，还受到地区生产总值增长率的影响。根据本节的研究内容，地区生产总值增长率从金融集聚和要素流动两方面来考虑。金融集聚除了直接影响地区生产总值增长率之外，还通过其外溢效应影响要素流动从而间接影响地区生产总值增长率。建立经济增长子系统流图如图 7-4 所示。

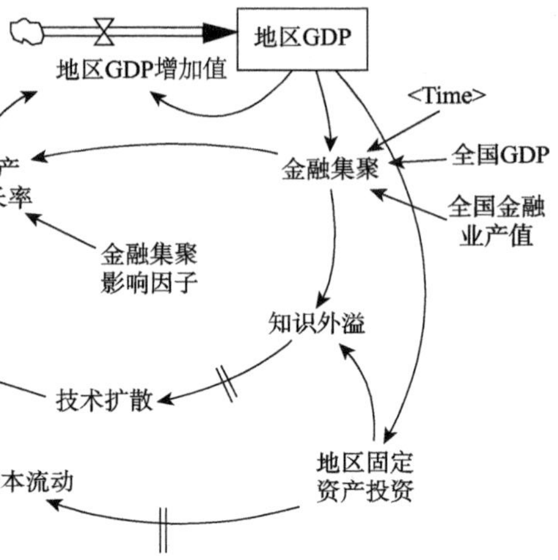

图 7-4　经济增长子系统流图

（三）构建系统动力学模型

在一个子系统流图的基础上，将 3 个子系统整合起来，就构成了金融集聚、要素流动对区域经济增长影响的系统动力学流图模型，如图 7-5 所示。

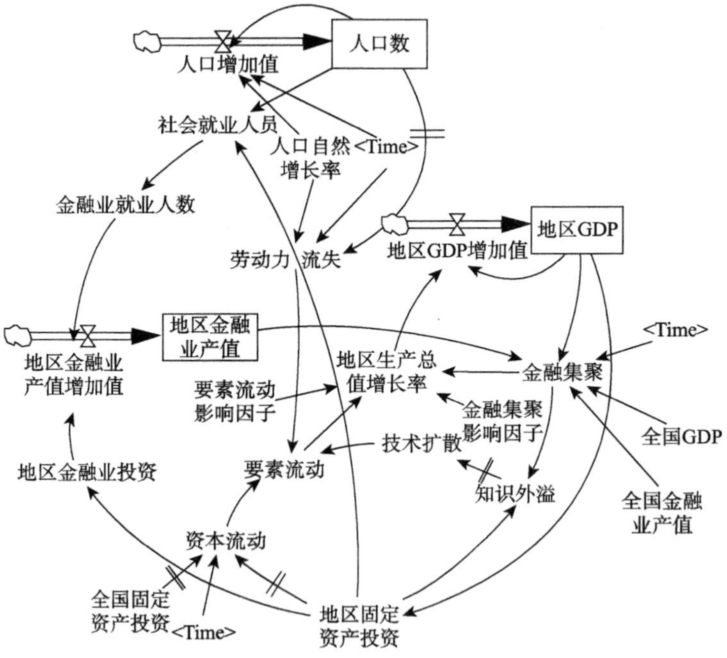

图 7-5　金融集聚、要素流动对区域经济增长影响的系统流图

在此结构模型中，三个子系统是相互联系和相互作用的，每个子系统的运行都是自身内部结构和外部系统相作用的结果，其他子系统的输出又作为外部变量输入到本系统中；此外，系统自身的变量也不断输出到其他系统中。

系统流图中所涉及的所有变量解释如表 7-5 所示，流图仿真模拟的基础是变量之间的关系方程的确立。由于本书研究的是区域经济增长问题，所以分别用东部、中部、西部 2005~2014 年的数据建立三个系统动力学模型。由于篇幅限制，在此以东部为例建立方程及模型检验，西部和中部的计算方法和检验方法与东部相同，在此不再赘述。模型中的表函数值均来自于《中国统计年鉴》，关系方程式均由对模型的定性分析以及运用计量经济学的方法将数据用 EViews 7.2 回归得到，在系统动力学仿真软件 Vensim 实现的东部 SD 模型的主要变量的基本方程形式如下：

人口数=INTEG（人口增加值，55 609）

地区 GDP=INTEG（地区 GDP 增加值，118 596）

地区金融业产值=INTEG（地区金融业产值增加值，4 755.71）

人口增加值=−349.933 6+1.000 2×人口数×人口自然增长率（Time）

地区 GDP 增加值=地区 GDP×地区生产总值增长率

地区金融业产值增加值=−704.842+13.203 7×金融业就业人数+0.128 669×地区金融业投资

地区生产总值增长率=0.085 374+要素流动影响因子×要素流动−金融集聚影响因子×金融集聚

社会就业人员=−28 058.7+1.038 196×人口数+0.007 644 89×地区固定资产投资

金融业就业人数=−430.736+0.020 282 6×社会就业人员

地区金融业投资=−110.111+0.0 031 905 5×地区固定资产投资

地区固定资产投资=−41 871.6+0.752 902×地区 GDP

知识外溢=117 087+0.416 084×地区固定资产投资−111 502×金融集聚

地区生产总值增长率=0.200 205−0.075 055×金融集聚−0.000 668 4×要素流动

金融集聚=［地区金融业产值/地区 GDP］/［全国金融业产值（Time）/全国 GDP（Time）］

要素流动=0.485 639−0.000 403 869×劳动力流动−0.056 912 4×资本流动−0.024 588 7×技术扩散

资本流动=DELAY1（（地区固定资产投资/全国固定资产投资（Time）−DELAY1（地区固定资产投资，1）/DELAY1（全国固定资产投资（Time），1））×100−1，1）

技术扩散=［知识外溢−DELAY1（知识外溢，1）］/DELAY1（知识外溢，1）

劳动力流动=人口数−［1+人口自然增长率（Time）］×DELAY1（人口数，1）

要素流动影响因子=0.142 869

金融集聚影响因子=−0.005 862

四、模型检验

模型的有效性和合理性是系统动力学模型构建中非常重要的两个问题，它们反映的是模型行为和系统行为的一致性程度。在模型建立的过程中，已经对模型进行了量纲一致性、参数可靠性等检验，但仅仅这些还不能说明模型的有效性和合理性，下面将对模型进行历史检验和稳定性检验。

（一）历史检验

为了进一步检验模型的有效性和合理性，本节抽取了 2005~2014 年的人口数、社会就业人员、金融业就业人数、地区金融业产值、地区固定资产投资、地区 GDP 的实际值数据来检验模型的拟合度，结果如图 7-6 所示。

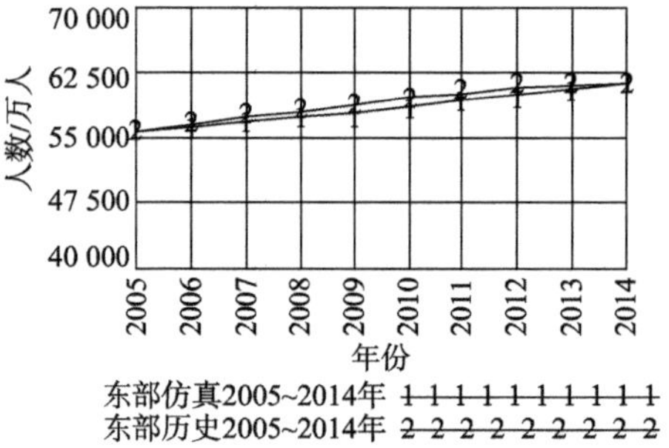

（a）

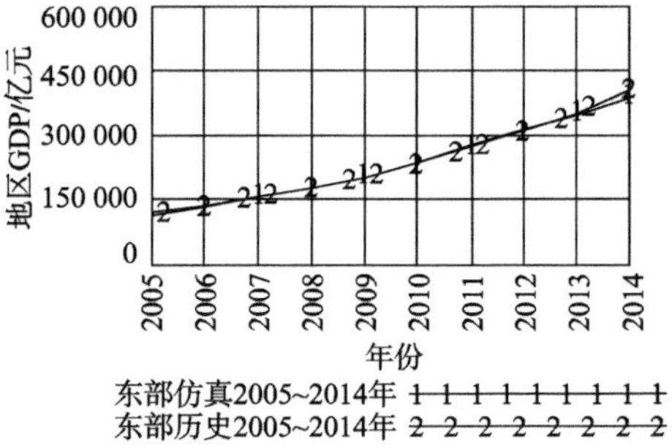

（b）

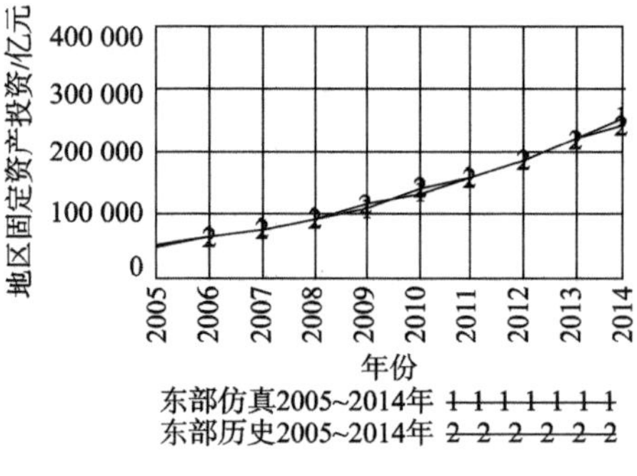

（c）

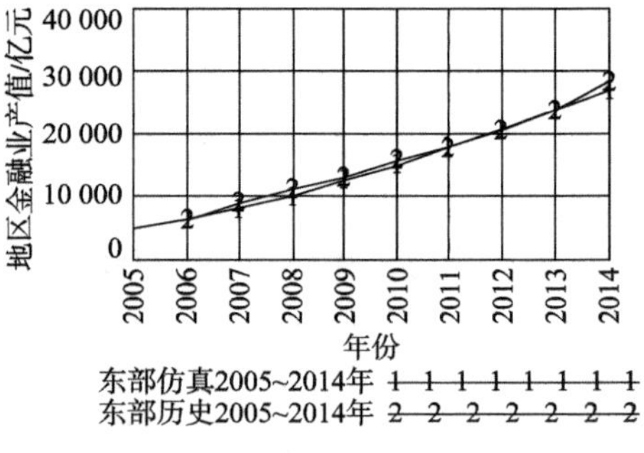

（d）

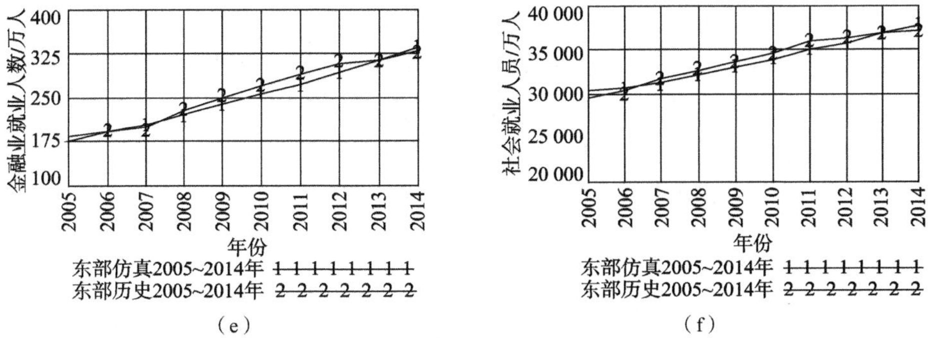

图 7-6 历史检验结果

从图 7-6 可以直观地看出模型的模拟值和实际值相差不大。为了更充分地证明模型的有效性，本书对模拟值和实际值之间的误差进行分析，模型合理有效的条件为模拟值与实际值的相对误差在±5%以内。历史检验误差分析结果如表 7-6 所示，由于篇幅问题，此表只列出 2005~2014 年偶数年份的数据。

表 7-6 历史检验误差分析

变量		2006 年	2008 年	2010 年	2012 年	2014 年
人口数	模拟值	56 207	57 446	58 719	59 979	61 267
	实际值	56 428	57 985	59 650	60 532	61 314
	绝对误差	−221	−539	−931	−553	−47
	相对误差	−0.39%	−0.93%	−1.56%	−0.91%	−0.08%
社会就业人员	模拟值	30 574	32 117	33 890	35 690	37 743
	实际值	32 116	32 528	34 516	36 327	37 371
	绝对误差	−154 2	−411	−626	−637	372
	相对误差	−4.80%	−1.26%	−1.81%	−1.75%	1.00%
金融业就业人数	模拟值	189.39	220.68	256.64	292.51	330.83
	实际值	191.61	227.19	269.67	306.28	330.5
	绝对误差	−2.22	−6.51	−13.03	−13.77	0.33
	相对误差	−1.16%	−2.87%	−4.83%	−4.50%	−0.10%
地区金融业产值	模拟值	6 377	10 189	14 890	20 595	27 338
	实际值	6 081	10 706	15 325	20 597	28 195
	绝对误差	296	−517	−435	−2	−857
	相对误差	4.87%	−4.83%	−2.84%	−0.01%	−3.04%
地区固定资产投资	模拟值	59 859	89 827	130 941	182 168	251 457
	实际值	62 525	91 511	137 805	183 567	244 986
	绝对误差	−2 666	−1 684	−6 864	−1 399	6 471
	相对误差	−4.26%	−1.84%	−4.98%	−0.76%	2.64%
地区 GDP	模拟值	135 118	174 921	229 528	297 569	389 598
	实际值	138 523	184 085	240 488	312 738	388 727
	绝对误差	−868	−6 154	−4 576	−5 381	15 441
	相对误差	−0.63%	−3.34%	−1.90%	−1.72%	3.97%

由表7-6可知，用此模型模拟出来的主要指标误差均小于5%，初步证明该模型合理有效。为了进一步证明该模型的合理性及有效性，本节将采用平均绝对百分误差（MAPE）方法来衡量模型模拟结果的好坏。平均绝对百分误差方法主要是以相对百分数来衡量模型预测误差。

平均绝对百分误差的计算公式为

$$\mathrm{MAPE}=\left(\frac{100}{n}\right)\sum_{i=1}^{n}\left|\frac{y_i-\hat{y}_i}{y_i}\right| \tag{7-3}$$

其中，$\hat{y}_i$为模拟值；y_i为实际值；n 为仿真次数。模型结果的优劣可以根据MAPE值来判断，当MAPE>50%时预测结果很不准确，当50%>MAPE>20%时预测结果可以接受，当20%>MAPE>10%时预测结果比较准确，当MAPE<10%时预测结果高度准确。本模型的具体检验结果如表 7-7 所示。

表 7-7　MAPE 检验结果

变量	人口数	社会就业人员	金融业就业人数	地区金融业产值	地区固定资产投资	地区 GDP
MAPE	0.740%	1.875%	2.694%	2.589%	2.646%	2.011%
结论	高度准确	高度准确	高度准确	高度准确	高度准确	高度准确

由表 7-7 可知，该模型的模拟效果非常好，仿真值与历史值误差较小，模型仿真拟合度很高，证明系统模型可以较为准确地反映出金融集聚、要素流动对区域经济增长影响的实际情况。

（二）稳定性检验

为检验模型的稳定性和可靠性，对模型设置不同的仿真步长，研究在不同的仿真步长下，模拟值的变化程度，以及不同仿真步长下的模拟值和实际值的差异。如果模型在不同的仿真步长下，模拟值之间以及模拟值和实际值之间差异都较小，说明模型的稳定性较好；反之，说明模型的稳定性较差。本节分别设置仿真步长为 1、0.5、0.25 对模型进行仿真，结果如图 7-7 所示。

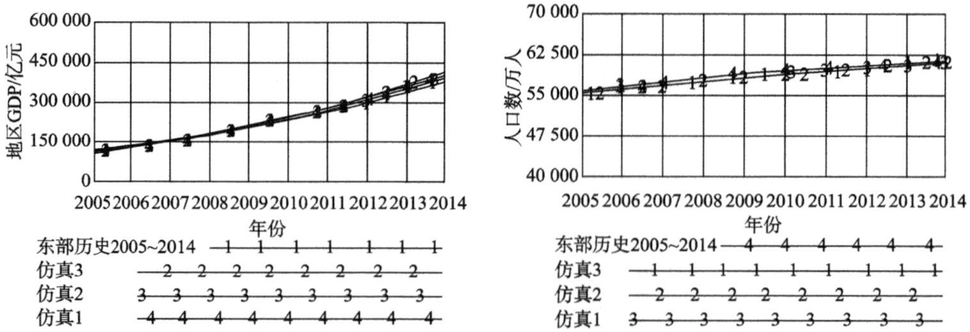

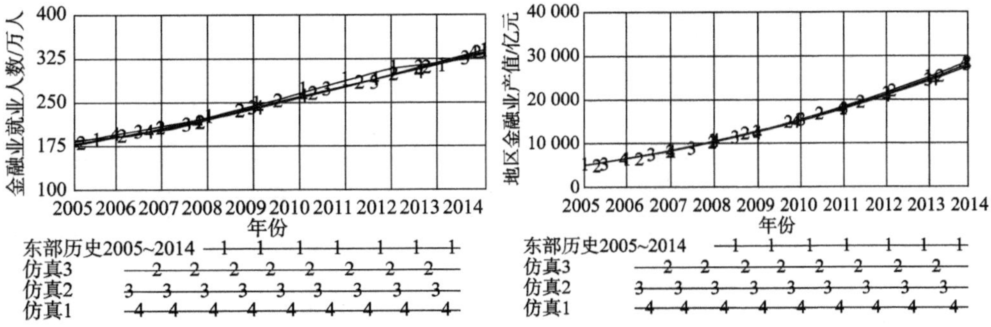

图 7-7　稳定性检验结果

图 7-7 仿真 1 表示仿真步长为 1 时的仿真结果，仿真 2 表示仿真步长为 0.5 时的仿真结果，仿真 3 表示仿真步长为 0.25 时的仿真结果。从图 7-7 可以明显看出，不同仿真步长下，仿真结果差异不大，说明模型的稳定性较好。

五、仿真预测

由模型检验结果可知，模型是有效的，仿真结果也是可靠的，再分别以中部和西部的数据建立中部和西部的系统动力学模型。根据所建立的东、中、西部的系统动力学模型，分别对东部、中部、西部 2015~2020 年（每半年一期，共 12 期，即仿真时间为 2015~2020 年，仿真步长为 0.5）金融集聚、要素流动对区域经济增长影响情况进行仿真预测。选择这样的仿真时间和仿真步长的理由如下：第一，系统动力学模型的模拟结果都存在一定的误差，而这个误差会随着仿真时间增加而增大，当仿真时间过长时，模拟结果会偏离实际值，故选择仿真时间为 2015~2020 年；第二，考虑到前面在建立回归模型时由于变量间的滞后影响所造成的数据观测值减少，故将仿真步长设置为 0.5；第三，我国国民经济和社会发展规划是按“五年计划”制定，主要对全国重大建设项目、生产力分布和国民经济重要比例关系等作出规划，2016~2020 年正是我国“十三五”规划期间，其间外部宏观经济政策相对稳定。

（一）表函数设置

确定了仿真时间和仿真步长之后，对流图中的各个表函数数据进行分析设定。根据“十三五”规划纲要，要实现 2020 年 GDP 比 2010 年翻一番的经济增长目标，未来五年 GDP 年均增速要保持在 6.5%以上，到 2020 年经济总量要超过 92.7 万亿元。根据上述分析，2015~2020 年全国 GDP 表函数的值设定如表 7-8 所示。

表 7-8 全国 GDP 表函数（单位：亿元）

时间	全国 GDP	时间	全国 GDP
2015.06	656 309	2018.06	792 484.153 1
2015.12	676 708	2018.12	817 429.174 8
2016.06	698 701.01	2019.06	843 995.623
2016.12	720 694.02	2019.12	870 562.071 2
2017.06	744 116.575 7	2020.06	898 855.338 5
2017.12	767 539.131 3	2020.12	927 148.605 8

“十三五”规划中虽然没有提及固定资产投资的具体投资额度的问题，但是规划明确提出政府应继续加大转移支付和政府投资力度，营造宽松公平的投资环境，吸引民间资本和企业资本。在东中西部及东北部“四大板块”战略和“一带一路”、京津冀协同发展、长江经济带形成“四大板块”+“三个支撑带”即“4+3”的大布局的背景下，充分发挥政府投资的杠杆撬动作用，加大对公共产品和公共服务的投资力度，启动实施一批全局性、战略性、基础性重大投资工程。基于以上分析，可以判断，在“十三五”期间，固定资产投资仍然以较快速率增长。结合 2005~2014 年十年间固定资产投资的增长情况，2015~2020 年固定资产投资表函数的值设定情况如表 7-9 所示。

表 7-9 全国固定资产投资表函数（单位：亿元）

时间	全国固定资产投资	时间	全国固定资产投资
2015.06	537 380.35	2018.06	981 742.183 5
2015.12	562 000	2018.12	1 094 126.395
2016.06	629 183.325 2	2019.06	1 257 997.981
2016.12	696 366.650 4	2019.12	1 421 869.568
2017.06	782 862.311 3	2020.06	1 507 603.202
2017.12	869 357.972 3	2020.12	1 593 336.835

经济增长离不开金融支持，而我国的金融机构和市场体系还不够完善。提高金融服务实体经济效率和支持经济转型的能力已经明确列入“十三五”规划中。规划中构建多层次、广覆盖、有差异的银行机构体系，扩大民间资本进入银行业，发展普惠金融和多业态中小微金融组织，规范发展互联网金融。创造条件实施股票发行注册制，发展多层次股权融资市场，深化创业板、新三板改革等措施都为金融业的快速发展提供了“温床”。结合 2005~2014 年十年间全国金融业产值的增长情况，2015~2020 年全国金融业产值资表函数的值设定情况如表 7-10 所示。

表 7-10　全国金融业产值表函数（单位：亿元）

时间	全国金融业产值	时间	全国金融业产值
2015.06	37 731.304	2018.06	51 190.771 23
2015.12	39 182.508	2018.12	54 539.700 19
2016.06	41 141.633 4	2019.06	59 175.574 7
2016.12	43 100.758 8	2019.12	63 811.449 22
2017.06	45 471.300 53	2020.06	68 278.250 66
2017.12	47 841.842 27	2020.12	72 745.052 11

"十三五"期间，中国将继续坚持计划生育的基本国策，到2020年，全国人口预计达到14.2亿，每年的自然增长率在5‰左右。未来五年，我国人口老龄化导致死亡率提高，同时国民生育意愿并不是很高，使人口自然增长率下降，但随着全面实施一对夫妇可生育两个孩子的政策，在一定程度上使出生率略有提高，"十三五"期间的全国总人口数呈缓慢增长的趋势。基于以上分析，考虑到我国东、中、西部的特点，结合2005~2014年十年间东、中、西部人口自然增长率的实际情况，2015~2020年东、中、西部人口自然增长率表函数的值设定情况如表7-11所示。

表 7-11　各地区人口自然增长率表函数

时间	东部	中部	西部	时间	东部	中部	西部
2015.06	0.004 968	0.004 62	0.006 782	2018.06	0.004 73	0.004 53	0.006 78
2015.12	0.004 751	0.004 672	0.006 776	2018.12	0.004 784	0.004 485	0.006 784
2016.06	0.004 71	0.004 57	0.006 822	2019.06	0.004 738	0.004 589	0.006 788
2016.12	0.004 668	0.004 467	0.006 868	2019.12	0.004 692	0.004 693	0.006 792
2017.06	0.004 672	0.004 521	0.006 822	2020.06	0.004 752	0.004 697	0.006 855
2017.12	0.004 676	0.004 575	0.006 776	2020.12	0.004 812	0.004 701	0.006 918

（二）仿真结果

前文系统动力学模型是以东部数据为依据建立的，中部和西部的模型建立方法同东部相同，只是所依据数据不同，故中部和西部的模型建立过程在此不再作赘述。以2015年为起始点，2015~2020年为仿真时间，0.5为仿真步长，以上述表函数为外生变量，根据所建立的东、中、西部的系统动力学流图模型分别对东、中、西部金融集聚、要素流动对区域经济增长影响情况进行仿真预测，其中重点考察人口数、地区GDP、金融集聚和要素流动对区域经济增长的影响，仿真结果如图7-8所示。

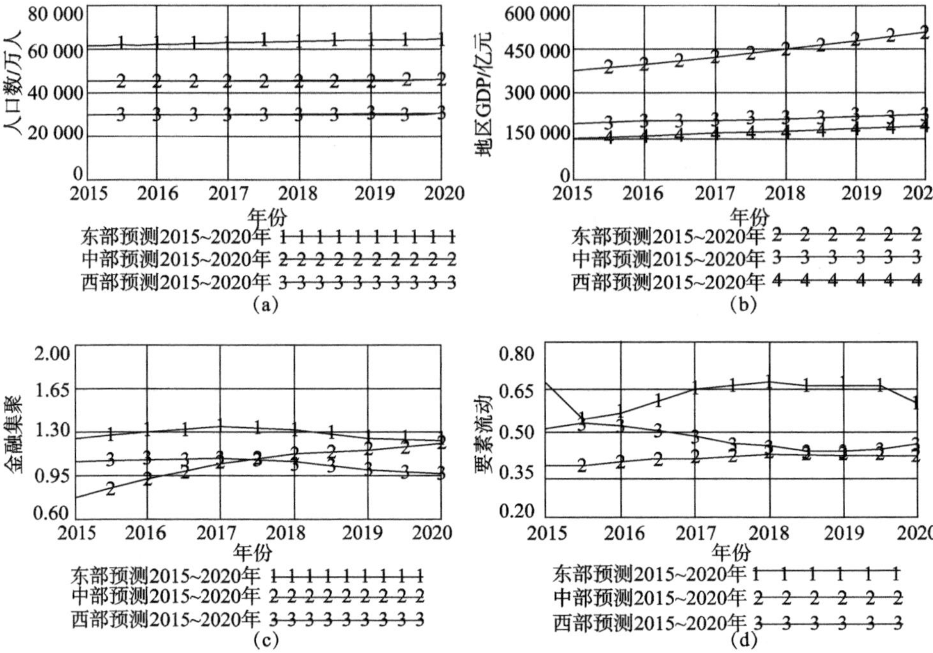

图 7-8 2015~2020 年仿真预测结果

从仿真预测结果可以看到，2020 年东部、中部、西部的人口数分别为 64 942 万人、45 744 万人和 30 395 万人，即模型预测 2020 年全国人口达到 141 081 万人，接近“十三五”规划的 14.2 亿人。中部和西部的人口增长缓慢，人口基本保持在一个稳定的水平，东部地区人口增长速度虽然比中西部快，但仍属于小幅度增长。说明在“十三五”的五年内，人口老龄化使得死亡率升高，而随着医疗技术的发展和“全面二胎”政策的实施，出生率也有所升高，总人口仍有小幅增长，这为在“十四五”期间实施鼓励生育政策提供参考。

东部地区的要素流动情况依然是以输出为主，且流动性较大，中部和西部的要素流动以输入为主，且流动性较小。从对金融集聚的预测情况可以看出，东部的区位熵一直大于 1，存在明显的金融集聚现象，虽然在 2017 年达到最大值后有小幅下降，但是一直都保持在一个较高的水平。西部地区的区位熵一直在 1 左右，存在金融集聚现象。结合第三章对区位熵的分析可以看出，中部地区的金融集聚程度一直处于一个快速增长趋势，到 2020 年的时候基本可以达到东部地区 2015 年的金融集聚程度，说明中部地区的金融业发展存在很大潜力。

模型结果显示，2020 年东部、中部、西部的生产总值分别为 508 977 亿元、221 375 亿元、185 923 亿元，全国 GDP 为 924 974 亿元，基本达到“十三五”规划的 92.7 万亿元的目标。从增长速度来看，东部地区的 GDP 增长速度明显高于中部和西部，而中部和西部的增长速度基本趋于一致。新古典增长理论认为的人均资本存量较少的区域由于有较高的资本收益而比经济发达地区有更高的经济增长速度，经济欠发达地区向经济发达地区趋同。我国东部受益于现阶段金融集聚和要素流动的外部经济规模效应，以及自身的地理优势、区位优势等一直处于经济较快发展的地位，可能短时期内西部和中部的经济增长很难赶上。但是从图7-8 可以看出，中部地区未来也将效仿东部地区，促进金融产业集聚，使金融业更好地为实体经济服务，为经济较好较快增长添砖加瓦。我国西部地区在“十三五”期间的金融集聚和要素流动水平都处于一个缓慢下降的趋势，这可能与金融业在西部地区的普及程度和西部大开发过程中劳动力更多选择就近就业有关。

第四节　基于生态视角的区域经济趋同演变

一、评价指标体系的构建

1. 指标构建原则

构建准确合理的评价指标是研究展开的前提，指标体系构建的主要标准有客观性、全面性和准确性等。本节主要研究 31 个省（自治区、直辖市）的金融集聚与要素流动发展水平的指标体系，除了满足上述原则外，还应符合以下几点。

1）科学性与可行性

科学性是指构建指标体系之前，对研究对象要进行大量的调查摸底，查看有关的文献资料，确保选取的指标在科学上不存在问题。可行性是指指标要能从有关的文献或统计数据中获取，有些指标无法获得的要坚决剔除。

2）全面性与系统性

指标体系应能从各个方面反映出研究对象的主要特点和基本情况，这就要求指标选取要全面考虑各种的因素。系统性是指选取指标时要考虑成系统、成体系，防止东挑一个西选一个，反映不出特点规律。

3）可比性与可靠性

这里所说的可比性指的是选定指标所反映的结果要能够比较，可靠性是指所选取的评价指标要意义清楚、口径一致，数据均是从正规数据库获取，符合国内外统计制度要求。

4）指标相对独立

选取的指标要保证独立，如果指标之间有显著的相关性，应选择主要指标，防止各指标之间产生重复而使其科学性受影响，减少指标数量的同时也意味着能够降低评价成本。

2. 金融集聚程度评价指标体系的构建

金融集聚程度是一个综合的指标体系，目前国内关于金融集聚评价指标的研究仍处于万家争鸣的状态。本节依据简明科学性、全面性、系统性、可行性原则，从金融规模、银行业、证券业、保险业四个方面建立指标体系，共 19 个指标（表 7-12）。

表 7-12　金融集聚指标体系

目标层	一级指标	二级指标
金融集聚	金融规模	X_1 金融业增加值/亿元
		X_2 金融业就业人数/万人
		X_3 金融业固定投资/亿元
	银行业	X_4 银行类金融机构个数/家
		X_5 银行类金融机构从业人数/万人
		X_6 银行类金融机构资产总额/亿元
		X_7 金融机构存款余额/亿元
		X_8 金融机构贷款余额/亿元
	证券业	X_9 总部设在辖内的证券公司数/家
		X_{10} 总部设在辖内的基金公司数/家
		X_{11} 总部设在辖内的期货公司数/家
		X_{12} 股票（A 股）筹资/亿元
		X_{13} 当年发行 H 股筹资/亿元
		X_{14} 国内债券筹资/亿元
		X_{15} 上市公司数量/家
	保险业	X_{16} 总部设在辖内的保险公司数/家
		X_{17} 保险密度/（元/人）
		X_{18} 保险深度/%
		X_{19} 保险收入/亿元

二、中国省际金融集聚度实证分析

（一）金融集聚水平评价指标权重的确定

只有合理地确定指标权重才能保证结果的可靠，而选择的方法是否合理将最终影响到整体评价体系的准确。为此，本节选取主成分分析法和功效函数法来计算指标权重。

1. 数据来源

本节采用的数据主要来自 2006~2012 年的《中国统计年鉴》《金融统计年鉴》，以及各城市的统计局网站和中国经济社会发展统计数据库等。

2. 计算金融集聚评价指标的相关矩阵

本节选取全国 31 个省（自治区、直辖市）为研究目标，将该 31 个省（自治区、直辖市）的金融集聚评价指标的初始值构建数据矩阵：

$$\boldsymbol{X}_{n\times m}=\left(X_{ij}\right)_{n\times m} \tag{7-4}$$

其中，n=31，代表选取的 31 个省（自治区、直辖市）；m=19，代表 19 个评价指标；$i=1,2,\cdots,31;j=1,2,\cdots,19$ 。

考虑到有的指标之间单位和数量级差别较大，计算前应对 $\boldsymbol{X}_{n\times m}$ 矩阵中的元素实行标准化处理，这样结果才具有可比性。本书采用 Z-score 方法对研究数据进行标准化处理，其处理公式为

$$Z_{ij}=\frac{X_{ij}-\overline{X_j}}{\sigma_j} \tag{7-5}$$

其中，i 为年份；j 为指标序号；X_{ij} 为指标数据；$\overline{X_j}$ 为该项指标的平均值；σ_j 为该指标的标准差。

在数据计算过程中，要结合实际情况考虑指标“正效应”和“负效应”的特点。“正效应”指的是数据越大，指标越好；“负效应”则相反。本节选取的 19 个指标都属于正指标。标准化后，获得矩阵 $\boldsymbol{X}_{n\times m}$ ，再求出 $\boldsymbol{X}_{n\times m}$ 的相关系数矩阵 $\boldsymbol{R}$。

$$\boldsymbol{R}=\begin{Bmatrix}1 & r_{12} & \cdots & r_{1m}\\ r_{21} & 1 & \cdots & r_{2m}\\ \vdots & \vdots & & \vdots\\ r_{m1} & r_{m2} & \cdots & 1\end{Bmatrix} \tag{7-6}$$

$$r_{ij}=\frac{\sum_{k=1}^{n}\left(x_{ik}-\overline{x_i}\right)\left(x_{jk}-\overline{x_j}\right)}{\sqrt{\sum_{k=1}^{n}\left(x_{ik}-\overline{x_i}\right)^2\sum_{k=1}^{n}\left(x_{jk}-\overline{x_j}\right)^2}} \tag{7-7}$$

根据以上公式就可以算出 $\boldsymbol{X}_{n\times m}$ 的相关系数矩阵 $\boldsymbol{R}$。

3. 求特征值、方差贡献率、累计方差贡献率

求相关系数矩阵 $\boldsymbol{R}$ 的特征根 $\lambda_1\geqslant\lambda_2\geqslant\lambda_3\geqslant\cdots\geqslant\lambda_p\geqslant 0$ 以及相对应的单位特

征向量 $\boldsymbol{\omega}_1,\boldsymbol{\omega}_2,\boldsymbol{\omega}_3,\cdots,\boldsymbol{\omega}_p$，令 $\boldsymbol{\omega}_i=\left(\omega_{i1},\omega_{i2},\omega_{i3},\cdots,\omega_{ip}\right)'$ 为 p 维向量，此处 $i=1,2,\cdots,p$。$\boldsymbol{\omega}_i$ 满足 $\boldsymbol{\omega}_i'\boldsymbol{\omega}_i=\sum_{j=1}^{p}\omega_{ij}^2=1$。将标准化过的指标变量转化成主成分

$$y_i=\boldsymbol{\omega}'Z=\sum_{J=1}^{P}\omega_{ij}Z_j,i=1,2,\cdots,p$$

其中，y_1 为第一主成分，y_2 为第二主成分；y_p 为第 p 主成分；最后对 p 个主成分综合评价，主成分的个数根据因子的特征值是否大于 1 以及累计方差贡献率大于或等于 85%综合决定。

4. 计算指标权重

评价指标权重时可采用如下方法。先建立回归方程：

$$\boldsymbol{R}\times\overline{b_k}=\overline{\boldsymbol{F}_k} \tag{7-8}$$

即

$$\begin{cases} r_{11}b_{1k}+r_{12}b_{2k}+\cdots+r_{1m}b_{mk}=f_{1k} \\ r_{21}b_{1k}+r_{22}b_{2k}+\cdots+r_{2m}b_{mk}=f_{2k} \\ \vdots \\ r_{m1}b_{mk}+r_{m2}b_{mk}+\cdots+r_{mm}b_{mk}=f_{mk} \end{cases} \tag{7-9}$$

其中，$\boldsymbol{R}$ 为原始变量的相关系数矩阵；$\boldsymbol{F}_k$ 为因子载荷矩阵。

通过式（7-9）求得系数 $\overline{b_{ij}}$，计算公式为

$$\overline{\boldsymbol{b}_k}=\boldsymbol{R}^{-1}\times\overline{\boldsymbol{F}_k} \tag{7-10}$$

其中，b_{mk} 为第 k 个系数的主成分贡献值，与它的方差贡献量 D_k 一起代入式（7-8），就可求得第 m 个指标的权重。

$$\overline{B_m}=\sum_{k=1}^{S}\left|b_{mk}\right|\times D_k \tag{7-11}$$

其中，S 为主成分的个数；m 为评价指标个数；对求得的 $\overline{B_m}$ 归一化处理后就可得到评价指标的标准权重 W_{mj}。

根据上述方法求出 2006~2012 年 31 个省（自治区、直辖市）金融集聚的 19 个评价指标所占权重。具体如表 7-13 所示。

表 7-13　金融集聚水平各指标权重表

指标	2006 年	2007 年	2008 年	2009 年	2010 年	2011 年	2012 年
X_1	0.068 632	0.066 102	0.066 567	0.062 667	0.063 543	0.064 925	0.063 050
X_2	0.070 021	0.063 293	0.063 592	0.065 070	0.062 297	0.062 651	0.061 312
X_3	0.049 404	0.062 766	0.062 441	0.064 896	0.062 013	0.063 443	0.059 951

续表

指标	2006 年	2007 年	2008 年	2009 年	2010 年	2011 年	2012 年
X_4	0.053 279	0.058 574	0.059 643	0.063 179	0.061 496	0.060 736	0.059 912
X_5	0.062 747	0.064 002	0.064 347	0.069 990	0.058 769	0.060 446	0.056 697
X_6	0.071 354	0.056 221	0.057 816	0.058 380	0.067 047	0.057 731	0.056 662
X_7	0.034 923	0.057 132	0.054 701	0.054 764	0.055 831	0.056 136	0.052 846
X_8	0.071 852	0.059 506	0.061 674	0.065 258	0.055 226	0.065 636	0.065 748
X_9	0.060 738	0.044 457	0.050 776	0.052 933	0.063 403	0.052 631	0.063 725
X_{10}	0.042 570	0.065 191	0.053 987	0.059 495	0.057 908	0.063 349	0.051 123
X_{11}	0.063 052	0.054 575	0.059 682	0.064 919	0.061 262	0.059 622	0.059 330
X_{12}	0.041 673	0.061 857	0.061 973	0.063 515	0.038 588	0.059 284	0.038 567
X_{13}	0.030 324	0.049 838	0.036 306	0.063 097	0.043 684	0.038 440	0.059 531
X_{14}	0.032 563	0.059 060	0.047 725	0.035 113	0.058 339	0.056 964	0.039 952
X_{15}	0.068 832	0.054 156	0.046 414	0.035 943	0.056 196	0.045 929	0.059 300
X_{16}	0.034 709	0.023 059	0.020 642	0.019 733	0.044 159	0.027 804	0.048 037
X_{17}	0.038 882	0.018 071	0.023 672	0.021 596	0.025 036	0.025 350	0.025 394
X_{18}	0.031 567	0.031 030	0.053 133	0.036 965	0.035 705	0.038 068	0.039 358
X_{19}	0.072 877	0.051 108	0.054 909	0.042 487	0.029 499	0.040 857	0.039 505

（二）金融集聚水平综合评价指数的确定

因为指标有正向和逆向之分，所以利用模糊隶属度函数法对各指标量化处理，对正向指标采用半升梯形模糊隶属度函数，即

$$\Phi\left(x_{ij}\right)=\begin{cases}1, & x_{ij}=M_{j,\max}\\ \dfrac{x_{ij}-m_{j,\min}}{M_{j,\max}-m_{j,\min}}, & m_{j,\min}<x_{ij}<M_{j,\max}\\ 0, & x_{ij}=m_{j,\min}\end{cases} \tag{7-12}$$

对逆向指标采用半降梯形模糊隶属度函数，即

$$\Phi\left(x_{ij}\right)=\begin{cases}1, & x_{ij}=m_{j,\min}\\ \dfrac{M_{j,\max}-x_{ij}}{M_{j,\max}-m_{j,\min}}, & m_{j,\min}<x_{ij}<M_{j,\max}\\ 0, & x_{ij}=M_{j,\max}\end{cases} \tag{7-13}$$

其中，x_{ij}为原始值；$M_{j,\max}$和$m_{j,\min}$分别为相同时段内不同区域之间第 j 个指标的最大值与最小值；$\Phi\left(x_{ij}\right)$标的隶属度，$0\leqslant\Phi\left(x_{ij}\right)\leqslant1$，可求出各省（自治区、直辖市）每年金融集聚各评价指标的隶属度值$\Phi\left(x_{ij}\right)$。

各省（自治区、直辖市）每年的金融集聚水平综合评价指数计算方法为

$$Z_{nj}=\sum_{j=1}^{p}W_{nj}\Phi_{ij} \tag{7-14}$$

根据本节研究的内容，$n=1,2,\cdots,7$（分别表示 2006~2012 年）；p 为指标个数；W_{nj}为第 n 年金融集聚综合指标体系中第 j 个指标的权重；Φ_{ij}为第 i 个省（自治区、直辖市）第 j 个指标的隶属度。

运用 SPSS 16.0 和 Matlab 7.0 软件，利用式（7-13）得到中国各省（自治区、直辖市）金融集聚水平综合评价指数如表 7-14 所示。

表 7-14　2006~2012 年中国各省（自治区、直辖市）金融集聚水平综合指数

地区	2006 年	2007 年	2008 年	2009 年	2010 年	2011 年	2012 年
安徽	0.215 0	0.182 2	0.202 3	0.211 3	0.224 1	0.247 1	0.209 7
北京	0.696 1	0.669 6	0.647 9	0.628 5	0.685 2	0.668 0	0.649 7
福建	0.246 3	0.218 3	0.217 9	0.279 1	0.274 7	0.215 4	0.215 4
甘肃	0.118 1	0.083 2	0.095 3	0.101 9	0.098 4	0.096 1	0.092 4
广东	0.870 0	0.792 6	0.780 6	0.771 1	0.853 6	0.778 5	0.804 1
广西	0.135 2	0.109 3	0.103 2	0.138 1	0.154 2	0.129 9	0.121 8
贵州	0.103 9	0.079 7	0.086 5	0.114 5	0.093 7	0.075 8	0.076 9
海南	0.055 2	0.044 3	0.054 2	0.050 0	0.060 7	0.051 5	0.051 4
河北	0.332 9	0.237 2	0.260 1	0.268 8	0.278 4	0.273 5	0.242 2
河南	0.318 0	0.267 0	0.276 6	0.267 0	0.283 2	0.277 2	0.259 2
黑龙江	0.189 4	0.150 5	0.164 9	0.152 4	0.173 8	0.151 6	0.156 8
湖北	0.247 4	0.218 0	0.216 3	0.228 6	0.242 1	0.232 4	0.218 2
湖南	0.252 1	0.208 5	0.209 5	0.233 6	0.242 4	0.214 0	0.213 4
吉林	0.172 1	0.143 4	0.148 7	0.149 3	0.150 4	0.115 6	0.115 5
江苏	0.519 1	0.435 6	0.444 1	0.462 1	0.537 1	0.535 4	0.539 8
江西	0.157 9	0.132 9	0.134 5	0.156 8	0.175 2	0.144 5	0.133 9
辽宁	0.374 0	0.329 0	0.340 4	0.319 4	0.332 5	0.324 1	0.285 0
内蒙古	0.130 6	0.108 1	0.133 2	0.151 7	0.179 5	0.159 2	0.133 1
宁夏	0.043 4	0.031 7	0.042 9	0.039 8	0.039 2	0.039 6	0.036 7
青海	0.025 5	0.018 3	0.018 2	0.029 0	0.028 9	0.026 4	0.021 6

续表

地区	2006 年	2007 年	2008 年	2009 年	2010 年	2011 年	2012 年
山东	0.488 1	0.392 0	0.392 6	0.404 4	0.427 1	0.426 9	0.416 2
山西	0.210 5	0.154 9	0.184 5	0.182 8	0.190 4	0.173 4	0.166 4
陕西	0.188 7	0.159 0	0.183 7	0.172 6	0.177 8	0.157 0	0.172 3
上海	0.690 9	0.591 6	0.589 4	0.687 0	0.698 5	0.618 8	0.647 9
四川	0.330 6	0.273 9	0.294 7	0.310 3	0.325 4	0.341 8	0.336 5
天津	0.144 7	0.143 0	0.141 3	0.142 8	0.141 1	0.170 3	0.150 5
西藏	0.010 3	0.001 9	0.002 8	0.003 7	0.005 3	0.007 2	0.004 5
新疆	0.135 2	0.106 8	0.115 5	0.109 8	0.137 0	0.105 8	0.112 5
云南	0.155 0	0.131 7	0.140 1	0.141 7	0.142 4	0.129 2	0.122 3
浙江	0.526 3	0.467 6	0.469 3	0.482 2	0.534 1	0.493 2	0.513 2
重庆	0.147 8	0.127 6	0.153 9	0.192 2	0.184 3	0.158 0	0.151 2
全国	0.265 5	0.226 1	0.233 7	0.244 6	0.260 3	0.243 1	0.237 8

如表 7-14 所示，广东、北京、上海在 2006~2012 年这 7 年间金融集聚程度都稳居全国前 3 强，综合指数均超过 0.58，东部地区（北京、上海、河北、天津、辽宁、山东、广西、浙江、江苏、广东、福建、海南）除天津、广西、福建和海南外，其他各省（自治区、直辖市）金融集聚综合水平在这 7 年间均超过了全国平均水平；中部地区（吉林、黑龙江、内蒙古、山西、河南、湖南、湖北、江西、安徽）除河南外，各省（自治区）金融集聚综合水平基本未达到全国平均水平；西部地区（贵州、云南、四川、重庆、新疆、西藏、甘肃、陕西、青海、宁夏）除四川外，其他各省（自治区、直辖市）在 7 年中金融综合水平均处在全国平均水平之下，其中青海、西藏、宁夏 3 省（自治区）均未超过 0.1，西藏最低，未超 0.02，而四川综合指数最高，7 年间均超过全国平均水平。再次利用主成分分析法和模糊隶属度法对已求得的 2006~2012 年各年的金融集聚综合评价指数进行综合，得到各省（自治区、直辖市）7 年金融集聚程度综合评价指数如表 7-15 所示。

表 7-15　2006~2012 年各省（自治区、直辖市）金融集聚综合评价指数

省（自治区、直辖市）	金融集聚综合值	排名	省份（自治区、直辖市）	金融集聚综合值	排名
广东	0.807 23	1	江苏	0.496 175	5
北京	0.663 58	2	山东	0.421 045	6
上海	0.646 301	3	辽宁	0.329 206	7
浙江	0.497 993	4	四川	0.316 17	8

续表

省（自治区、直辖市）	金融集聚综合值	排名	省份（自治区、直辖市）	金融集聚综合值	排名
河南	0.278 318	9	内蒙古	0.142 202	21
河北	0.270 445	10	吉林	0.142 147	22
福建	0.238 158	11	云南	0.137 488	23
湖北	0.229 001	12	广西	0.127 386	24
湖南	0.224 788	13	新疆	0.117 52	25
安徽	0.213 098	14	甘肃	0.097 914	26
山西	0.180 418	15	贵州	0.090 141	27
陕西	0.173 019	16	海南	0.052 474	28
黑龙江	0.162 777	17	宁夏	0.039 043	29
重庆	0.159 285	18	青海	0.023 985	30
江西	0.147 96	19	西藏	0.005 1	31
天津	0.147 668	20	全国	0.244 4	

综合表 7-14 和表 7-15 可以得出：东部地区的金融集聚程度总体较高，中部地区的金融集聚程度总体中等，西部地区的金融集聚程度总体偏低，金融集聚程度总的来说从东部向中、西部地区递减，最为明显的是一线地区如广东、北京、上海，集聚指数比其他地区有大幅提升，浙江、江苏也位于前列，这说明在我国，珠江三角洲地区、长江三角洲地区是金融集聚程度最高的两个区域。

三、中国省际要素流动实证分析

1. 指标体系

要素是一个内涵非常丰富的概念，对于要素流动评价指标的研究仍存在许多争论。本节主要从资本要素、劳动力、科技三个方面建立指标体系，共 9 个指标（表 7-16）。

表 7-16　要素流动指标体系

目标层	一级指标	二级指标
要素流动	资本要素	Y_1 地方财政一般预算内收入/亿元
		Y_2 社会消费品零售总额/亿元
		Y_3 固定资产投资总额/亿元
		Y_4 外商直接投资/万美元

续表

目标层	一级指标	二级指标
要素流动	劳动力	Y_5年末单位就业人员数/万人
		Y_6年末城镇登记失业人员数/万人
		Y_7职工平均工资/元
	科技	Y_8高等学校毕业人数/人
		Y_9研发经费投入 R&D 占 GDP 比重/%

2. 要素流动水平评价指标权重的确定

本节采用的数据主要来自 2006~2012 年 7 年的《中国统计年鉴》《中国人口与就业统计年鉴》《中国劳动统计年鉴》《中国固定资产投资统计年鉴》《中国财政年鉴》《金融统计年鉴》，以及各城市的统计局网站和中国经济与社会发展统计数据库等。采用主成分分析法和功效函数法给指标赋权，各指标权重如表 7-17 所示。

表 7-17　要素流动水平各指标权重表

指标	2006 年	2007 年	2008 年	2009 年	2010 年	2011 年	2012 年
Y_1	0.146 04	0.146 72	0.144 921	0.147 279	0.141 858	0.141 588	0.138 815
Y_2	0.133 954	0.138 538	0.134 834	0.137 849	0.134 056	0.132 552	0.128 334
Y_3	0.140 342	0.143 864	0.141 459	0.144 69	0.136 96	0.133 671	0.126 075
Y_4	0.133 857	0.133 186	0.130 416	0.093 904	0.125 252	0.124 741	0.123 949
Y_5	0.072 558	0.086 133	0.086 292	0.093 348	0.092 886	0.093 941	0.127 948
Y_6	0.076 175	0.089 456	0.089 432	0.092 006	0.093 221	0.095 976	0.089 521
Y_7	0.089 605	0.065 874	0.068 736	0.074 489	0.066 022	0.064 835	0.067 07
Y_8	0.094 758	0.104 084	0.102 772	0.113 48	0.111 696	0.111 178	0.105 478
Y_9	0.112 711	0.092 146	0.101 134	0.102 957	0.098 05	0.101 519	0.092 811

3. 要素流动水平综合评价指数的确定

运用 SPSS 16.0 和 Matlab 7.0 软件，利用式（4-7）得到中国各省（自治区、直辖市）要素流动水平综合评价指数如表 7-18 所示。

表 7-18　2006~2012 年中国各省（自治区、直辖市）要素流动水平综合指数

省（自治区、直辖市）	2006 年	2007 年	2008 年	2009 年	2010 年	2011 年	2012 年
安徽	0.262 1	0.296 5	0.301 8	0.324 8	0.332 6	0.367 6	0.354 9
北京	0.491 5	0.459 1	0.471 3	0.464 0	0.447 3	0.440 2	0.456 2
福建	0.285 0	0.285 4	0.291 9	0.283 7	0.294 1	0.314 0	0.305 3
甘肃	0.094 6	0.103 9	0.105 4	0.112 1	0.104 8	0.110 1	0.098 0

续表

省（自治区、直辖市）	2006 年	2007 年	2008 年	2009 年	2010 年	2011 年	2012 年
广东	0.805 6	0.784 5	0.774 8	0.761 3	0.773 0	0.790 4	0.832 1
广西	0.178 1	0.190 5	0.195 2	0.215 3	0.211 4	0.217 2	0.195 5
贵州	0.113 7	0.121 8	0.124 8	0.134 3	0.132 5	0.136 3	0.122 3
海南	0.032 3	0.036 3	0.037 6	0.036 2	0.046 2	0.052 3	0.059 7
河北	0.324 2	0.340 9	0.353 9	0.375 3	0.382 2	0.408 7	0.402 7
河南	0.375 1	0.410 3	0.419 0	0.451 7	0.459 6	0.502 8	0.485 6
黑龙江	0.210 2	0.218 3	0.221 7	0.226 1	0.230 8	0.247 0	0.271 4
湖北	0.359 9	0.383 1	0.389 8	0.409 6	0.406 8	0.443 0	0.425 8
湖南	0.318 1	0.342 8	0.349 6	0.372 6	0.366 1	0.382 7	0.390 7
吉林	0.161 1	0.172 6	0.169 7	0.185 3	0.173 8	0.183 7	0.189 5
江苏	0.731 0	0.737 3	0.755 3	0.743 8	0.793 2	0.812 8	0.836 3
江西	0.203 9	0.233 1	0.239 6	0.238 9	0.244 9	0.256 7	0.253 5
辽宁	0.399 3	0.415 6	0.429 2	0.434 5	0.467 7	0.502 8	0.532 6
内蒙古	0.165 7	0.178 4	0.179 2	0.192 1	0.205 8	0.223 3	0.230 2
宁夏	0.051 6	0.054 3	0.049 5	0.050 7	0.045 3	0.054 4	0.046 9
青海	0.050 6	0.039 7	0.037 1	0.041 2	0.039 2	0.044 7	0.050 2
山东	0.645 1	0.657 8	0.649 4	0.645 4	0.667 4	0.690 2	0.678 0
山西	0.183 5	0.193 6	0.197 0	0.212 5	0.210 2	0.207 9	0.226 6
陕西	0.210 1	0.242 1	0.245 5	0.265 1	0.263 5	0.288 8	0.281 1
上海	0.555 1	0.498 8	0.480 6	0.469 6	0.441 2	0.448 2	0.465 1
四川	0.355 3	0.395 6	0.401 6	0.432 4	0.446 6	0.464 7	0.441 6
天津	0.242 1	0.237 8	0.252 6	0.253 3	0.275 4	0.301 7	0.318 1
西藏	0.056 1	0.064 9	0.052 9	0.046 2	0.038 1	0.026 6	0.022 5
新疆	0.087 3	0.087 0	0.088 0	0.093 6	0.093 2	0.106 2	0.136 0
云南	0.165 6	0.168 3	0.176 6	0.184 9	0.190 1	0.202 0	0.195 4
浙江	0.528 9	0.555 5	0.535 4	0.527 9	0.521 4	0.518 2	0.559 1
重庆	0.182 1	0.193 0	0.204 2	0.304 1	0.234 0	0.261 4	0.263 3
全国	0.284 7	0.293 5	0.296 1	0.306 1	0.307 7	0.322 8	0.326 7

如表7-18所示，广东、江苏、山东在2006~2012年这7年间要素流动综合评价水平都稳居全国前3强，综合指数均超过0.6，东部地区（北京、上海、河北、天津、辽宁、山东、广西、浙江、江苏、广东、福建、海南）除天津、广西和海南外，其他各省（自治区、直辖市）要素流动综合评价水平在这7年间均超过了全国平均水平；中部地区（吉林、黑龙江、内蒙古、山西、河南、湖南、湖北、江西、安徽）除湖南、湖北、安徽外，各省（自治区）要素流动综合评价水平均未达到全国平均水平；西部地区（贵州、云南、四川、重庆、新疆、西藏、甘肃、陕西、青海、宁夏）除四川外，其他各省（自治区、直辖市）在7年中要素流动综合评价水平均处在全国平均水平之下，其中青海、西藏、宁夏3省（自治区）均未超过0.07，而四川最高，7年间均超过全国平均水平。

再次利用主成分分析法和模糊隶属度法对已求得的2006~2012年各年的要素流动综合评价指数进行综合，得到各省（自治区、直辖市）7年要素流动综合评价指数如表7-19所示。

表7-19　2006~2012年各省（自治区、直辖市）要素流动综合评价指数

省（自治区、直辖市）	2006~2012年要素流动综合值	排名	省（自治区、直辖市）	2006~2012年要素流动综合值	排名
广东	0.788 7	1	江西	0.238 665	17
江苏	0.772 757	2	重庆	0.234 597	18
山东	0.661 838	3	黑龙江	0.232 2	19
浙江	0.535 151	4	山西	0.204 468	20
上海	0.479 674	5	广西	0.200 458	21
北京	0.461 3	6	内蒙古	0.196 382	22
辽宁	0.454 509	7	云南	0.183 264	23
河南	0.443 443	8	吉林	0.176 521	24
四川	0.419 697	9	贵州	0.126 529	25
湖北	0.402 558	10	甘肃	0.104 129	26
河北	0.369 693	11	新疆	0.098 746	27
湖南	0.360 367	12	宁夏	0.050 378	28
安徽	0.320 05	13	西藏	0.043 893	29
福建	0.294 172	14	青海	0.043 226	30
天津	0.268 693	15	海南	0.042 943	31
陕西	0.256 609	16	全国	0.305 324	

综合表 7-18 和表 7-19 可以得出：东部地区的要素流动总体水平较高，中部地区的要素流动总体水平中等，西部地区的要素流动总体水平偏低，总的来说，总体水平由东向西呈递减趋势。

四、检验模型

20 世纪中叶，经济学家索洛等创立的新古典经济增长理论指出，在技术进步一致的前提下，生产中资本边际收益存在递减，经济落后区域比经济发达区域的发展速度更快，因此，区域间的经济差距随时间的推移会逐渐减少并达到同一稳定状态的趋势，即趋同。在趋同研究中，一般把趋同分为σ趋同、β 趋同和俱乐部趋同。

（一）收敛类型

1. σ趋同

σ趋同是指随着时间的推移，不同区域人均收入的离差变小了。通常用区域人均 GDP 对数的离差变化测度σ趋同。具体检测的方法是，假如区域间人均 GDP 的对数离差减小，说明区域经济存在σ趋同；如果增大，则说明区域经济不存在σ趋同。

σ趋同的检验方程为

$$\sigma_t^2 = \frac{1}{n}\sum_{i=1}^{n}\left(\lg y_{i,t} - \frac{1}{n}\sum_{i}^{n}\lg y_{i,t}\right)^2 \qquad (7\text{-}15)$$

其中，$y_{i,t}$为第i个经济体在时间t的人均GDP值；σ_t为n个经济体之间实际人均GDP对数值$\lg y_{i,t}$的标准差。

2. β趋同

β趋同是指人均产出水平初期低的地区通常比高的地区经济增长速率更快，人均产出增长率与区域初期产出水平负相关。根据是否加入稳态变量，β趋同还可区分为绝对β趋同与条件β趋同。通常来说，省际经济增长绝对趋同基本未出现。本节主要研究条件β趋同。

3. 俱乐部趋同

20 世纪 90 年代中期后，由于对区域经济增长时空特点的研究越来越深入，区域经济增长趋同（以下简称趋同）的研究重心逐渐转向俱乐部趋同。俱乐部趋同将研究由单一的稳态延伸至多个稳态共存，揭示了趋同类型的多样性而非单一性，拓展了趋同理论的研究范围。根据 Barro 和 Sala-I-Martin 的经典定义，俱乐部趋同指的是经济增长初始条件和结构特征等方面均相同或相近的区域，其经济增长趋同于相同的稳态。把经济结构相近的经济体经济增长趋于绝对趋同，而与其他类型的经济体趋于发散的现象称为俱乐部趋同。

（二）中国省际经济差异σ趋同测度

为了考察σ趋同，绘制了 1978~2012 年全国人均 GDP 对数离差散点图（图 7-9）。离差值小，说明人均 GDP 浮动小，收入差距减小；离差值大，说明人均 GDP 浮动大，收入差距增大。

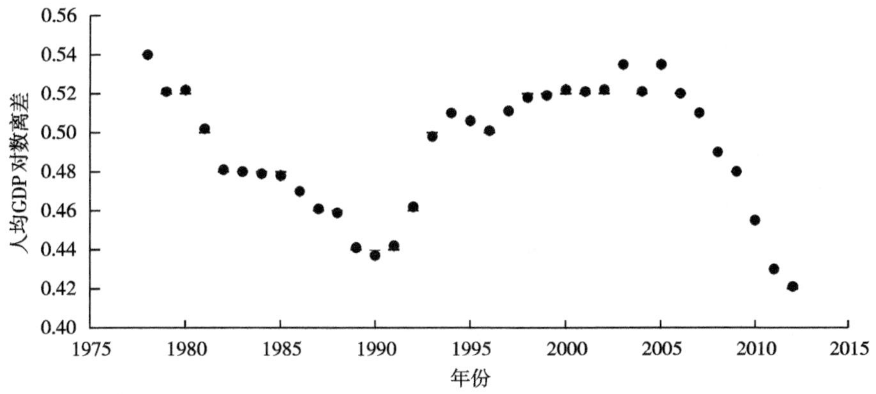

图 7-9　全国人均 GDP 对数离差散点图

由图 7-9 可以看出，1978~2012 年全国人均 GDP 对数离差整体上呈现出下降的势头，由 1978 年的 0.540 下降至 2012 年的 0.425，这表明在这段时期全国经济增长总体上出现了σ趋同。总体上看，全国人均 GDP 的对数离差出现先减小后增大再减小的现象。1978~1990 年全国人均 GDP 对数离差一直减小，由 1978 年的 0.540 下降至 1990 年的 0.432，共降低了 0.108，表明在这段时期经济增长出现了显著的σ趋同；到 1990 年降至 0.432 后逐渐回升，以后的几年时间里，除 1996 年略有下降外，全国人均 GDP 差距总体稳步增长，无σ趋同。直到 2005 年，全国人均 GDP 对数离差再一次明显减小，2012 年达到最低，为 0.425，σ趋同明显。

（三）中国省际经济差异β趋同测度

条件β趋同注意到了由于外生因素对各个经济体产生的影响不一样，导致不同经济体的经济特征存在差异，进而具有不一样的发展路径和稳态。新古典增长理论指出，所有经济体都趋同于自身的稳态，离稳态越远，增长速度就越快，即增长速度与距稳态的距离成正比。

经典的条件趋同的回归模型为

$$\gamma_{i,t,t+T}=a+b\lg\left(y_{i,t}\right)+\psi x_{i,t}+\varepsilon_{i,t,t+T} \tag{7-16}$$

条件趋同与绝对趋同的回归模型不一样，条件趋同回归模型比绝对趋同多了稳态测度变量 x_{it} ， x_{it} 也称为趋同条件。如果回归方程（7-16）的结果 b 小于零，并且 x_{it} 能准确测量稳态值，就表明存在条件趋同。条件趋同的重点是找寻与确定趋同条件。金融集聚和要素流动对于中国区域经济增长趋同具有重要作用，因而是影响中国区域经济增长趋同的条件。

先把金融集聚指标作为稳态测度标量代入式（7-16），实际采用的回归模型为

$$\gamma_{i,t,t+T}=a+b\lg\left(y_{i,t}\right)+cX_{i,t}+\varepsilon_{i,t,t+T} \tag{7-17}$$

其中，$\gamma_{i,t,t+T}$ 为 2006~2012 年各省年均经济增长率（用人均 GDP 年均增长率表示）；$y_{i,t}$ 为2006年各省的人均GDP；$\varepsilon_{i,t,t+T}$ 为随机误差项。$X_{i,t}$ 为加入金融集聚综合指标，金融集聚综合指标通过采用主成分分析法和模糊隶属度函数法，对各省 2006~2012 年金融规模、银行业、证券业、保险业 4 个一级指标体系，19 个二级指标综合而来，借助 EViews 6.0 软件作回归分析，回归结果见表 7-20。

表 7-20　条件趋同回归结果

参数	模型（7-16）	
	系数	t 值
截距项	0.478***	4.66
初始人均 GDP 系数 b	−0.031***	−2.79
金融集聚综合评价指数系数 c	−0.054*	−1.83
模型拟合检验值	R^2=0.59	调整 R^2=0.56
	DW=1.68	F=20.27

*、**、***分别表示在 10%、5%和 1%的显著性水平下显著

由表 7-20 可见，系数 b 估计值小于零，说明金融集聚可以成为解释条件趋同的变量。金融集聚指标的系数为负，说明区域经济增长与金融集聚程度负相关，金融集聚程度越高地区，经济增长速度越缓。

再把要素流动指标作为稳态测度标量代入式（7-16），实际采用的回归模型为

$$\gamma_{i,t,t+T}=a+b\lg\left(y_{i,t}\right)+cX_{i,t}+dY_{i,t}+\varepsilon_{i,t,t+T} \tag{7-18}$$

其中，$\gamma_{i,t,t+T}$ 为 2006~2012 年各省年均经济增长率（用人均 GDP 年均增长率表示）；$y_{i,t}$ 为2006年各省的人均GDP；$\varepsilon_{i,t,t+T}$ 为随机误差项。$X_{i,t}$ 为加入金融集聚综合指标，$Y_{i,t}$ 为加入要素流动综合指标，金融集聚综合指标通过采用主成分分析法和模糊隶属度函数法，对各省 2006~2012 年金融规模、银行业、证券业、保

险业4个一级指标体系，19个二级指标综合而来；要素流动综合指标同样采用主成分分析法和模糊隶属度函数法，对各省2006~2012年资本要素、劳动力、科技3个一级指标体系，9个二级指标综合而来。借助EViews 6.0软件作回归分析，回归结果见表7-21。

表7-21　条件趋同回归结果

参数	模型（7-17）
截距项 a	0.433*** （4.436）
初始人均GDP系数 b	−0.027** （−2.568）
金融集聚综合评价指数系数 c	−0.148*** （−3.029）
要素流动综合评价指标系数 d	0.094** （2.324）
R^2	0.66
调整 R^2	0.62
F 值	17.44
DW检验值	1.37

*、**、***分别表示在10%、5%和1%的显著性水平下显著

注：括号内为估计值的检验值

由表7-21可以看出，R^2值为0.66，比模型（7-16）有所提高，拟合优度比之前要好。系数b估计值小于零，金融集聚指标系数c较之前更为显著，要素流动综合评价指标系数d也比较显著，系数c的值由−0.054变为−0.148，说明要素流动因素的加入可以增强金融集聚对区域经济趋同的影响，要素流动也同样是解释条件趋同的变量。金融集聚综合指标的系数为负，说明区域经济增长与金融集聚程度呈现出负相关，金融集聚程度越高，经济增长速度就越缓。要素流动综合指标的系数为正，说明区域经济增长与要素流动程度呈现出正相关，要素流动水平可以促进经济增长速度。

（四）俱乐部趋同

这里还是采用东、中、西部地区的划分方法，对这三大区域进行俱乐部趋同检验。在绝对趋同公式$\gamma_{i,t,t+T}=a+b\lg\left(y_{i,t}\right)+\psi x_{i,t}+\varepsilon_{i,t,t+T}$右边加入金融集聚和要素流动综合指标控制变量，此时方程变为

$$\gamma_{i,t,t+T}=a+b\lg\left(y_{i,t}\right)+c\text{FINA}+\text{dFACTOR}+\varepsilon_{i,t,t+T}$$

其中，FINA为2006~2012年东、中、西部地区各自金融集聚综合指标，FACTOR为2006~2012年东、中、西部地区各自要素流动综合指标。下面分别考虑所分类的三大区域是否存在俱乐部趋同，如果回归系数b显著为负，就说明存

在俱乐部趋同，借助 EViews 6.0 软件作回归分析，回归结果如表 7-22 所示。

表 7-22　东、中、西三大区域回归分析结果

区域	时期	截距项 a		系数 b		R^2	DW 检验值	F 检验值
		数值	t 检验值	数值	t 检验值			
东部	2006~2012 年	0.425	4.09 （0.004）	−0.026	−2.465 （0.039）	0.88	1.86	19.575 （0.000 5）
中部	2006~2012 年	0.114	0.241 （0.819）	0.009 8	0.205 （0.846）	0.188	2.18	0.387 （0.768）
西部	2006~2012 年	0.434	1.378 （0.217）	−0.028	−0.83 （0.438）	0.24	1.22	0.634 （0.62）

表 7-22 结果说明如下：

（1）东部地区初始人均 GDP 对数的系数为负，且比较显著，说明这段时间，东部地区发生了明显的俱乐部趋同。通过观察 F 检验值，可以发现回归方程总体还是较显著的。R^2 值为 0.88，拟合优度比较高，DW 检验值也说明回归结果比较好。

（2）中部地区初始人均 GDP 对数的系数为正，虽然不显著，但可以说明，在这段时期内中部地区没有出现俱乐部趋同。

（3）西部地区初始人均 GDP 对数的系数为负，区域经济增长呈现趋同趋势，但检验结果不显著，总的来说该区域不存在俱乐部趋同。

总之，2006~2012 年，东部地区出现了俱乐部趋同，但中、西部地区俱乐部趋同不存在。

五、趋同研究

本节从金融集聚的视角，采用 31 个省（自治区、直辖市）的面板数据，用主成分分析法和模糊隶属度函数法作为综合评价的方法，依次用经典的σ趋同、β 趋同和俱乐部趋同检验方法对区域经济发展进行了趋同性检验，通过前几章的实证分析，得出的主要研究结论如下。

（1）构建了 31 个省（自治区、直辖市）金融集聚和要素流动水平评价指标体系，并根据所构建的评价指标体系，运用主成分分析法、模糊隶属度法对全国 31 个省（自治区、直辖市）7 年间的金融集聚和要素流动水平进行了综合分析比较。结果表明，2006~2012 年全国 31 个省（自治区、直辖市）金融集聚与要素流动水平在 7 年间存在一定的矛盾差异性。如 2006~2012 年 7 年的金融集聚水平由高到低依次是：广东、北京、上海、浙江、江苏、山东、辽宁、四川；而与之对应的要素流动水平由高到低的顺序依次为：广东、江苏、山东、浙江、上海、北京、辽宁、河南。这说明金融集聚与要素流动之间存在一定的矛盾差异性。

（2）计量检验结果表明，1978~2012 年全国经济增长总体上出现了σ趋同。1978~2012 年全国人均 GDP 对数离差整体上呈现出下降的势头，这表明在这段时期全国经济增长总体上出现了σ趋同。总体上看，全国人均 GDP 的对数离差出现先减小后增大再减小的过程。1978~1990 年全国人均 GDP 对数离差一直减小，表明在这段时期经济增长出现了显著的σ趋同；到 1990 年后逐渐回升，以后的几年时间里，除 1996 年略有下降外，全国人均 GDP 差距总体稳步增长，无σ趋同。直到 2005 年，全国人均 GDP 对数离差再一次明显减小，2012 年达到最低，σ趋同明显。

（3）2006~2012 年，全国经济在加入金融集聚和要素流动因素后，呈现出明显的条件趋同，金融集聚系统与区域经济增长呈现显著的负相关，而要素流动与区域经济增长呈现正相关关系。在考虑金融集聚和要素流动因素的情况下，东部地区存在俱乐部趋同，中、西部地区无俱乐部趋同。

参 考 文 献

毕先萍. 2009. 劳动力流动对中国地区经济增长的影响研究[J]. 经济评论，（1）：48-53.

蔡昉，都阳. 2000. 中国地区经济增长的趋同与差异——对西部开发战略的启示[J]. 经济研究，（10）：30-37.

陈文锋，平瑛. 2008. 上海金融产业集聚与经济增长的关系[J]. 统计与决策，（10）：93-95.

陈雁云. 2011. 产业发展、城市集聚耦合与经济增长的关联度[J]. 改革，（4）：69-75.

丁艺，李林，李斌. 2009. 金融集聚与区域经济增长关系研究[J]. 统计与决策，（6）：131-134.

丁艺，李靖霞，李林. 2010. 金融集聚与区域经济增长——基于省际数据的实证分析[J]. 保险研究，（2）：20-30.

樊士德，姜德波. 2011. 劳动力流动与地区经济增长差距研究[J]. 中国人口科学，（2）：27-38.

冯德连，葛文静. 2004. 国际金融中心成长机制新说：轮式模型[J]. 财贸研究，15（1）：80-85.

官锡强. 2005. 产业集群与南北钦防沿海城市群的构建[J]. 改革与战略，（10）：55-57.

郭庆旺，贾俊雪. 2006. 中国区域经济趋同与差异的因素贡献分析[J]. 财贸经济，（2）：11-17.

韩保江. 2006. 六大瓶颈制约经济增长[J]. 人民论坛，（12b）：16-17.

何宜庆，吕弦. 2015. 我国东中部地区城市群金融集聚辐射分析[J]. 生态经济（中文版），31（5）：45-48，145.

何宜庆，廖文强，白彩全，等. 2014. 中部六省省会城市金融集聚与区域经济增长耦合发展研究[J]. 华东经济管理，（7）：70-75.

胡登峰，王巍. 2012. 安徽省各地市技术创新投融资金融生态环境评价研究[J]. 财贸研究，23（2）：120-126.

胡荣才，刘晓岚，李伟. 2011. 劳动力流动、工业化进程对区域经济影响研究——基于面板数据模型的视角[J]. 人口与经济，（2）：45-51.

黄和平，伍世安，智颖飙，等. 2010. 基于生态效率的资源环境绩效动态评估——以江西省为例[J]. 资源科学，32（5）：924-931.

黄晖，金凤君. 2011. 技术要素集聚对我国区域经济增长差异的影响[J]. 经济地理，31（8）：1341-1344.

黄茂兴，林寿富. 2013. 污染损害、环境管理与经济可持续增长——基于五部门内生经济增长模型的分析[J]. 经济研究，（12）：30-41.

金丹. 2012. 社会资本与区域经济增长：基于中国区域视角的实证分析[J]. 软科学，26（9）：89-94.
金雪军，田霖. 2004. 我国区域金融成长差异的态势：1978-2003 年[J]. 经济理论与经济管理，（8）：24-30.
李宾. 2011. 我国资本存量估算的比较分析[J]. 数量经济技术经济研究，（12）：21-36.
李惠娟，龙如银，兰新萍. 2010. 资源型城市的生态效率评价[J]. 资源科学，32（7）：1296-1300.
李林，丁艺，刘志华. 2011. 金融集聚对区域经济增长溢出作用的空间计量分析[J]. 金融研究，（5）：113-123.
李名升，佟连军. 2009. 基于能值和物质流的吉林省生态效率研究[J]. 生态学报，29（11）：6239-6247.
李政通，姚成胜，钱双双. 2017. 研发投入、建设用地扩张与经济增长[J]. 兰州财经大学学报，33（3）：73-86.
连建辉，孙焕民，钟惠波. 2005. 金融企业集群：经济性质、效率边界与竞争优势[J]. 金融研究，（6）：72-82.
梁颖. 2006. 金融产业集聚述评[J]. 经济学动态，（8）：75-77.
林光平，龙志和，吴梅. 2005. 我国地区经济收敛的空间计量实证分析：1978—2002 年[J]. 经济学（季刊），4（S1）：67-82.
刘军，黄解宇，曹利军. 2007. 金融集聚影响实体经济机制研究[J]. 管理世界，（4）：152-153.
刘强. 2001. 中国经济增长的收敛性分析[J]. 经济研究，（6）：70-77.
刘耀彬，陈志. 2006. 中部地区区域经济发展的极化分析[J]. 长江流域资源与环境，15（6）：679-684.
吕彬，杨建新. 2006. 生态效率方法研究进展与应用[J]. 生态学报，26（11）：3898-3906.
麦勇，徐晓莉. 2007. 资本流动对区域经济增长的影响及启示[J]. 经济纵横，10（14）：53-56.
毛建素，曾润，杜艳春，等. 2010. 中国工业行业的生态效率[J]. 环境科学，31（11）：2788-2794.
潘竟虎，郑凤娟，杨东. 2011. 甘肃省土地集约利用与经济发展的时空差异分析[J]. 资源科学，33（4）：684-689.
潘英丽. 2013. 金融转型与整体金融改革[J]. 中国金融，（6）：39-41.
乔峰，姚俭. 2003. 时序全局主成分分析在经济发展动态描绘中的应用[J]. 数理统计与管理，22（2）：1-5.
邱寿丰. 2008. 中国区域经济发展的生态效率研究[J]. 能源与环境，（4）：8-10.
茹乐峰，苗长虹，王海江. 2014. 我国中心城市金融集聚水平与空间格局研究[J]. 经济地理，34（2）：58-66.

单豪杰. 2008. 中国资本存量K的再估算：1952~2006年[J]. 数量经济技术经济研究，（10）：17-31.
沈坤荣，马俊. 2002. 中国经济增长的“俱乐部收敛”特征及其成因研究[J]. 经济研究，（1）：33-39.
苏雪串. 2004. 城市化进程中的要素集聚、产业集群和城市群发展[J]. 中央财经大学学报，（1）：49-52.
孙宇杰，陈志刚. 2012. 江苏省城市土地集约利用与城市化水平协调发展研究[J]. 资源科学，34（5）：889-895.
滕春强. 2006. 金融企业集群：一种新的集聚现象的兴起[J]. 上海金融，（5）：14-17.
王恩旭，武春友. 2011. 基于超效率 DEA 模型的中国省际生态效率时空差异研究[J]. 管理学报，8（3）：443-450.
王静. 2015. 物质资本、人力资本与区域经济增长的实证研究——基于1997年~2012年省际面板数据估计[J]. 现代管理科学，（2）：76-78.
王磊，段学军，田方，等. 2009. 长江三角洲人口与经济的空间分布关系研究[J]. 经济地理，29（10）：1619-1623.
王舒健，李钊. 2007. 金融差异与经济差异：基于SURE模型的估计[J]. 山西财经大学学报，29（3）：89-93.
王小鲁，樊纲. 2004. 中国地区差距的变动趋势和影响因素[J]. 经济研究，（1）：33-44.
王震，石磊，刘晶茹，等. 2008. 区域工业生态效率的测算方法及应用[J]. 中国人口·资源与环境，18（6）：121-126.
吴小庆，王远，刘宁，等. 2009. 基于物质流分析的江苏省区域生态效率评价[J]. 长江流域资源与环境，18（10）：890-895.
夏万军，纪宏. 2007. 技术扩散和区域经济收敛：一个理论模型的新框架[J]. 商业经济与管理，（6）：28-31.
邢芳，李伟军，叶羽西. 2016. 金融集聚理论进展及经济增长效应研究综述[J]. 安徽工业大学学报（社会科学版），33（2）：3-5.
许治，焦秀焕，朱桂龙. 2013. 国家中心城市技术扩散与区域经济增长—— 以北京、上海为例[J]. 科研管理，34（4）：16-23.
颜洪平，陈平. 2016. 金融集聚与经济发展耦合协调性评价—— 以中部六省为例[J]. 经济体制改革，（3）：63-67.
杨斌. 2009. 2000—2006 年中国区域生态效率研究—— 基于 DEA 方法的实证分析[J]. 经济地理，29（7）：1197-1202.
杨浩余. 2012. 基于上海国际金融中心建设的进度与对策研究[J]. 华东经济管理，26（3）：6-11.
姚枝仲，周素芳. 2003. 劳动力流动与地区差距[J]. 世界经济，（4）：35-44.

尹宗成，丁日佳. 2008. 中国区域金融发展水平与区域经济差异的协整检验[J]. 金融经济学研究，23（3）：92-99.

张冰，金戈. 2008. 金融企业集聚现象解析：以杭州庆春路“金融街”为例[J]. 华东经济管理，22（11）：13-15.

张炳，黄和平，毕军. 2009. 基于物质流分析和数据包络分析的区域生态效率评价——以江苏省为例[J]. 生态学报，29（5）：2473-2480.

张凤超，袁清瑞. 2001. 试论区域金融成长[J]. 东北师大学报（哲学社会科学版），（1）：58-63.

张军，章元. 2003. 对中国资本存量 K 的再估计[J]. 经济研究，（7）：35-43.

张军，吴桂英，张吉鹏. 2004. 中国省际物质资本存量估算：1952-2000[J]. 经济研究，（10）：35-44.

张可云，王裕瑾. 2016. 区域经济 β 趋同的空间计量检验[J]. 南开学报（哲学社会科学版），（1）：89-96.

张乐勤，陈素平，陈保平. 2014. 安徽省近 15 年土地要素对经济贡献及 Logistic 曲线拐点探析[J]. 地理科学，34（1）：40-46.

张林. 2012. 人力资本、物质资本对西部地区经济增长的贡献——基于 1995-2010 年西部地区数据的索洛模型检验[J]. 湖南社会科学，（3）：132-135.

张强，卢荻. 2011. 技术扩散和经济增长：一个空间计量模型研究[J]. 上海经济研究，（8）：42-53.

张世晓. 2010. 区域金融集聚与区域经济增长[J]. 湖北经济学院学报，8（4）：41-47.

张晓芳，钟梅. 2016. 区域经济发展水平对金融集聚的影响——基于省域面板数据的实证分析[J]. 齐齐哈尔工程学院学报，（1）：44-49.

张秀娟. 2015. 区域经济发展对金融集聚的反馈作用——基于省际面板数据的实证分析[J]. 商业经济，（3）：1-5.

赵丹，李锋，王如松. 2011. 基于生态绿当量的城市土地利用结构优化——以宁国市为例[J]. 生态学报，31（20）：6242-6250.

赵芳. 2009. 中国能源-经济-环境（3E）协调发展状态的实证研究[J]. 经济学家，（12）：35-41.

赵静. 2015. 金融集聚效应对于区域经济的发展探讨[J]. 中国商贸，（8）：68-69，71.

朱天明，杨桂山，苏伟忠，等. 2009. 长三角地区城市土地集约利用与经济社会发展协调评价[J]. 资源科学，31（7）：1109-1116.

Andersen P，Petersen N C. 1993. A procedure for ranking efficient units in data envelopment analysis[J]. Management Science，39（10）：1261-1264.

Barro R J. 1991. Economic growth in a cross section of countries[J]. The Quarterly Journal of Economics，106（2）：407-443.

Barro R J，Sala-I-Martin X. 1991. Convergence across states and regions[J]. Brookings Papers on Economic Activity，（1）：107-182.

Battese G E，Coelli T J. 1992. Frontier production functions，technical efficiency and panel data：with application to paddy farmers in India[J]. Journal of Productivity Analysis，3（1~2）：153-169.

Baumol W J. 1986. Productivity growth，convergence，and welfare：what the long-run data show[J]. The American Economic Review，76（5）：1072-1085.

Brülhart M，Sbergami F. 2009. Agglomeration and growth：cross-country evidence[J]. Journal of Urban Economics，65（1）：48-63.

Cass D. 1965. Optimum growth in an aggregative model of capital accumulation[J]. Review of Economic Studies，32（32）：233-240.

Charlene A，Markowski W，Kicherer A，et al. 2005. Eco-efficiency：inside BASF and beyond[J]. Management of Environmental Quality，16（2）：153-160.

Che X，Bu H，Liu J J. 2014. A theoretical analysis of financial agglomeration in China based on information asymmetry[J]. Journal of Systems Science & Information，2（2）：111-129.

Clark G L. 2000. The functional and spatial structure of the investment management industry[J]. Geoforum，31（1）：71-86.

Clark G L，Wójcik D. 2003. An economic geography of global finance：ownership concentration and stock-price volatility in German firms and regions[J]. Annals of the Association of American Geographers，93（4）：909-924.

Clarke G R G，Xu L C，Zou H. 2006. Finance and income inequality：what do the data tell us？[J]. Southern Economic Journal，72（3）：578-596.

Commendatore P，Michetti E，Pufificato F. 2013. Financial development and agglomeration[J]. Annals of University of Oradea Economic Science，1（1）：143-147.

de Long J B. 1988. Bradford，productivity growth，convergence and welfare：comment[J]. American Economic Review，78（5）：1138-1154.

Dowrick S，Nguyen D T. 1989. OECD comparative economic growth 1950-85：catch-up and convergence[J]. The American Economic Review，79（5）：1010-1030.

Gao T. 2004. Regional industrial growth：evidence from Chinese industries[J]. Regional Science and Urban Economics，34（1）：101-124.

Gehrig T. 2000. Cities and the geography of financial centers[R]. CEPR Discussion Paper.

Greig J M. 2002. The end of geography [J]. Journal of Conflict Resolution，46（2）：225-243.

Hansen B E. 1999. Threshold effects in non-dynamic panels：estimation，testing，and inference [J]. Journal of Econometrics，93（2）：345-368.

Hartmut H，Karl S，Steffen S. 2002. Eco-efficiency indicators in german environmental-economic accounting[J]. Statistical Journal of the United Nations ECE，19：41-52.

Henderson V. 1997. Externalities and industrial development [J]. Journal of Urban Economics，42（3）：449-470.

Höh H，Schoer K，Seibel S. 2002. Eco-efficiency indicators in German environmental economic accounting[J]. Statistical Journal of the United Nations Economic Commission for Europe，19（1~2）：41-52.

Hussain A，Lanjouw P，Stern N. 1994. Income inequalities in China：evidence from household survey data[J]. World Development，22（12）：1947-1957.

Keller W. 2002. Geographic localization of international technology diffusion[J]. American Economic Review，92（1）：120-142.

Kindleberger C P. 1973. The formation of financial centers：a study in comparative economic history[C]. 20th Particle Accelerator Conference（PAC 03）：3395 - 3397.

Koopmans T C. 1963. On the concept of optimal economic growth[R]. Cowles Foundation Discussion Papers，28.

Krugman P. 1991. Increasing returns and economic geography[J]. Journal of Political Economy，99（3）：483-499.

Li Y G，Vernon F L. 2001. Characterization of the San Jacinto fault zone near Anza，California，by fault zone trapped waves[J]. Journal of Geophysical Research：Solid Earth，106（B12）：30671-30688.

Martin P，Ottaviano G I P. 1999. Growing locations：industry location in a model of endogenous growth[J]. European Economic Review，43（2）：281-302.

Martinuzzi A. 2002. Geographic localization of international technology diffusion[J]. The American Economic Review，92（1）：120-142.

Mickwitz P，Melanen M，Rosenström U，et al. 2006. Regional eco-efficiency indicators—a participatory approach[J]. Journal of Cleaner Production，14（18）：1603-1611.

Morioka T，Tsunemi K，Yamamoto Y，et al. 2005. Eco-efficiency of advanced loop-closing systems for vehicles and household appliances in Hyogo Eco-town[J]. Journal of Industrial Ecology，9（4）：205-221.

Nordhaus W D. 1992. Lethal model 2：the limits to growth revisited[J]. Brookings Papers on Economic Activity，23（2）：1-59.

Pandit N R，Cook G. 2003. The benefits of industrial clustering：insights from the British financial services industry at three locations[J]. Journal of Financial Services Marketing，7（3）：230-245.

Papapetrou E. 2006. The unequal distribution of the public-private sector wage gap in Greece：evidence from quantile regression[J]. Applied Economics Letters，13（4）：205-210.

Pesaran H H，Shin Y. 1998. Generalized impulse response analysis in linear multivariate models[J]. Economics Letters，58（1）：17-29.

Porteous D J. 1995. The Geography of Finance：Spatial Dimensions of Intermediary Behavior[M]. Avebury：Aldershot.

Porteous D J. 1999. The development of financial centres：location，information externalities and path dependence[C]//Martin R L. Money and the Space Economy. Chichester：Wiley：95-114.

Pred A. 1984. Place as historically contingent process：structuration and the time-geography of becoming places[J]. Annals of the Association of American Geographers，74（2）：279-297.

Ramsey F P. 1928. A mathematical theory of saving [J]. Economic Journal，38（152）：543-559.

Romer P M. 1986. Increasing returns and long-run growth[J]. Journal of Political Economy，94（5）：1002-1037.

Romer P M. 1990. Endogenous technical change[J]. Journal of Political Economy，98（5）：71-102.

Rozelle S. 1994. Rural industrialization and increasing inequality：emerging patterns in China's reforming economy[J]. Journal of Comparative Economics，19（3）：362-391.

Sala-I-Martin X. 1994. Cross-sectional regressions and the empirics of economic growth[J]. European Economic Review，38（3）：739-747.

Schaltegger S，Sturm A. 1990. Ökologische rationalität：ansatzpunkte zur ausgestaltung von ökologieorientierten management instrumenten[J]. Die Unternehmung，44（4）：273-290.

Seppäläa J，Melanen M，Mäenpää I，et al. 2005. How can the eco-efficiency of a region be measured and monitored[J]. Journal of Industrial Ecology，9（4）：117-130.

Sims C A. 1980. Macroeconomics and reality[J]. Econometrica，48（1）：1-48.

Solow R M. 1956. A contribution to the theory of economic growth[J]. Quarterly Journal of Economics，70（1）：65-94.

Tadesse S. 2002. Financial architecture and economic performance：international evidence[J]. Journal of Financial Intermediation，11（4）：429-454.

Tohru M，Kiyotaka T，Yugo Y，et al. 2005. Eco-efficiency of advanced loop-closing systems for vehicles and household appliances in Hyogo eco-town：a case study of solid waste management[J]. Journal of Industrial Ecology，9（4）：205-221.

Wall-Markowski C A，Kicherer A，Wittlinger R. 2005. Eco-efficiency：inside BASF and beyond[J]. Management of Environmental Quality：An International Journal，16（2）：153-159.

WBCSD. 1996. Eco-efficiency Leadership for Improved Economic and Environment Performance[M]. Geneva：World Business Council for Sustainable Development.

WBCSD. 2000. Measuring Eco-efficiency：A guide to Reporting Company Performance[M].

Geneva：World Business Council for Sustainable Development.

Zhao S X B，Zhang L，Wang D T. 2004. Determining factors of the development of a national financial center：the case of China[J]. Geoforum，35（5）：577-592.

Zhao S X，Tong C S P，Qiao J. 2002. China's WTO accession，state enterprise reform，and spatial economic restructuring[J]. Journal of International Development，14（4）：413-433.

后　记

2015年3月，中央政治局会议提出要推进“绿色化”进程，要更加注重推进生态文明建设。2017年，党的十九大更是绘制了美丽中国的新画卷，提出我国社会主义初级阶段的基本矛盾已经转变为人民日益增长的美好生活需要和不平衡不充分的发展之间的矛盾。但目前我国经济发展也面临着诸多问题，其中之一就是区域经济发展失衡。我国东部地区的经济发展水平要高于中西部地区，金融资本要素更多地集中分布于东部地区，劳动力流转正表现出空间分化的特征，技术性劳动力多集中在东部沿海地区，而大量的制造业劳动力则向中西部地区流转。这种要素的差距进一步推动了区域经济发展结构的失衡。基于此，本书从推动区域生态发展的角度，研究金融集聚与要素流动对区域经济增长的空间效应，最终落脚到实现区域经济趋同演变。本书的研究适应了当前中国经济发展的切实需求，取得了一定的成果，希望此书能对制定促进区域经济均衡发展的政策具有一定启发意义。

本书的研究得以顺利开展，需要感谢国家自然科学基金委员会提供的研究机会和研究经费。同时，对科学出版社编辑的辛勤付出，在此表示诚挚的谢意。此外，还需要感谢众多给予支持的专家、学者和友人。

本书是国家自然科学基金项目的研究成果，因而还要感谢项目组成员的帮助与支持。在这个项目的支持下，我们研究团队培养了一批优秀的博士研究生和硕士研究生，本书的完成也离不开他们的努力与付出。他们外出调研、查找资料、构建计量模型、计算结果以及完成文章的撰写与发表，为本书的完成付出了很多心血。因此，在此要感谢博士生研究陈林心、潘兴侠，感谢硕士研究生钟宇生、王晓影、王梦丹、田婷婷、曹鹏、焦剑雄、吕弦、白彩全，感谢本科生罗子嫄。另外，还特别感谢李政通同学，除了参与本项目的研究工作之外，还负责了研究成果的整理汇编及书稿的校对，付出了很多时间和精力。

最后，也最重要的是，要特别感谢我的家人。

何宜庆

2019年1月于前湖校区